汽车先进技术译丛
日本汽车技术协会·汽车技术经典书系

汽车生产技术

[日] 芹野洋一 主编

马钊 译

机械工业出版社

汽车的生产技术涉及各种各样的原料和毛坯，以及它们的加工和处理，从零部件的装配到车辆的组装，还有需要的设备和模具、生产指令、工厂环境等非常多而且横跨多种技术领域。本书对汽车的生产技术中不可或缺的 16 个技术领域进行说明。本书适合汽车行业工艺设计人员及生产人员阅读使用，也可供车辆工程专业师生参考使用。

Translation from Japanese language edition：自動車の生産技術，自動車技術会編集

Copyright © Originally published in Japan in 1997 by Asakura Publishing Company，Ltd.

Chinese translation rights arranged with Asakura Publishing Company，Ltd. through TOHAN CORPORATION，TOKYO.

All Rights Reserved.

版权所有，侵权必究。

This title is published in China by China Machine Press with license from Asakura Publishing Company，Ltd. This edition is authorized for sale in China only，excluding Hong Kong SAR，Macao SAR and Taiwan. Unauthorized export of this edition is a violation of the Copyright Act. Violation of this Law is subject to Civil and Criminal Penalties.

本书中文简体版由 Asakura Publishing Company，Ltd. 授权机械工业出版社在中国境内（不包括香港、澳门特别行政区及台湾地区）出版与发行。未经许可之出口，视为违反著作权法，将受法律之制裁。

北京市版权局著作权合同登记 图字：01-2015-0548。

图书在版编目（CIP）数据

汽车生产技术/（日）芹野洋一主编；马钊译.—北京：机械工业出版社，2020.3

（汽车先进技术译丛. 日本汽车技术协会·汽车技术经典书系）

ISBN 978-7-111-66075-0

Ⅰ.①汽… Ⅱ.①芹… ②马… Ⅲ.①汽车-车辆制造-生产技术 Ⅳ.①U466

中国版本图书馆 CIP 数据核字（2020）第 122700 号

机械工业出版社（北京市百万庄大街 22 号 邮政编码 100037）
策划编辑：孙 鹏 责任编辑：孙 鹏 丁 锋
责任校对：郑 婕 封面设计：鞠 杨
责任印制：常天培
北京捷迅佳彩印刷有限公司印刷
2020 年 10 月第 1 版第 1 次印刷
184mm×260mm·11 印张·270 千字
0 001—1 000 册
标准书号：ISBN 978-7-111-66075-0
定价：80.00 元

电话服务		网络服务	
客服电话：010-88361066		机 工 官 网：www.cmpbook.com	
010-88379833		机 工 官 博：weibo.com/cmp1952	
010-68326294		金 书 网：www.golden-book.com	
封底无防伪标均为盗版		机工教育服务网：www.cmpedu.com	

序

  本丛书是日本汽车技术协会主编的汽车技术经典书系，书系共 12 册。本系列丛书旨在阐述汽车相关的焦点技术及其将来的发展趋势，由活跃在第一线的研究人员和技术人员编写。

  日本汽车技术协会的主要责任是向读者提供最新技术课题所需要的必要信息，为此我们策划了本系列丛书的出版发行。本系列丛书的各分册中，相对于包罗万象的全面涉及，编者更倾向于有所取舍地选择相关内容，并在此主导思想下由各位执笔者自由地发表其主张和见解。因此，本系列丛书传递的将是汽车工程学、技术最前沿的热点话题。

  本系列丛书的主题思想是无一遗漏地包含基础且普遍的事项，与本协会的"汽车工学手册"属于对立的两个极端，"汽车工学手册"每十年左右修订一次，以包含当代最新技术为指导思想不断地进行更新，而本系列丛书则侧重于这十年当中的技术进展。再者，本系列丛书的发行正值日本汽车技术协会创立 50 年之际，具有划时代的意义，将会为今后的汽车工学、技术，以及工业的发展发挥积极的作用。

  在本系列丛书发行之际，我代表日本汽车技术协会向所有为本系列丛书提供协助的相关人员，以及各位执笔者所做出的努力和贡献表示衷心的感谢。

社团法人　日本汽车技术协会
汽车技术经典书系出版委员会
委员长　池上 询

前　言

　　汽车的生产技术涉及各种各样的原料和毛坯，以及它们的加工和处理，从零部件的装配到车辆的组装，还有需要的设备和模具、生产指令、工厂环境等非常多而且横跨多种技术领域，所以要将所有的领域都覆盖到几乎不可能。本书对汽车的生产技术中不可或缺的16个技术领域进行说明。由于各技术领域也都有不少出版物，本书将重点放在技术的实际应用方面，站在制造现场的角度，对于实际中使用的先进技术、现在面对的课题和今后的展望、在将来有非常大的期待等新技术进行说明。因此对于本书的写作，我召集了一些活跃在汽车和零部件生产第一线的人员，这本书是以他们为中心完成的著作。

　　汽车的生产技术，已经从大量生产的时代，向能够应对用户的喜好变化、需求多样化的多种少量、柔性生产方式转变，正在迎来巨大的变革。另外在劳动环境课题的老龄化和工作激情、地球环境课题相关的少能源和少资源、废弃物等方面，今后会变得越来越重要的技术领域也很多。但是很遗憾，因为这些课题还没有确立明确的技术应对策略，所以我们没办法以独立的章节进行说明，不过我们在各章节中尽最大努力提及这些课题。

　　虽然前面也提到，在本书中我们对16个技术领域进行说明，但是由于篇幅的限制，本书的内容主要集中在汽车生产现场的现状、课题、将来的展望几个方面，对于各项技术没有进行详尽的论述。感觉理解比较困难的读者，最好和《汽车技术手册》一起阅读。

　　最后，生产技术是制造现场中"有生命"的技术，技术的应用方式根据各个公司的生产策略和生产现场环境的不同而有微妙的不同，也有许多技巧。借本书出版的机会，对于能够将那些本来不对外公开的内容都做了具体说明的作者，以及支持和理解我们的相关人员表示诚挚的感谢！

芹野洋一

编辑的话

本书是由日本汽车技术协会组织编写的"汽车技术经典书系"的第9分册《自動車の生産技術》翻译而来的。本丛书的特点是对汽车设计、测试、模拟、控制、生产等技术的细节描写深入而实用,所有作者均具备汽车开发一线的实际工作经验,尤其适合汽车设计、生产一线的工程师研读并应用于工程实践!本丛书虽然原版出版日期较早,但因为本丛书在编写时集聚了日本国内最优秀的专家,使本丛书具有极高的权威性,是日本汽车工程技术人员必读图书,故多次重印,目前仍然热销。非常希望这套丛书的引进出版能使读者从本丛书的阅读中受益!本丛书由曾在日本丰田公司工作的刘显臣先生推荐,也在此表示感谢!

日本汽车技术协会
"汽车技术经典书系"
出版委员会

委 员 长	池上　询	京都大学工学部
副委员长	近森　顺	成蹊大学工学部
编辑委员	安部正人	神奈川工科大学工学部
	井上愿太	丰田汽车
	大沢　洋	日野汽车
	冈　克己	本田技术研究所
	小林敏雄	东京大学生产技术研究所
	城井幸保	三菱汽车
	芹野洋一	丰田汽车
	高波克治	五十铃工程技术有限公司
	迁村钦司	新ANSYS有限公司
	农沢隆秀	马自达汽车
	林　直义	本田技术研究所
	原　田宏	防卫大学校
	东出隼机	日产柴油发动机有限公司
	间濑俊明	日产汽车
	柳濑彻夫	日产汽车
	山川新二	工学院大学工学部

主编
芹野洋一　　　　　丰田汽车公司生产技术开发部
参编
芹野洋一　　　　　丰田汽车公司生产技术开发部
诹访宏恭　　　　　本田工程公司研究开发2K
森下弘一　　　　　丰田汽车公司生产技术开发部
浅野谦一　　　　　三菱汽车公司乘用车开发本部材料技术部
西山为裕　　　　　马自达工具中心公司
石馆友一　　　　　日产汽车公司技术开发中心
菅谷伸夫　　　　　丰田汽车公司第一生产技术部
近藤正恒　　　　　丰田汽车公司生产技术开发部
荻野峯雄　　　　　丰田汽车公司三好工厂第二机械部
加藤忠一　　　　　新日本制铁公司铁钢研究所
保科加宏　　　　　日产汽车公司第一技术部
吉冈辉雄　　　　　本田工程公司动力总成生技科
藤井秀嗣　　　　　三菱汽车公司生产技术部
飞田英明　　　　　日野汽车公司
黑须则明　　　　　丰田汽车公司工机管理部
岩井哲郎　　　　　丰田汽车公司工厂工程部

目　　录

序
前言
编辑的话
1　生产技术绪论 …………………… 1
2　加工技术 ………………………… 3
　2.1　铸造技术 …………………… 3
　　2.1.1　铝铸造工艺和设备的
　　　　　先进技术 ……………… 3
　　2.1.2　铸铁的铸造工艺和设备的
　　　　　先进技术 ……………… 7
　　2.1.3　铸模的先进技术 ……… 8
　　2.1.4　今后的产品要求和铸造
　　　　　技术的课题 …………… 9
　　2.1.5　铸造技术的将来动向和
　　　　　新技术 ………………… 9
　2.2　锻造技术 …………………… 10
　　2.2.1　锻造工艺和设备的先进技术 …… 11
　　2.2.2　锻造模具的先进技术 ………… 15
　　2.2.3　今后的产品要求和锻造
　　　　　技术课题 ……………… 16
　　2.2.4　锻造技术的未来发展趋势和
　　　　　新技术 ………………… 17
　2.3　烧结技术 …………………… 21
　　2.3.1　烧结工艺和设备的先进技术 …… 21
　　2.3.2　烧结材料的先进技术 ………… 23
　　2.3.3　今后的课题和应该关注的
　　　　　新技术 ………………… 25
　2.4　冲压技术 …………………… 27
　　2.4.1　冲压工艺和设备的先进技术 …… 28
　　2.4.2　冲压模具的先进技术 ………… 29
　　2.4.3　今后的产品要求和冲压
　　　　　技术课题 ……………… 32
　　2.4.4　冲压技术的将来发展动向和
　　　　　新技术 ………………… 34
　2.5　树脂成型技术 ……………… 36
　　2.5.1　20世纪90年代引进的技术 …… 36
　　2.5.2　二次加工的先进技术 ………… 38
　　2.5.3　今后的产品要求和树脂
　　　　　成型技术课题 ………… 41
　2.6　机械加工技术 ……………… 42
　　2.6.1　机械加工方法和设备的
　　　　　先进技术 ……………… 42
　　2.6.2　刀具的最新技术和今后的
　　　　　动向 …………………… 46
　　2.6.3　机械加工生产线的先进技术 …… 48
　　2.6.4　今后的产品要求和机械
　　　　　加工技术的课题 ……… 51
　　2.6.5　机械加工技术的将来动向和
　　　　　新技术 ………………… 52
　2.7　连接技术 …………………… 56
　　2.7.1　连接的先进技术 …… 56
　　2.7.2　应对未来产品要求的接合
　　　　　技术课题 ……………… 62
　　2.7.3　将来的接合技术和期待的
　　　　　新技术 ………………… 63
3　热处理、表面处理技术 ………… 65
　3.1　热处理技术 ………………… 65
　　3.1.1　热处理技术的动向 ………… 65
　　3.1.2　热处理设备的先进技术 …… 70
　　3.1.3　热处理技术的发展动向 …… 73
　3.2　表面改质技术 ……………… 75
　　3.2.1　表面改质的先进技术 ……… 75
　　3.2.2　今后的产品要求和表面改质
　　　　　技术课题 ……………… 79
　　3.2.3　表面改质技术的将来动向和
　　　　　新技术 ………………… 80

3.3 涂装技术……………………… 82
  3.3.1 涂装工艺和设备的先进技术 …… 82
  3.3.2 排气、废液处理的先进技术 …… 87
  3.3.3 今后的产品要求和涂装
      技术课题 …………………… 91
  3.3.4 涂装技术的将来动向和
      新技术 ……………………… 94

4 组装、装配技术…………………… 96
4.1 部件组装技术………………… 96
  4.1.1 组装的自动化和设备的
      先进技术 …………………… 96
  4.1.2 动力总成组装线的先进技术 … 101
  4.1.3 今后的产品要求和动力总成
      组装技术的课题…………… 103
  4.1.4 动力总成组装技术的将来
      动向和新技术 …………… 105
4.2 车身组装技术 ……………… 108
  4.2.1 车身组装线的先进技术 ……… 108
  4.2.2 车身组装方法的先进技术 …… 113
4.3 车辆组装技术 ……………… 119
  4.3.1 车辆组装工序中人的因素 …… 119
  4.3.2 自动组装设备 ……………… 121
  4.3.3 搬运设备 …………………… 125

4.3.4 今后的产品要求和车辆组
     装技术的课题 …………… 128
4.4 FA-CIM 技术 ……………… 130
  4.4.1 工厂的自动化/生产管理和
      FA-CIM 的作用 ………… 130
  4.4.2 FA-CIM 先进系统/技术的
      现状 ……………………… 134
  4.4.3 FA-CIM 的将来动向 ……… 147

5 工厂环境技术 …………………… 150
5.1 节能技术 …………………… 150
  5.1.1 节能的先进技术 …………… 150
  5.1.2 今后的社会要求和节能
      技术的课题 ……………… 155
  5.1.3 能源技术的将来动向和
      新技术 …………………… 156
5.2 降低废弃物和资源再
    利用技术 ………………… 158
  5.2.1 降低工厂废弃物和资源再利用的
      先进技术 ………………… 158
  5.2.2 今后的社会要求和降低工厂废弃物及
      资源再利用技术的课题 ……… 164
  5.2.3 降低工厂废弃物及资源再利用技术的
      将来动向和新技术 …………… 165

1 生产技术绪论

自从福特发明了流水线生产方式以来，汽车的生产技术基本上都是在不断地追求大量生产。由于汽车是一件昂贵的商品，用户在要求汽车具有必要的功能和质量的同时，还要能够买得起，生产技术就是为了实现这些客户需求，通过大量生产提高生产效率，降低价格而不断发展起来的。积极导入各种各样的模具成型技术，开发能够大量生产同样产品的方法；细分生产工艺，重复同样的操作以保证一定质量的产品能够在较短的时间内生产出来。这是唯一应对物质不足的方法，基本上也是将同样的商品以一定的质量大量而低价地供给市场的方法。

不过到现在，至少在发达国家中，市场上的商品都很充足，可以认为已经到了物质过剩的时代。一般来说随着消费者的多样化和需求的变化，以及老龄化和女性进入社会工作等现象的显现，消费者已经不满足和别人拥有同样的商品，而且生活方式也呈现多样化，我们迎来了每个人都想根据自己喜好，选购产品功能、质量、价格的时代。换言之，现在的生产技术，迎来了从物质不足时期的单一产品大量生产向物质过剩时期的多种类变量生产的生产方式的必要变革。当然这也不只是生产技术面临的课题，也要求从市场到产品的企划、设计、物流、销售等各方面综合的改变。从以前单一产品大量生产时代追求设计、生产、销售等各环节的高效化，向这些工作能够相互融合、同时进行，能够具有柔性、快速对应的时代转变。最近同步工程（S.E.）等词语被不断强调，这也意味着生产技术从它以前的活动范围、功能方面都在发生着很大的变化，今后估计还会有更大的变革。本来制造业是一种从企划设计到生产都一体的、追求效率而进行的分工作业进展的结果，使各分工之间或多或少都出现了割裂。为了敏锐地对应最近的多样化，以及变化激烈的市场需求，生产技术也需要涉及设计到销售等领域，扩大应该对应的活动领域是必不可少的。

另外针对消费者的多样性，作为今后的生产技术，在近年来利用计算机形成的柔性生产化的基础上推进发展。也就是说从以前利用专用机器进行单一产品的大量生产，向利用具有柔性的自动机器在计算机的统一控制下能够对应多种类变量生产发展。

像这样的自动化、柔性化、CIM化等，随着设备技术、控制技术、计算机技术的发展，也在渐渐地扩大。详细的情况在本书4.4章节中有说明，另外人类和机械的协调、劳动价值观等新的课题也在显现。

如果人类处在被机器和计算机支配的工作环境中，就不会期望有什么劳动欲望和改善欲望，我们也不能期待那样的企业会有什么发展。生产时人类和设备之间能够相互协调，通过进行日常的改善才能成立，最终人类在生产中是主角。还有国民的年龄构成在快速地迎来老龄化时代，女性进入社会也在慢慢变为常识。劳动的质量在发生着很大变化。在这样的形势下，作为今后的生产线，要考虑这些相对体力较弱的老年人和女性也能够轻松地劳动，还有保持劳动的价值观和欲望，不被机器所支配，而是以人类为主体，能够进化和改善的生产方式，是我们现在应该追求的。以上的内容由于还达不到作为技术论对待的程度，我们在本书中没有提到，但是对于将来工厂的样子我们现在也在探求中，所以就特别提了一下。

另外由于在大量生产方式中，要消耗许多资源、能源，排出多种废弃物，导致地球环境问题的产生。为了我们的后代，我们有责任珍惜地使用有限的资源。现在的节省资源、节省能源、降低废弃物、可循环技术内容在第 5 章的工厂环境技术中虽然做了阐述，但是关于报废车辆处理和可循环技术，只能很遗憾地说，这些还处于刚刚开始的摸索阶段，还不能大幅介绍，但是在今后这些技术领域将会变得越来越重要。

关于每个技术领域，由于在专业刊物中都有详细介绍，在此就不说明了，但是作为今后汽车发展的方向，与低油耗、低公害、安全、ITS（Intelligent Transport System）相关联的技术是最重要的事项，因此电子部件和控制机器、高精度加工等相关技术会变得越来越重要，可以预想到今后汽车的生产技术也会发生很大的变化。

这次没有只停留在纯技术上，对于汽车生产技术不可或缺的 16 个技术领域，尽量偏重于现场，以那些活跃于各个公司生产现场的人员作为主要对象进行了说明。如果各位读者能够从中感受到在其他专业书籍所没有的兴趣，就是我的荣幸。

【芹野洋一】

2 加 工 技 术

2.1 铸造技术

在汽车中使用的铸造部件虽然因车种而有所不同，但是基本上占到汽车总重量的16%左右，其中铁类铸造物10%，铝类铸造物6%。近年来，随着汽车轻量化的推进，铝类铸造部件的使用也在不断增加。在此对于铝类铸造物和铁类铸造物的量产开始所用的相关先进技术进行说明。

2.1.1 铝铸造工艺和设备的先进技术

a. 熔解

将铝在反射炉内进行熔解之后，再送到铸造机的边炉中。一般用叉车送熔解液，但是也有一些压铸件，通过熔解液输送系统，使用具有保温功能的管道连续不断地从反射炉向边炉输送。另外像欧美国家一般都是直接购买熔解液的方式也在日本出现了，自己公司内部不拥有熔解炉。

铝合金在反射炉内被熔解，利用助熔剂将熔解液中的氧化物等杂质和气体除去，然后将熔解液输送到边炉进行铸造。利用这种方法熔液中的残留气体量有 $1\sim2cm^3/100gAl$ 之多，导致产品中出现气孔缺陷和缩孔缺陷，这对于基准较高的低压类铸造和高压类铸造法来说，是造成产品缺陷的重要原因之一。现在利用回转式喷嘴将氩气和氮气吹入熔解液中，这种旋转脱气法（图2-1）已实用化，只用5min左右时间就可以将气体量降到 $0.3cm^3/100gAl$ 以下，以降低不良率。另外随着压铸产品的高质量化，已不允许熔液中有较多的气体，我们认为今后在压铸件中，这种熔液处理方法会渐渐得到应用。

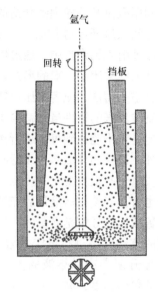

图2-1 旋转脱气法

b. 铸造法

在汽车制造方面，大部分铁类铸造物是用砂型铸造法进行生产，而铝类铸造物基本上都是用模具铸造法进行生产。铝类模具铸造法大致可分为高压型铸造法（压铸法、高压加压铸造法）和低压型铸造法（低压铸造法、重力铸造法），一般根据部件的特性选择制造方法。近年来对于以上的铸造方法，把它们的优点进一步扩展，缺点不断改善，通过这些努力，开发出了新的铸造方法和设备。

(i) 压铸法 因为压铸法可以将熔液高速、高压地充填到模具里，所以可以制造薄型的铝铸件。变速器壳，油底壳，油缸体等产品都用这种方法生产，铝铸件中70%的生产量（重量比）都是用的压铸法。压铸法具有以下缺点：①空气的混入；②缩孔的产生；③芯子不能使用；④高速射入导致的毛刺。为了消除这些缺点不断地进行着技术开发。

为了防止空气混入，很早就开始试着用了许多模具内减压的方法。现在在量产化中应用的方法如图 2-2 所示。模具上设置有开关阀门，利用限位开关检测到套筒的浇注口被关闭的时间点后开始进行减压，如图 2-3 所示。熔液被射入到模具中，通过熔液的惯性力进行开关阀关闭是一般的形式。这些压铸法叫作真空压铸法，或者减压压铸法。用这些方法制造出来的铸件虽然减少了空气的混入量，但是还不能达到可以进行热处理的水平。另外在部件的什么部位设置减压，产品中的空气量会有很大变化，一点效果都没有的情况也有。当然在熔液最后充填到产品的部位设置减压用导管是必要的，用计算机模拟熔液的流动状态进行设定的效果很好。现在采用提升复杂产品熔液的流动性等方法，以降低射出速度，减少毛刺等问题。

用的措施是对模具进行部分冷却和设置铸孔，最近对于用这些方法不能解决的部位，采取了一种叫作局部加压的方法。这种方法如图 2-4 所示，对着缩孔产生的地方用加压棒进行挤压使之凝固收缩。

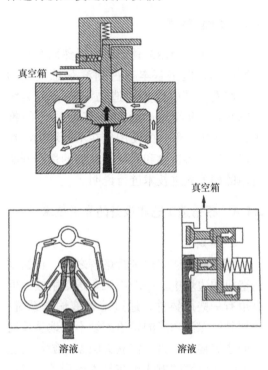

图 2-3　开关阀门

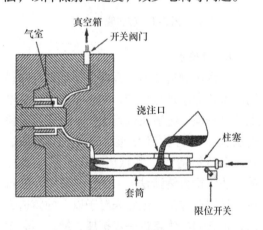

图 2-2　减压压铸法

由于压铸法是在高速、高压的状态下进行铸造的，冷却速度快，要进行指向性凝固很困难。因此压铸件尽可能是均匀厚度的设计最好，但是现实中要实现产品的功能，产品需要有薄的部位也要有厚的部位。所以会在厚的部位产生缩孔，导致压铸不良的情况比较多。为了防止蜂窝孔的产生，以前所采

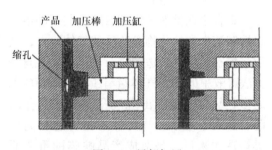

图 2-4　局部加压

压铸法中，使用芯子进行量产制造是从缸体开始的。在缸体中设置了水冷套对缸体进行冷却，压铸时，水冷套一般在模具中设置铸孔进行铸造。这种水冷套在缸盖一侧完全开口的结构称为敞口盖结构。如果考虑缸体的刚性，缸盖端的部分处于封闭状态时比

较有利,所以使用了型芯来实现这个功能(图2-5)。在利用低压铸造制造缸体的过程中,虽然整个水套都是用砂型芯子做成的,但是在缸体这个例子中,根据芯子的强度、砂芯的取出性,其中只有部分使用芯子。在这里用的芯子在壳模芯子的表面进行了特殊的镀膜处理,所以能够防止高速的熔液浸透到砂型内部。

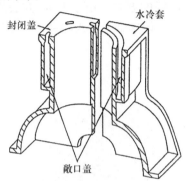

图2-5 缸体的构造

关于压铸设备的进步,可以列举出射出系统的进步,以及技术条件管理的计算机控制的自动化和铸造模拟技术的进步。射出系统中,射出速度、射出压力都变得能够自由控制了,有在射出的中间点能够使冲头停止的设备,也具有由浇注完成时产生的波动压力使毛刺减少的性能。

(ii)挤压铸造法 大约从15年前开始挤压铸造法(熔液锻造法)就被应用在量产部件的制造上,最初由于其低速充填和高压状态下的凝固方式使其获得了比低压铸造法更好的质量(由于没有气体混入,可以进行热处理,形成的微细组织提高了力学性能),而且还具有和压铸法同样的高生产性,该制造方法被应用在从大型部件到小型部件等各种各样部件的开发中。然而由于凝固速度快,导致指向性凝固实施困难,熔液的流动性差,氧化物的混入造成产品强度波动等,该方法在大型部件上用起来比较困难,现在应用该方法进行量产的部件只有几种。不过对于中、小型部件,在耐压部件、有强度要求的部件上,该方法的应用有逐渐增加的趋势。由于有以上的问题,为了维持量产质量,射出管道的保温、润滑剂、模具脱模剂的种类和量的管理要比压铸法严格很多。关于设备如图2-6所示,有纵进纵出方式和纵进横出方式。在最近上市的压铸机器中,射出系统改良后使低速高压填充成为可能的设备也在出售,所以使用压铸机器进行挤压铸造成为可能。由于挤压铸造法和压铸法一样,冷却速度都很快,指向性凝固可能的区域只能在浇注口附近,局部加压法可以同时应用。

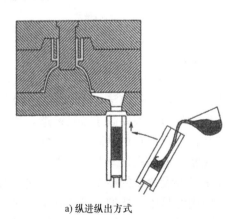

a) 纵进纵出方式

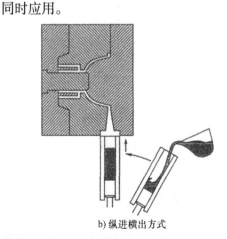

b) 纵进横出方式

图2-6 熔液锻造机

（iii）低压铸造法　运用低压铸造法制造的代表部件是气缸盖。低压铸造法如图2-7所示，因为运用了气压将熔液压上去的方式，所以可以控制熔液的速度，也可以根据产品形状设定条件，特别在大型部件和复杂部件的铸造上比重力铸造法有优势。因为在低压铸造法中熔液从下方进行浇注，所以模具的下模温度高，另外因为最终凝固位置也是浇注口，从上模到下模的指向性凝固是必要的。因此上模内腔体积小，下模内腔体积大的这类部件是最合适的，像这样的部件根本不需要助推液，其代表就是气缸盖。而且利用它的特性也在生产大型的车身部件（悬架副车架）。低压铸造法的发展在于运用了计算机控制进行加压以提升铸造机的精密化和可靠性。另外在铸造方案方面，模具的温度控制技术也非常重要。低速型铸造法中，为了确保熔液流动性，在模具表面进行了低温的镀膜处理，所以它被认为生产周期长、生产效率低。以前低压铸造的生产周期时间一般为 8~10min，但是现在的模具冷却方式同时运用水冷和空冷，而且利用计算机对模具的温度进行控制，使生产周期逐渐缩短到了 4~6min 的水平。

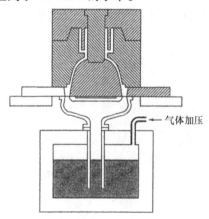

图2-7　低压铸造法

（iv）重力铸造法（GDC）　重力铸造法的应用历史比较久，像气缸盖、进气歧管、轮毂、制动主缸等耐压部件。虽然多种部件在生产中应用该方法，但是随着低压铸造和挤压铸造法的进步，它的生产量在慢慢减少。铸造机有定置式铸造机和回转式铸造机两类（图2-8）。回转式铸造机通过控制回转速度，能够将熔液的流入速度进行一定程度的控制，浇口部可以作为推入液使方案利用率得到改善。大量生产时使用的铸造机，通常采用在旋转台上设置6~8个模具的生产性好的方式。由于GDC方法的生产周期长，开始逐渐采用水冷进行冷却控制的方法。

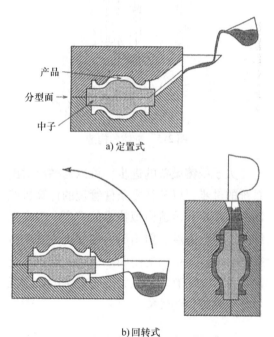

图2-8　重力铸造法（GDC）

（v）砂型铸造法　砂型铸造法是使用历史最长的铸造方法，它的最大优势在于产品形状的对应性要高于模具铸造。和模具铸造相比冒口的自由度高，指向性凝固比较容易控制，但是在汽车部件铝件铸造的领域，几乎没有设置新的砂型生产线。这是因为铸型中用的是砂，造型、剥离砂子、回收砂子所用的设备面积和投资较大，比起铝件铸造法它的环境恶劣，比起模具铸造法它的尺寸精度不高，这些就是砂型铸造法没有被用起来的理由。

（vi）实型铸造法　实型铸造法（消失模铸造法）是用发泡树脂（发泡苯乙烯等）做出产品形状，把它埋在砂子中，再给发泡树脂部灌入熔液来得到产品形状的方法。最初这个方法是作为大型铸造件的制造方法开始的，面向少量、多品种生产而采用的技术。由于产品形状的自由度非常高，因为没有分离线，所以就没有毛刺产生。在欧美，进气歧管、气缸体的量产化应用了这种方法。但是泡沫塑料燃烧时产生气体，以及泡沫塑料埋入砂子时发生变形的问题等还没有解决。在日本该方法铸铁件的量产例子很多，虽然在铝铸件的应用上没有跟上，但是可以说是今后应该关注的技术之一。

c. 后处理

铝铸件铸造后的处理方式，在压铸的情况下，溢出的部分用冲压机切掉，再用机器人去除掉毛刺。对于压力泄漏的部件，用无机或者有机溶剂进行真空含浸。压铸以外的其他铸造法中，如果需要进行热处理，因为导流部的厚度大，所以要用带锯或者钢锯切掉铸造部分，使用芯子铸造的部件用振动桶将砂子振下来后。

2.1.2　铸铁的铸造工艺和设备的先进技术

汽车中使用的代表性铸铁部件有动力总成系统的缸体、凸轮轴、曲柄轴和悬架系统的制动鼓、制动板、悬架臂等。其中缸体部件向铝铸件方向发展很快。另外悬架的构成部件的铝铸件化在1990年开始有限出现，不过随着最近汽车价格的下降，这项工作处于停止状态。然而因为汽车轻量化的需求很强，所以在不增加成本的轻量化上投入更大的精力。从这样的情况来看，减少铸铁部件的厚度，追求轻量化是要集中力量提高铸模的精度。还有在铸铁的铸造过程中，原材料的熔解、砂子的回收等方面存在排气和雾气、排渣和废砂等引起的公害问题和作业环

境的问题，因此各个公司都花大力气进行研究。

a. 熔解

熔解炉使用的是化铁炉和诱导炉。由于化铁炉的排气、污水等造成的公害问题，一段时期诱导炉增加了，但是现在化铁炉技术有了很大的进步，再加上其运营成本便宜以及原材料中锌钢板的增加，使得化铁炉又开始重新利用。在汽车部件中，可产生大量车身用冷间压延钢板的废铁，这就是主要的原料。近年由于对汽车防锈问题要求高而导致镀锌钢板的使用量不断增加。利用诱导炉将镀锌钢板进行熔化时会产生锌蒸气，使耐火材料的寿命缩短，熔液中固溶的锌的存在还会影响材质的磁化、针孔的增加等，因此镀锌钢板的使用量有一定限制。最近化铁炉在技术上的进步体现在焦炭的使用量减少以达到降低能源消费成本的目的和使用时间长两方面。为了削减焦炭的使用量，对进入化铁炉的空气进行脱湿、热风、氧气富裕化操作。使用时间取决于化铁炉的耐火材料的损伤程度以及熔融的熔浆在炉壁上附着量的多少，使用时需要停炉之后将耐火材料进行补修。根据操作形态（出浆停止次数）的状况变化很大，大型的化铁炉可以连续运转几个月，小型化铁炉可以连续运转几周。这些成果依赖于耐火材料的进步和banking技术（休息日等停止出浆的操作方法）的发展。

诱导炉分为低频诱导炉和高频诱导炉，以前低频诱导炉使用的很多。近年来由于可控硅变频器的高性能化、高容量化也使高频诱导炉的大型化成为可能，所以熔化速度快的高频诱导炉使用量在不断增加。

b. 浇注炉

通过化铁炉和诱导炉对熔化的熔浆成分进行调整后，熔浆被送入浇注炉，再浇注到铸造模具里。浇注都是自动化的，自动浇注的方式有注口式、空压式、电磁注浆式等。自动浇注炉所要具有的性能是浇注精度高、

熔浆补充的容易性、防止浇注温度降低。各种浇注方式每年都有提升了这些性能的浇注炉出产。

c. 主模造型

铸铁用铸模的主型中所使用的砂型，根据造型方法用黏合剂将砂组合，开发了很多种类的铸模并得到实用化，但是像汽车部件那样需要大量生产的，湿砂造型法是最合适的方法。湿砂造型是历史最长的造型方法，是将砂、水、黏土混合后充填于模具中进行固化做成的。随着汽车用铸铁部件的薄型轻量化，对精度的要求也一年比一年高，因此对湿砂造型的精度也要求越来越高。不同造型法的湿砂造型的精度差异很大，为了满足铸模的功能需求，从砂的混炼开始到砂的回收处理等能够连续而反复进行的一系列工艺也非常重要，需要和造型方法一起进行优化。造型法可以分成以下几大类：按照铸模的搬运线形态可以分为带金属砂箱铸模和无箱铸模，按照砂的夯实方式分为振动法、机械式压缩法、压缩空气利用法，根据铸模的分型方式可以分为垂直分型、水平分型，由这些方式组合起来可以形成多种造型法。现在的这些造型法都是以前使用的方法，但是在带金属砂箱铸模的造型中运用了振动压缩法。今后这些方法可能被铸模精度高的压铸法＋利用压缩空气利用法的压制造型法和脉冲造型法等方法取代。在无箱造型法中使用了吹压式造型法。今后上述两类造型法再加上前面介绍的铝铸件的泡沫塑料实型法，将会是铸模的主流而被广泛使用。

d. 芯子造型

制造芯型时，主要应用了壳型铸造法和冷芯盒砂芯法。壳型法中，应用了将热硬化性酚醛树脂包覆的砂用压缩空气吹入加热的模具内进行固化的吹压法。冷芯盒法是预先将有机黏合剂和砂子进行混炼，然后将这些东西吹入模具，再将气态的硬化剂吹入模具内一起进行固化的方法。冷芯盒法相对来说是比较新的方法，很快也得到普及应用。这两种方法各有优缺点，表2-1中对它们的优点、缺点进行了比较。

表2-1 芯子造型法的比较

造型法	砂的可使用时间	铸模的精度	造型强度	造型速度	芯子的中空化
壳型铸造法	非常长	由于是加热成型，精度不高	强	慢	可能
冷芯盒砂芯法	2～3h	由于是常温成型，精度高	有些弱	快	不可

2.1.3 铸模的先进技术

铝铸造的所有产品几乎都是用模具铸造生产出来的，所以制造成本、模具寿命可以说是永远的课题。模具的制造方法从以前的以木型作为模型的仿形加工基本上全部转换为NC加工。车身的冲压部件在产品设计阶段，它的3维数据模型就做好了，利用这些数据制作模具的系统已经很完善了，然而铸造部件在产品设计阶段的3维数据化还没有进展，现在还是由模具制造部门制作NC加工用的数据。铸造模具的空腔模中，包含凸条和深孔等复杂的形状比较多，所以大部分都用放电加工方式。最近由于机械加工设备和刀具有了很大进步，高硬度材料的直接雕刻效率提高了，直接雕刻加工和NC加工也基本可以相当了。

铸造部件的质量在模具设计完成的时刻就决定了，这样说一点也不过分，铸造条件对于质量的提升来说基本上没有多少余地。以前是在经验和试错的基础上不断地变换模具以提高质量，这种工作方式效率非常低。也就是说在模具设计阶段怎样才能将质量做好是个非常大的课题。为了解决这些课题，利用计算机仿真进行流动解析、凝固解析、模具构造解析等前期工作一直在进行。最近根据计算机和软件的发展情况，基于产品设计阶段所做出的数据模型就可以进行产品的强度解析，可以预测在不久很快将会实现铸造和模具制作仿真的实施系统。

模具材料和表面处理对模具的寿命影响非常大，为了延长模具寿命进行了各种各样的尝试。现阶段铝铸件用的模具最常用的材料一般是SKD61和SKD61改良材。模具的寿命由反复加热冷却造成的热裂和铝熔浆所造成的熔损决定。特别是热裂可能导致模具发生大破裂的情况，可以说是最大的问题。但是对于热裂还没有找到什么好的手段，只能通过模具材料和表面处理方式相互组合来进行模具开发。

模具的表面处理除了可解决上面的问题以外，也需要防止铝附着，一般使用的处理方式是表面渗氮处理。特别是在热负荷比较高的压铸中，镶针的硼化处理效果，低压铸造浇口处使用金属陶瓷防止熔损等技术都有报告，今后也会在热负荷高的部分发展到采用陶瓷和金属陶瓷。

壳型芯子的造型型材在以前采用铁类材料，现在采用铜合金以提高精度。由于铜合金的热传导率高，容易使模具均匀受热，可以防止模具变形，毛刺的发生也少。特别用在那些间隔比较长、精度要求高的芯子上。

2.1.4 今后的产品要求和铸造技术的课题

日本的汽车产业随着成熟期的到来，低价格化的浪潮也随之而来。还有，发展中国家汽车时代的浪潮也在到来。可以想象全球范围内今后汽车的数量会越来越多，将会带来尾气排放造成的大气污染和石化资源的枯竭等重大问题。因此对于汽车的要求将会体现在发动机尾气排放低公害化以及提高燃油经济性的轻量化方面。从以上的这些状况可以看到，在铝部件的铸造技术上，比如说行驶系统的部件，如果可以用像压铸法那样生产性高的制造方法来制造就很好，需要这样的技术。另外铸铁件比起铝铸件，它的制造成本便宜，因此能够将铸铁部件的高刚度、高强度发挥到极限的话就可以将部件做得更薄，以实现和铝制品同等的轻量化效果，这样的技术会成为今后的发展方向。关于基本的铸造技术，例如像铸造部件的毛刺去除作业等一些善后工艺还将存在，在铸造完成后立刻能够进行机械加工的技术，削减那些为了使部件彻底趋于近净成形而需要进行机械加工的位置等技术是我们今后应该考虑去追求的方向。

2.1.5 铸造技术的将来动向和新技术

下面对最近几年来已经得到实用化的新铸造方法，以铝件铸造为中心来说明。现在也只有1家或者几家公司开始生产应用，最终评定还需要几年时间。

a. 可动模具铸造法

在冷却速度快的压铸法和挤压铸造法中指向性凝固实现起来很困难，现在利用局部加压的方式对防止厚度大的地方缩孔是一种有效的手段。相对于局部加压通常使用棒来进行加压的方式，可动模具方法是将模具本身做成可动构造进行加压，以此防止缩孔的效果很好。

b. 吸引铸造法

铸造机和LPDC有同样的构成，熔化炉是向大气开放的形式（图2-9）。这种方法是通过对覆盖于铸造模具上的箱室进行减压以使熔浆充填到模具中去。吸引方式可以使熔浆的流动性得到改善，这样也可以使模具保持低温，实现了缩短铸造周期的目的。现在应用于气缸体的量产上。

c. 半凝固铸造法

在铝的半凝固铸造中使用的材料，是对连续铸造中固液并存的区域进行电磁搅拌，将树状晶体剪切断开使之成为微细的球状组织再凝固形成的东西。具有这样组织的材料，如果在半融状态受到剪切力，会呈现出

汽车生产技术

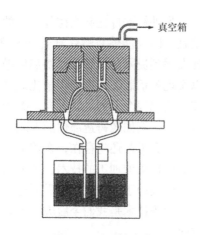

图 2-9　吸引铸造法

黏度急剧下降的摇溶现象。实际的铸造是使用电磁感应加热装置将圆棒状的毛料加热到半熔融的温度，然后将其插入压铸机的套管中，由冲头进行射出。现在已有几家公司应用该方法进行量产。

关于镁的铸造，使用的机器和塑料射出成型机的结构一样，在实际应用上，只是将装塑料浆液的装置换成了装镁粉末的装置，现在有几家公司已经开始了量产。铸造组织是球状化组织，是典型的半凝固组织。这种球状化组织是由射出成型机特有的螺旋桨对材料进行搅拌后生成的。

半凝固铸造的优点有很多，因为不要熔炼设备，所以可以削减能源成本，也可以省去设备设置的制约。因为熔解温度比较低，约为100°C，所以对提高模具的寿命、提高产品尺寸精度、减少脱模角等有利。但是由于现在原材料的供给厂商还很少，价格比固态铝锭要贵，回收的材料还不能进行再循环利用等问题存在，也可以说这是今后技术要解决的方向。

d. 铸铁的金属型铸造

汽车部件中的铸铁零件大部分都是采用砂型铸造生产的。为了提高零部件精度，减少工业废弃物，改善作业环境，开始使用模具对铸铁零件进行量产。现在实现量产化的零部件有球墨铸铁的转向节和片状石墨铸铁

的凸轮轴。铸铁的模具铸造能够实现的关键是，模具使用了导热性好的铜合金，并在短时间（6～12s）内从铸型取出产品以防止由产品收缩引起的铸型损伤。另外为了确保在模具温度低的情况下也能保持铁液的流动性，每次铸造前都在模具表面涂上电石气作为保温层。关于铸造铁液的处理，在每个生产阶段由基础材料以及石墨球化剂进行处理。这样制造出的零部件组织冷却速度非常快，因此组织微细，例如球墨铸铁的石墨颗粒直径可以达到$10\mu m$，是砂型铸造的1/5左右（图2-10）。因此产品的力学性能也有提高，即使同样成分的材料，它的抗拉强度、抗压强度和疲劳强度可以得到15%以上的改善。

 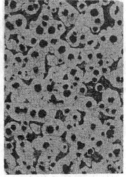

a) 金属型铸造组织　　b) 砂型铸造组织

图 2-10　金属型铸造和砂型铸造的组织比较

2.2　锻造技术

锻造就是通过锻压工具对金属材料加压，使材料的一部分或全部受到压缩、打击，从而发生塑性变形，以获得规定的尺寸和形状的方法。同时锻造方法也可以改善材料的力学性能。

① 热锻的情况下，通过加压成型使材料的粗大结晶粒被机械地破碎，通过再结晶使材料组织结构微细化，由材料因流动变形而产生的锻流线提高产品的力学性能。

② 冷锻或温锻的情况下，具有通过加压成型实现结晶错位引起加工硬化发生，从而提高产品的力学性能等特点。

力学性能的提高以及质量提升都有了很大的进展，特别是这几年以高精度化、高生产性为重点进行了技术开发。锻造方法有自由锻、模锻、旋转锻造等多种方法，本节仅就汽车零部件中的主流模锻方法为中心，以汽车的功能零件为对象，对锻造的先进技术进行说明。

2.2.1 锻造工艺和设备的先进技术

如开头所说的那样，现在的锻造技术中最重要的课题是精密锻造的推进。也就是为了实现锻造后不再需要机械加工而达到低成本，大力开展近净成型开发活动。为了实现高精度的近净成型，不只是锻造工艺的开发，设备技术的进步也是不可缺少的要素。本章节中对锻造工艺的先进技术，从热锻、温锻、冷锻及其组合加工和锻造加工机械几个方面进行说明。

a. 热锻

随着汽车零部件轻量化的发展，锻件的高强度、轻量化技术得到积极开发。在这里对热锻的代表性零部件发动机用连杆的轻量化技术进行介绍。

首先，作为第一大技术，以略低于通常的热锻温度范围（亚热区间）进行锻造，并且经过追加喷丸硬化，降低脱碳层和给予残余压缩应力以提高疲劳强度从而实现了轻量化的技术。锻造温度范围如图2-11所示，要根据材料的全脱碳深度和抗拉强度的关系进行最合适的设定。经过亚温锻成型和喷丸硬化技术，相对于以前的热锻产品，它的疲劳强度提高了50%[1]。

其次作为第二大技术，就是为了降低重量的偏差，以如何提高锻造成型品的厚度方

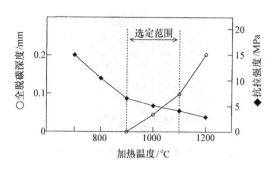

图2-11 脱碳深度和抗拉强度的关系

向的精度作为例子来介绍。热锻中由于锻造成型时的热量传导给模具，导致模具、垫板等发生热膨胀，使下死点精度发生变化。反过来素材温度降低，容易使其偏差发生很大的变化。锻造成型速度的高速化可以抑制素材温度下降，通过提高最小厚度锻造（上下模具接触的状态下冲压成型）的下死点位置精度以实现高精度化。它与以往相比，不仅降低了厚度、重量偏差，而且提高了材料利用率[2]。另外关于锻造成型的高速化技术在e项中将详细阐述。

b. 温锻

温锻是兼有热锻的高变形性和冷锻的高精度性的成型技术，它是以等速万向节部件的锻造为主发展起来的。近年来和热锻一样，大型零件或齿轮（准双曲面齿轮）等部件的温锻闭塞锻造成型技术也得到了开发。

图2-12所示的凸缘轮，以前通过大型冲压机进行锻造，但是通过温锻闭塞锻造成型，能够抑制锻造毛刺，削减工序数，实现高精度化。另外图2-13所示大端部外径为75mm的准双曲面齿轮，就是切断棒料后加热到850℃，只在一道工序中通过温锻闭塞锻造成型的。以前准双曲面齿轮的锻造成型曾被认为很困难，由温锻和闭塞锻造组合工艺使之成为可能。

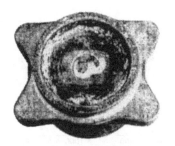

图 2-12　凸缘轮

图 2-13　准双曲面齿轮

c. 冷锻

冷锻和热锻相比，因为没有热的影响，容易实现高精度化，所以冷锻的近净成型化得到广泛的研究。特别在这几年，齿轮零部件的冷闭塞锻造成型等为代表的复杂形状零部件的近净成型化工作被积极推进。

冷塞锻造成型一般是由图 2-14 所示的方式成型的。并且平齿轮的闭塞锻造成型时，内直径成型途中分两阶段切换设置缝隙，以此降低压力提高填满性的方法（图 2-15）也在研究中。

冷锻的齿加工技术，除了闭塞锻造成型以外，还有利用挤压成型技术在空心花键轴和带有螺旋齿轮的小齿轮轴上得到了实际应用。挤压成型技术也在四轮驱动车辆的动力传递装置上使用的内平齿轮零件和带有斜面

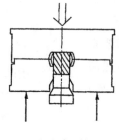
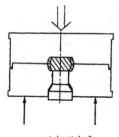

a) 投入毛坯　　　b) 闭塞开始　　　c) 加工完成

图 2-14　冷塞锻造冲压过程

的内外花键零件上得到应用（图 2-16）。另外，这些冷锻齿形锻造品，为了抑制热处理造成的精度劣化，使用新开发的冷锻性好的渗氮用铜代替以前的渗碳用铜[7]。

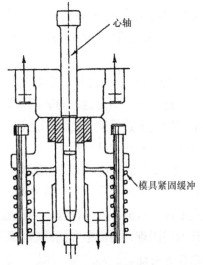

图 2-15　内径可变模具构造

图 2-16　带有斜面的内外花键零件

d. 组合锻造

随着汽车的高输出功率化、轻量化发展，要求齿轮零件大型化。由于变形阻力高，冷锻成型性有一定的极限。于是，首先通过容易成型的热锻进行预成型，再实施润滑等处理后进行冷锻，这种能够确保高精度的组合锻造经常被使用。这个组合锻造过程中大部分成型是在热锻阶段进行的，因为通过减少冷锻工序的成型量，可以使冷锻成型的残余应力变小，这样做具有在后续的热处理过程中应变小的优点。以下介绍几个近年来被实用化的代表性产品事例。

首先，以变速器零件中汽车倒车时使用的倒档齿轮、空转齿轮为例，该零件具有使平齿轮和轮齿端容易嵌合的斜面和行车时防止齿轮脱落的很小的反起模斜度。毛坯材形状如图2-17所示，制造工艺如图2-18所示。特别是有精度要求的平齿轮部，由冷锻方式实现其高精度。还有其他的实用化例子，如前所述的动力传递装置上使用的链轮零件。这个链轮的绝大部分成型都在热锻工序中完成，然后再经过冷锻（尺寸）进行高精度加工。确保这些零件在热锻工序时的模具寿命是锻造成型的最大难点。

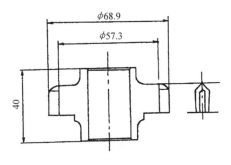

图2-17 倒档齿轮、空转齿轮

组合锻造就是将热锻的大变形和冷锻的高精度化很好地组合起来，使齿轮这样的高精度零部件成型，可以想象今后会越来越有所发展。但是热锻中齿形成形时的模具寿命和冷锻后的精度确保技术等是应当面对的课题。

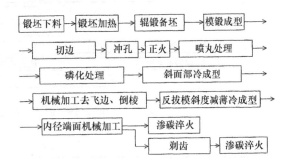

图2-18 倒档齿轮、空转齿轮的制造工艺

e. 锻造机械

随着锻造部件的形状、尺寸精度、生产方法的多样化，对锻造机械式样的需求也在年年变化。图2-19所示是近十年来锻造机械相关需求的变化情况。机器本身有大型化的趋势，同时对具有连续工序成型可能的传送冲压和闭塞锻造、温锻、组合锻造等功能于一体的锻造机械的需求越来越多。现在锻造使用的机器，除机械冲压外，还有摩擦压力机、油压机、锻压机等。表2-2中展示了各机器的特征。在此对一些为了达到高精度近净成型化而在近年锻造机械上开发的先进技术进行说明。

机械冲压中，积极地推动着高速化和自动化。关于高速化，不仅可提高热锻的生产性，通过缩短过热毛坯和模具的接触时间，也有使产品高精度化、提高模具寿命的好处。以前即使冲压机能实现高速化，传送装置的运行速度等也会影响高速生产。近年来开发出了冲压运动、上部悬架、3维运送机械式传送送料器，使2000tf级冲压机40SPM的高速自动锻造成为可能。该装置将偏心轴的旋转传递给传动送料器的凸轮轴，然后经过凸轮进行3维运动，使得冲压滑动不会在上死点处停止而连续旋转，传送动作和滑动动作同时进行产品搬运。图2-20是该机构自动送料装置[11]。另外，

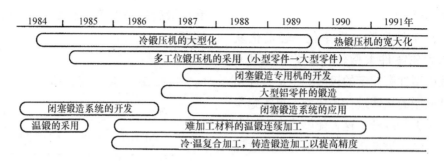

图 2-19 锻造用冲压机用户需求的推移

表 2-2 冲压机的特征

		锻压机	油压机	摩擦压力机	机械压力机	
					曲柄式压力机	连杆式压力机
	用途	热锻	冷锻/热锻	热锻	温锻/热锻	冷锻/温锻
	生产性	低	最低	中	高	高
	维修	成本高	麻烦	简便	简便	简便
	操作自动化	困难	可	可	容易	容易
	噪声/振动	大	小	中	中	小
	能耗费	高	低	低	低	低
	加压力	可变	可变	可变	一定	一定
	加压速度	不可变	可变	不可变	不可变	不可变
	容许偏心荷重	低	低（高）	低	高	高
	行程量	可变	可变（长）	可变	微调节	微调节
温热锻压	模具对工件进行冷却	少	多	少	中	中
	模具和工件的接触	短（下模长）	长	短	短	中
	模具寿命	短	短	中	长	中
冷锻下的模具寿命		—	长	—	长	长

最近作为可以对应多种类不定量生产的设备，传动送料器和材料供给装置上使用了AC伺服电动机，这样可以实现行程和时间的任意设定[2]。

冷锻用的卧式多级式设备也积极致力于高精度化。特别是在锻件的厚度精度方面，模具的弹性变形、模具和设备的热膨胀、机械及模具的挠曲等所有误差被累积，是课题最多的项目。为提高厚度精度，使用机械润滑油/冷却液油的温度控制、活塞前死点位置控制，以及通过冷却模具控制热膨胀量等方法。特别是在活塞前死点位置控制方面，在活塞和滑块之间的位置设置两处测量感应器，以位移差进行过负荷检测的前死点监视装置（图 2-21），以及使之动作的前死点调整装置被应用[12]。

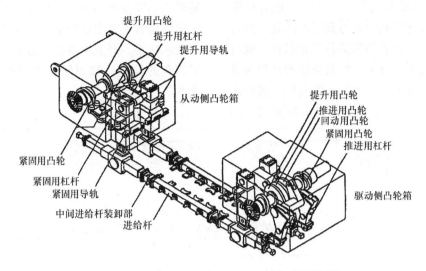

图2-20　上部悬架式压力机连动机械自动送料装置

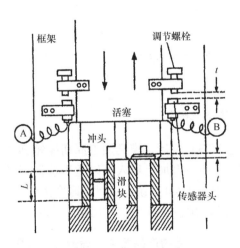

图2-21　前死点监视装置

2.2.2 锻造模具的先进技术

锻造成型中，控制金属材料流动以得到所希望的形状，模具发挥着非常重要的作用。尤其是近年来，在盛行开发齿轮零部件等复杂、高精度零部件的近净成型的形势下，对模具的精度和强度水平的要求变得非常高。另外，由于汽车开发周期的缩短，模具制作周期也被强烈要求缩短。为了满足这样的需求，对模具材料、模具设计、模具制作等各领域现有的技术进展状况进行说明。

a. 模具材料

随着产品的强度要求变得越来越严格，使用材料的强度也在提高，对模具产生的应力也在增大。另外产品形状越复杂，越容易发生局部的应力集中。因此作为模具材料，需要具备高韧性、高强度。因此从20世纪80年代开始矩阵格网式高速度钢、粉末冶金高速度钢、超硬合金的HIP处理等技术得到开发，目前也在继续进行中。另外作为非金属模具材料，高温特性出色、能够进行无润滑加工的陶瓷模具也得到了开发。为提高耐磨性而进行的表面涂层处理，等离子CVD、多层膜涂层、钻石涂膜等也得到开发。

b. 模具设计

模具设计一般都利用CAE进行。类似锻造成型这样发生大的塑性变形的加工模拟，通常利用2维刚塑性FEM解析软件，可以模拟获得变形形状、材料填充性、模具面压力分布等。另外从这些信息可以预测模具以及模具随时间的变形量，预先就可以除去模具的形状和尺寸误差。最近3维解析软件开发出来以后，使更接近实体形状条件的模拟成为可能。并且这个锻造变形模拟器

（CAE）和自动模具设计（CAD）融合的锻造工艺设计支持系统也得到了实用化。通过这个系统，设计者如果进行工艺设计，就可以自动实施模具分型、模具详细设计和夹具等设计，自动输出工艺图、模具图、装配图（图2-22）。因此，模具设计时间和试制周期的大幅缩短成为可能。另外为了防止由于资深经验者不足引起的锻造技术空洞化，保持技术传承，开发了收集和分析许多锻造厂家拥有的技术、知识经验事例的锻造专家系统。

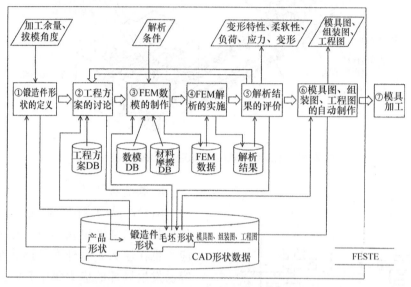

图2-22　锻造工艺设计支援系统构成

设计出的模具和成型品能够立刻以立体形状展现的造型技术是快速成型技术。这是以数字化数据为基础的计算机控制方法。以此方法就可以对那些在画面和图纸上不容易想象的复杂3维形状进行讨论，以提高设计效率。另外通过和CAE相结合，作为同步工程的有效方法，在缩短设计周期方面会取得很好的效果。

c. 模具制作

为了满足模具制作周期缩短的要求，利用CAD数据推动着模具制作的高精度化和高效率化。随着主轴的高速、高刚性化以及高速、高精度控制功能等技术的发展，现在合金工具钢SKD 61在制作模具中，转速为10000r/min，进给速度为2~6m/min，加工出来的模具表面粗糙度为10μm以下。另外，经过削减加工工序、消除加工等待时间的前切削加工系统（直接雕刻）对工艺进行汇总（图2-23）之后，模具加工周期缩短到了以前的1/9，再加上导入可以适当选择刀具切削路径的CAM系统，试制模具的设计制作周期缩短到原来的1/3的实用化例子也有。

2.2.3　今后的产品要求和锻造技术课题

从近年来汽车的发展趋势来看，可以列举如下特点，FF车、A/T车所占比例增加，车辆高档化，RV车的增加等，车辆结构有很大的变化。特别是在RV车上多采用四轮驱动，作为新机构的动力传递装置增加，使得包括齿轮在内的高精度零部件的近净成型化的需求相当高。另外地球环境保护问题的应对也是重要的课题之一，存在导致地球温暖化的能源消耗和造成大气污染的污染物质等问题。能源是保证汽车行驶和零件制造必不可少的东西，在各方面都在进行着降低能耗的努力。

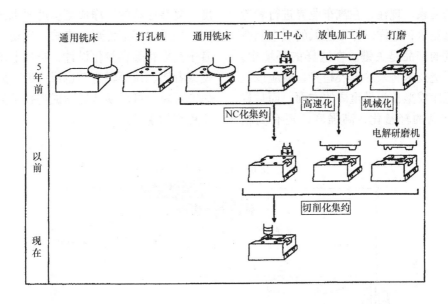

图 2-23　直接雕刻方式的工程集约化发展阶段

a. 锻造品的高精度化

高精度、复杂形状零部件的代表性例子有齿轮、花键，以锻造代替机械加工虽然进展比较缓慢，但是却在稳步地进行着。现在对于 JIS 6 级程度以下的绝大多数齿轮零件都可以由锻造制造了。今后为了能够用锻造做出更高精度的齿轮零件，不只局限于冷锻，或者热锻和冷锻组合锻造，切削加工的有效利用也需要考虑。也就是说，为了确保冷锻前的毛坯形状的高精度化，在热锻后进行切削加工保证中间品的精度，然后对其进行冷锻完成零件加工，这种方法也是需要考虑的。并且模具精度的提高、锻造成型时的成型应力降低、均一化技术、低应变热处理技术、齿轮精度保证方法（测量技术）、齿轮基准的切削加工技术等都是保证锻造精度的技术要点。

b. 锻造零件的轻量化

要降低汽车的能源消耗，如何提高燃油经济性是最关键的。燃油经济性提高的最有效的手段是零部件的轻量化。图 2-24 所示是连杆的制造费用比和轻量化比例的示意图。实现轻量化的最有效手段是使用铝、钛等轻合金材料，不过除了一部分豪华车，一般车辆都是以钢材为主进行高强度化、轻量化的。就像前面讲述的那样，现在利用亚热锻、高速锻造等努力实现高强度化、轻量化，今后一定会朝着更高的轻量化目标推进技术开发。

另外以底盘零部件中的悬架臂的轻量化为例进行说明。图 2-25 所示是悬架臂的制造费用比和轻量化比率示意图。这个零部件的轻量化使用和连杆相同的铝合金或钢板的冲压成型，这些都是很有效的方法。为了与这些技术对抗，钢的锻造也已经在部分产品上实用化了。不过将辊轧成型、弯曲等与锻压组合起来，如何能使锻造部件实现高精度、轻量化形状的最优化工艺开发是需要研究的课题。

2.2.4　锻造技术的未来发展趋势和新技术

日本生产的全部锻造件中有 70% 左右是汽车零部件。因此锻造技术将来的发展趋势与汽车零部件、单元件将来的发展趋势有着密切的关系。现在,在汽车业界进行着激烈的商品竞争,怎样以尽可能低的成本制造出高精度的产品是关键。在这样的环境中,要考虑锻造技术将来的发展趋势,就应该致力于将近净成型作为最重要的方面,而且肯定会对产品的轻量化、高强度,还有高精度、复杂形状的近净成型程度要求比以前更高。如果以零部件形状来看,底切、薄片或者中空形状等轻量化设计,再加上使用不锈钢或者铝、钛等轻合金也成为近净成型化的研究对象,可以期待近净成型技术会达到一个更高的水平。

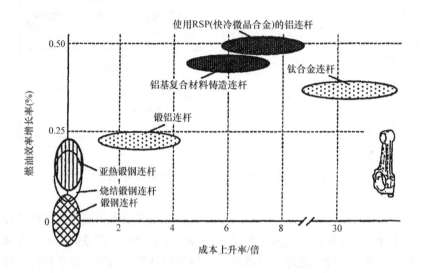

图 2-24 连杆的制造成本比和轻量化比例的关系

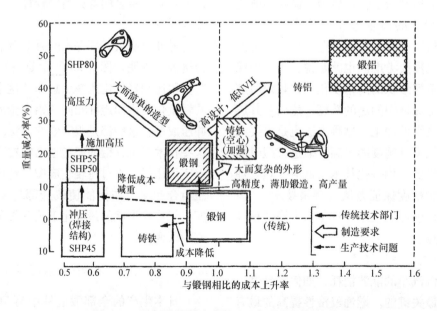

图 2-25 悬架臂的制造费用比和轻量化比例的关系

为了实现高精度、低成本的近净成型技术，材料利用率的提高也不可缺少。关于材料利用率，随着闭塞锻造的应用扩大，烧结锻造、铸造锻造等的普及，再加上CAE的应用使材料利用率确实得到很大提高，使锻造成型变得容易多了，也就是说我们可以期待在锻造成型时由于低变形阻抗使得热处理后发生的形变更小，可以实现高强度化的材料、热处理技术得到进一步开发。特别在热锻中，需要考虑如何既有高的材料利用率，又使高精度的热锻零部件用最低的成本能够生产出来。

让奇形怪状使零部件的材料成品率提高是件不容易的事，不过也有应用闭塞热锻成型使连杆的材料成品率有了划时代的提高，同时也实现了轻量化、高精度化的事例。制造工序如图2-26所示，使用预先制作好的高精度毛坯（粗加工）进行闭塞热锻成型。粗加工品的断面形状如图2-27所示，比较细长。由于应用了闭塞锻造，使锻造毛刺不再产生，并且使拔模斜面的废除、最小厚度的减小等都成为可能。通过采用高精度制作的素材，可以大幅度降低重量偏差。图2-28所示是闭塞锻造成套冲模装置的结构示意图。

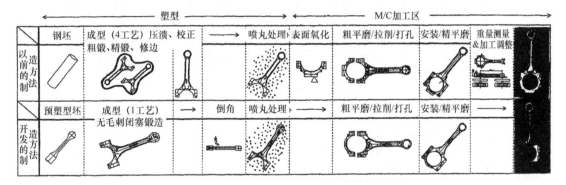

图2-26 连杆的制造工序

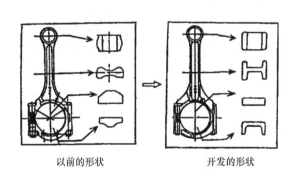

图2-27 连杆毛坯材的断面形状

另外齿轮、花键零部件中，齿精度等级在JIS3~4级左右的，像弧齿锥齿轮这种高精度、形状复杂零部件的近净成型都成为锻造成型的目标。弧齿锥齿轮近净成型的新技术，我们以变速器输入轴齿轮（带有倒角的花键）和变速齿轮（弧齿锥齿轮）一体化后，并通过组合锻造制造的花键和齿轮作为锻造的典型事例来说明。毛坯形状如图2-29所示，锻造工序如图2-30所示。再者为了给弧齿锥齿轮部赋予最好的后边，会实施镜面加工。对于这个零部件，与以前的工艺相比较，不仅仅是由于工艺缩短降低了成本，而且因一体化成型而取得了轻量化的效果。像弧齿锥齿轮这样的部件的锻造成型，在组合锻造中首次应用闭塞冷锻和挤压模塑法等，应用各种各样的成型法来探索向近净成型化趋近的方法，高精度、复杂形状零部件的近净成型化技术应当受到关注。

【森下弘一】

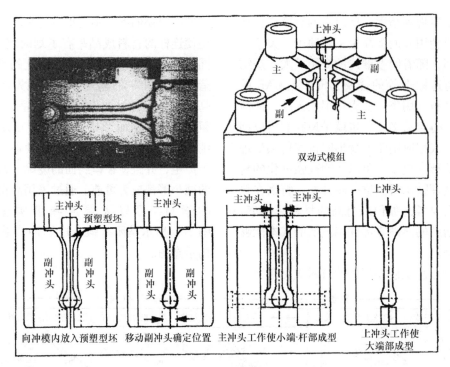

图 2-28 闭塞锻造成套冲模装置

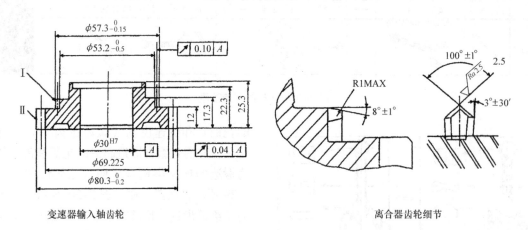

图 2-29 一体化齿轮形状

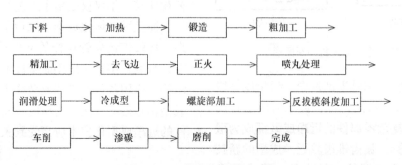

图 2-30 一体化齿轮制造工艺

参 考 文 献

1) 石原貞男：自動車産業における最近の鍛造技術の動向, 第158回塑性加工シンポジウム, p.29-37 (1994)
2) 浅野幸治ほか：小物・薄物鍛造プレスシステムの開発, 鍛造技報, No.65, p.35-43 (1996)
3) 安藤弘行：プレス機械及び周辺装置からみた冷間鍛造の高精度化, 第169回塑性加工シンポジウム, p.11-20 (1996)
4) 小林一登：高精度成形を可能にした汎用プレスによる閉塞鍛造技術, プレス技術, Vol.32, No.11, p.49-52 (1994)
5) 安井 司：精密冷間鍛造技術による自動車部品の生産性向上, プレス技術, Vol.32, No.11, p.44-48 (1994)
6) 森下弘一：スプライン・歯車部品の冷鍛ネットシェイプ化, 第169回塑性加工シンポジウム, p.47-56 (1996)
7) M. Hayashi : Current Trends In Automotive Forging Industry, 26th ICFG Plenary Meeting (1993)
8) 長谷川平一：熱間・冷間組合せ鍛造技術によるチップレス化・高付加価値化, プレス技術, Vol.32, No.11, p.32-35 (1994)
9) トヨタ自動車：トランスファー用大型鍛造歯車, 素形材, p.27 (1995.1)
10) 安藤弘行：鍛造用プレス機械の特徴と動向, プレス技術, Vol.31, No.2, p.17-22 (1993)
11) 西川淳二：最近の熱間鍛造設備の進歩, 第146回塑性加工シンポジウム, p.71-79 (1992)
12) 松井正廣：多段式フォーマにおける高精度・複雑形状加工への対応, プレス技術, Vol.31, No.2, p.70-73 (1993)
13) 小坂田宏造ほか：剛塑性有限要素法による多孔質金属の塑性加工の解析, 日本機械学会論文集, 45-396A, p.955 (1979)
14) 矢野裕司：型設計におけるCAEの活用について, 型技術, Vol.8, No.8, p.136-137 (1993)
15) 岩田健二：鍛造エキスパートシステムの開発, 鍛造技報, No.65, p.44-81 (1996.4)
16) 丸谷洋二：プレス技術者のためのキーワード事典, プレス技術, Vol.34, No.1, p.34-35 (1996)
17) 佐藤 眞：金型切削加工の高速高精度化, 第150回塑性加工シンポジウム, p.9-23 (1993)
18) 永礼一郎ほか：鍛造型の高速切削加工, 型技術, Vol.9, No.9, p.66-69 (1994)
19) 濟木弘方：鍛造21世紀への展望, 塑性と加工, Vol.35, No.400, p.478-481 (1994)
20) 桜井久之ほか：自動車メーカーにおける鍛造技術の現状と今後の動向, 第146回塑性加工シンポジウム, p.35-42 (1992)
21) 曽我龍司ほか：閉塞鍛造の事例, 自動車技術会 1996年春季大会学術講演会前刷集, p.201-203 (1996)
22) 穂口微也：鍛造技術によるクラッチギヤとヘリカルギヤの一体成形, プレス技術, Vol.32, No.11, p.27-31 (1994)

2.3 烧结技术

2.3.1 烧结工艺和设备的先进技术

粉末冶金法是将金属粉等的混合粉放入模具中成型后,再通过烧结制造各种零部件的方法。相对于其他零部件的制造法,①可以高精度地大量生产形状复杂的零部件;②成品率高,制造的能源消耗少,成本低;③材料设计的自由度大。

因为有以上这些优点,在汽车用零部件中,其生产量每年都有所增加。

图2-31 所示是一般的粉末冶金工艺,图2-32 所示是烧结机械零件制造工艺的主要设备成型机和烧结炉的开发历史示意图。粉末成型法中,也有像 CIP 和 HIP 这样的三维固化法,但是由于在形状成型、费用方面不利,在烧结机械零件等的制造中一般使用单轴的成型机。

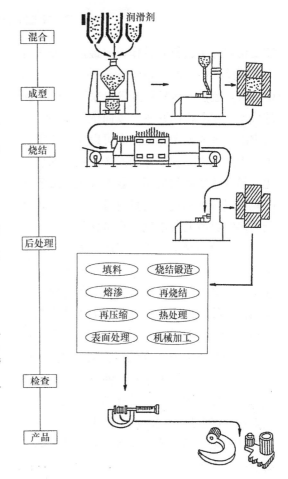

图 2-31 粉末冶金工艺

成型机中带有 NC 控制的冲压机是主流,不过在用冲压机进行复杂形状部件成型的时候,模具构造使得制造费用高,同时还

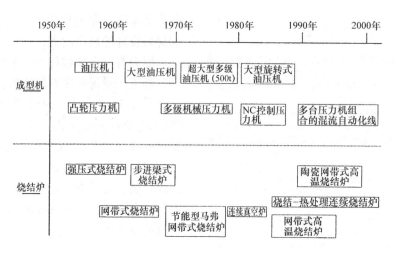

图2-32　成型机和烧结炉的开发历史

需要由熟练工进行调试作业。最近，配置有多控制轴的CNC（Computerized Numerical Control）数控冲压机被开发出来了，随着新的成型工艺流程的开发，以前依靠经验进行设定的许多成型条件也渐渐可以实现定量化了。因此，作为长期课题的产品尺寸的稳定化、粉状体密度的控制、破裂为主的成型缺陷就可以得到解决，而且也可以期待实现复杂的多级成型的薄壁化、轻量化。

烧结炉中网带式或者强压式的气氛炉是主流，不过作为要求更高的汽车轻量化、低成本、高输出化的应对措施，必须考虑今后烧结机械的高强度化，以及增加连续高温烧结炉的利用。还有，具有大约3K/s的冷却速度的新型连续炉（烧结-热处理连续炉）也得到了开发。使用这种炉就可以实现从烧结温度进行冷却控制，没有必要再在另外的热处理炉进行热处理。这个技术，就是所说的烧结硬化，期待其成为高强度烧结零部件制造的新方向。

另一方面，以CIP和HIP为代表的三维固化技术中，作为近净成型化发展的烧结法的新技术，金属粉末注射成型法，也就是MIM，是需要关注的方法。该方法是先将金属与黏结剂、可塑材等进行加热混合，再注射到模具中成型，然后实施脱黏结剂和烧结的方法。相对于普通的粉末冶金法，有以下优点。

① 因为进行注射成型，所以可以实现复杂的三维形状。

② 可以获得相对密度为87%~96%的高密度，以提高力学性能。

这种方法以前多在OA机器、精密机器制造上应用，在汽车零部件制造上的应用也才刚刚开始，不过通过对脱黏结剂和烧结工序的缩短等制造工艺的改进，今后会得到更大范围的应用。

作为复杂形状零部件的制造方法，复合化技术的开发被大力地推进着。该技术已经成熟，有使用特殊钎料的钎焊法、利用烧结时尺寸变化的烧结同时接合或者利用液相的扩散接合法、异种粉末的2相成形烧结法、铆接等机械式连接方法等也有应用。然而由于有接合部的可靠性、尺寸精度、费用等问题存在，其使用范围还很小。

此外作为机械零部件复合化的高精度且具有高可靠性的连接技术，普通烧结材料的熔接技术（激光熔接、投射熔接）最近也开发出来了，一部分得到了实际应用。以前熔接普通烧结材料的时候，由于材料中空孔的存在使熔接部产生缺陷，导致产品化困难。然而在激光熔接方法中开发出了合适的熔接材料使之可以在实际生产中得到应用。另一方面，投射熔接法中，通过毛坯形状或者熔接条件的优化提高了可靠性，在与钣金件连接的变速器用行星轮等功能零部件的制造上得到实际应用。

图 2-33 所示是凸轮轴机械式接合方法的示意图。由于这种装配凸轮轴比以前的凸轮轴在耐磨性上有提高，而且还可以实现大幅度的轻量化，所以开发了许多方法，其中烧结的同时进行钎焊等方法得到了实际应用。然而这些方法的制造工艺复杂而且成本很高，其应用也局限在一定的范围。图 2-33 所示的方法，是利用机械方式将烧结的凸轮块或者轴承颈向钢管上一个一个组装，与目前的方法相比，可以实现自动化，适合批量生产。现在虽然只有一部分得到实用化，今后可以期待它会得到更大范围的应用。图 2-34 所示是凸轮轴的外观。

图 2-34 组装的凸轮轴外观

2.3.2 烧结材料的先进技术

现在铁系烧结零部件生产量的约 90% 用在以汽车为主的运输机械上，可以说烧结方法随着汽车产业的发展，得到了很大发展。日本的铁系烧结零部件的制造，从 20 世纪 50 年代开始被真正地用于以减振器等小型零部件为主的零部件上，六七十年代开始应用于带轮、链轮齿等大型零部件的制造上，最近通过许多性能优越的粉末原料的开发和制造方法的改良，也在向高强度、高性能的应用上展开。

图 2-35 所示是过去 15 年烧结零部件年生产量的变换图。从 1980 年开始到 1990 年的 10 年间生产量大约扩大了 2 倍。不过，由于日本国内经济低迷和海外生产的增加等因素，1992 年度第一次出现了负增长的记录，烧结领域和其他坯料产业一样也都迎来了一个大的转折期。然而现在日本生产的汽车，平均 1 辆车中的烧结零部件重量约 6kg，只是美国每车约 12kg 的 1/2，所以可以想象还有相当的潜在需求。因此通过进一步降低成本的努力，同时推进高强度、高功能材料的开发，烧结的应用将会得到进一步扩大。

a. 铁类烧结材料

由于烧结材料中存在的空孔能够降低抗拉强度、抗冲击值等力学特性，减少空孔、提高密度可以说是实现高强度化的捷径。这种情况下，由于烧结体的密度依赖于粉体的

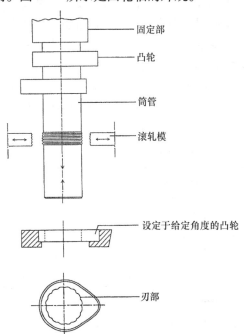

图 2-33 用机械接合法组装的凸轮轴

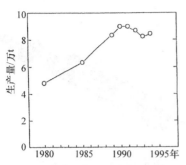

图 2-35 烧结零部件（机械零件+轴承零件）的年产量变化

表 2-3 高压缩性铁粉和以往铁粉的化学成分（质量百分数）

化学成分	高压缩性铁粉	以往的铁粉
C	0.001	0.002
Si	0.01	0.02
Mn	0.03	0.08
P	0.003	0.017
S	0.003	0.015
O	0.08	0.133
N	0.0008	0.0021

密度，制作高密度的粉体是关键。粉体的密度可以通过提高成型压力来提高，但是，如果考虑模具寿命的话，期望有那种压缩性好的粉末原料，它在较低压力下也能达到高密度。关于纯铁粉，通过降低各种杂质，控制粒子形状和粒度分布等粉体特性以努力改善其压缩性，譬如以 690MPa 的成型压力得到粉体密度为 7.24Mg/m³，比以前高 0.1Mg/m³ 以上的高压缩性粉末也都在市场上销售了。表 2-3 中是将这种高压缩性铁粉和以前的铁粉化学成分进行对比的结果。

在烧结材料中，通过添加合金元素使之得到强化，这样的合金元素的添加方法从前就有要素粉末法和合金粉末法两种。前者是将各元素的纯粉末进行调配，混合形成所要的合金组成的方法，后者是将一定比例组成的合金熔浆通过雾化之后得到的粒子一个一个完全合金化形成粉末的方法。

前者的原粉末的压缩性好，不过烧结时组成成分的均匀化比较困难，后者的均匀性非常好，不过它的粉末一般比较坚硬，压缩性比较差，各自都有优点和缺点。

为了发挥两者优点，开发出了部分合金粉体。这种粉末是将 Ni、Cu、Mo 等细粉末通过热处理使之在压缩性出色的铁粉表面扩散形成合金。因为作为基础的铁粉只有表面被合金化，所以还保持着铁本身的柔软性，压缩性几乎没有被损坏。而且合金元素的均匀化也容易实现，因此高密度、高强度的原料铁粉现在被广泛应用。最近也开发了通过添加少量不损坏压缩性的 Mo 制造的完全合金粉，再在其表面扩散结合 Ni 的复合粉末，像这样由各原料粉末制造商基于种种合金设计想法的合金粉末都有报道。使用各种合金粉末烧结材料的特性见表 2-4。

表 2-4 使用各种合金粉末烧结材料的特性

种类	组成	密度/(Mg/m³)	硬度/HRC	拉伸强度/MPa	0.2%耐力/MPa	延伸(%)	夏氏冲击值/(J/cm²)
部分合金粉	Fe－4Ni－1.5Cu－0.5Mo－0.5C	7.02	41.0	985	788	1.2	14.2
完全合金粉	Fe－1Ni－0.5Cu－0.3Mo－0.5C	7.00	40.0	980	785	0.5	4.2
复合粉（只有 Mo 是完全合金化）	Fe－2Ni－1.5Mo－0.5C	7.00	42.1	1045	801	0.5	8.8

另一方面，与铁比起来，合金化形成的粉末变硬，密度和粒度有很大不同，为了防

止压缩性极端恶化而均匀地添加了碳粉。也就是所谓的偏析防止粉也被开发出来了。偏析防止粉是通过黏结剂将碳粉附着于铁粉表面的东西，烧结后的组织变得均匀，在切削性的改善方面效果显著。图 2-36 所示是这些粉末的模式图。

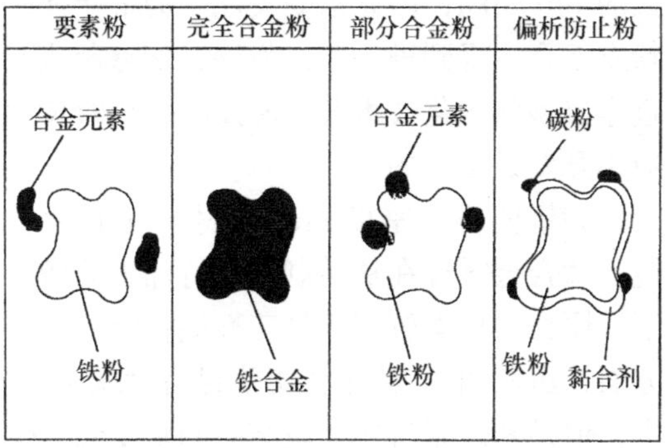

图 2-36　各类原料粉末的模式图

b. 有色系烧结材料

（i）铝合金　通过气体雾化法等并以 10^2 K/s 以上的冷却速度急速冷却凝固的 Al 合金粉末，其合金元素的固溶限扩大，晶出相的细微化成为可能，所以能够获得以前的熔制材不能得到的低热膨胀、高耐磨性、高强度性能。已经在粉末挤压法和粉末锻造法制造的高硅低热膨胀压缩机部件上得到实际应用。

（ii）Ni 基烧结恒弹性材料　Ni - Cr - Ti - Fe 合金系列，也就是所谓的镍铬恒弹性钢合金，具有即使温度变化它的弹性模量也几乎不变的特点，一直是用传统的溶解、轧制方法制造出来的。然而该合金系的加工性不好，从溶解材料经过切削进行产品化的过程中成本高昂。以前该合金系以烧结法进行高密度化是很难的事情，但是原料粉末的细微化和 Ti - Hx 的添加使高密度烧结成为可能，利用烧结法制造的横摆角速度传感器的振动板在汽车上得到采用。

（iii）Nd - Fe - B 系磁铁　烧结 Nd - Fe - B 系磁铁现在是最强的永久磁铁，它的最大能量积的量产水平已达到 45MGOe，是铁氧化磁铁的 10 倍以上。这种烧结磁铁是将粒度 3μm 左右的微细合金粉末在磁场中压缩成形，这样可以通过赋予磁各向异性提高了磁通量密度。虽然该磁铁的温度特性及比耐蚀性较差，但可由添加元素、表面处理来解决。这种磁铁已在电子控制悬架零部件等汽车用零部件上开始应用了。

2.3.3　今后的课题和应该关注的新技术

今后汽车面临的课题，除了轻量化、低成本化、高输出化之外，环境保护（低公害、低噪声、省资源、可回收）以及提高安全性和舒适性的要求也越来越高。在这些动向中，对烧结零件的要求和课题可以列举出以下项目。

a. 代用燃料的应对

作为环境保护和节省资源的应对措施，气体燃料（LPG、CNG、氢等）和酒精燃料等代用燃料的使用，再加上稀薄燃烧化等的扩大，提高耐热、耐磨、耐蚀性的烧结材料的开发力度是很有必要的。作为对应这些要求的新技术，金属间化合物的烧结材料是应该提到的。

金属化合物，已经在超导材料、热电元件材料、磁性材料等功能性材料上得到广泛应用，作为下一代的轻量、超高温材料，TiAl、Al_3Ti、Ni_3Al、Nb_3Al 等化合物面向实用化的研究也在积极地进行着。这些化合物由于晶体结构复杂，又硬又脆，而且熔点高，它的构成幅度比较窄，因此在溶解、铸造和塑性加工等制造上比较困难，在其制造工艺方面粉末冶金技术必须考虑。它实用化的关键在于粉末的制造工艺及成型，固化技术方面还存在不少课题。前者中的速冷凝固、燃烧合成、机械合金化等方法，后者中的 HIP、热冲压、注塑、放电烧结、粉末挤压、粉末锻造等工艺是需要重点研讨的方面。当前的应用主要在航空、宇宙相关领域，将来期待这些技术能够应用在内燃机阀、涡轮增压轮等零部件上。

b. 高强度化

对烧结零件的要求之一就是材料的高强度化。有内部空穴对烧结材料来说是永远的主题，也应该叫作课题，今后各种高强度化方法会不断得到研究、开发。作为高强度化的一种方法，减少烧结体的空穴以提高密度的方法有传统的烧结锻造、二次冲压、二次烧结和铜渗透等方法。然而这些方法损害了烧结法本来的经济优势，所以适用范围有限。

对此，最近开发了温成型法，这种方法是对添加了特殊润滑材料的原料粉末在420K左右进行温成型以提高模具内的原料粉末压缩性，一次成型和烧结工艺可以得到相当于二次冲压、二次烧结的 $7.4 Mg/m^3$ 的高密度，因此它作为低成本、高强度材料的制造方法受到很大关注。另外用该方法制造的粉末压缩体强度高，所以也有可以进行简单的机械加工的优点。图 2-37 所示是这种方法和上述传统方法得到的烧结体的密度水平和制造成本的比较。

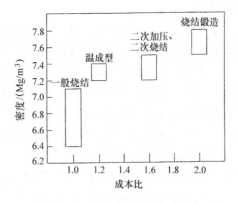

图 2-37 各制造过程的成本比较

c. 轻量化

作为性能提高、低油耗、省能源的方向之一，车辆的轻量化是非常重要的课题。在烧结零件上，材料的进一步高强度化，运用最优化设计降低产品重量，以及用铝等密度小的材料替代钢铁材料都将会得到不断发展。

在铝合金中，添加了过渡金属和稀土金属复合物，可以得到结晶状 10nm 程度的微细结晶粒结构的粉末，抗拉强度能够达到惊人的 1400MPa，因此倍受关注。为了使这些粉末铝合金得到进一步的发展，能够制造亚近净成型的固化技术开发和发挥合金特长的应用开发是必要的。

和铝同样，密度的小的材料还有钛合金，钛合金零件在从熔制剂进行加工的情况下，原材料成本较高，加工性能较差。另一方面，虽然可以期待利用烧结品来降低成本，但是和熔制材相比烧结品的密度低，残留空穴的存在导致其机械特性比较差。不过通过控制原料粒度构成、成型压力、烧结温度、氧气浓度等条件，可以得到相对密度 99.7% 的高密度化产品。目前高密度烧结钛合金在加工工具部件、一般机械零部件、手表外装件等上开始得到使用，今后它的用途也将会得到进一步扩大。

这些材料要得到扩大使用，降低材料和制造成本是不可缺少的，今后期待这样的制造技术能够开发出来。与此同时也需要对其进行充分的可靠性评价。

d. 高功能化、高性能化

对于烧结机械零部件，除了材料高强度化外，高功能化、高性能化的发展方向也是必须考虑的。因此如前所述，需要进行多种部件或几类不同材料的复合化。

异种材料烧结法有放电烧结法。该方法虽然在本质上是热冲压、但在该方法中使用了石墨，并对其施加 10V 左右的电压和数百安培以上的电流，以石墨为发热体的直接通电方式，并以微秒的间隔脉冲进行通电而使粉末相互接触部产生放电等离子。图 2-38 是该方法的模式图。一般来说，不同性质的材料（A、B）在同时烧结的情况下，因为两种材料的烧结温度不同，所以在通常的烧结法中，一种材料（A）变得致密，而另一种材料（B）不能完全达到烧结的情况很多。在放电烧结法中，烧结部的温度分布可以通过石墨模具的形状改变来控制，这对异种材料的烧结法非常有效。然而这种方法在产品的质量和量产性等方面还有问题，今后期待进一步的技术开发解决这些课题。

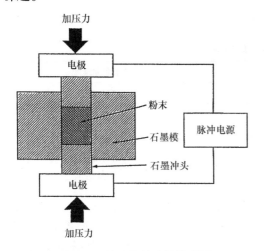

图 2-38 放电烧结法的模式图

e. 高精度化、低成本化

除了上述的问题以外，烧结零件在汽车零部件的应用上，还要求比以前更加高精度、低成本化。应用有限元法解析的优化设计在烧结机械零部件上得到应用，这对零部件的轻量化、低成本化做出了很大贡献，作为今后的趋势，可以设想在制造工艺中计算机模拟将会得到进一步发展。

比如成型的时候，在粉末流动方面，体积不变的固体和压力一定的流体会表现出不同的流动特性。因此现阶段利用各种各样的结构方程进行的连续模型和粉末模型的模拟方法被提出来，正在进行研究开发。如果这些方法有效，可以防止成型时压粉体出现裂纹，防止模具发生破损，可以缩短冲压调整时间，同时也对产品可靠性、精度的提高有很大的贡献。

最近烧结的变形模拟开始利用有限元法进行解析了。以往烧结时的变形情形都是根据经验知识进行预测的，即根据材料烧结前的形状反复进行试验来确定。今后通过与前面提到的成型模拟相结合，期待着开发出不需要胶料的高精度制造技术。【浅野谦一】

参 考 文 献

1) K. Shinohara：Global Review V-Japan PM Riding on the Waves of Innovation, Proceedings of 1993 Powder Metallurgy World Congress, XVI～XVIII（1993）
2) Peter K. Johnson：応用拡大する金属焼結部品, 日経メカニカル, p.44-49（1995.1.23）
3) 三浦秀士：第10回最新の粉末冶金技術講座テキスト, p.41（1992）
4) 高炭素一鉄一銅系粉末冶金製品の溶接, 素形材, Vol.36, No.1, p.44（1995）
5) 粉末冶金, 素形材年鑑, 平成5年版, 素形材センター, p.147-152（1994）
6) 森岡恭昭：粉末冶金用鉄粉の現状と動向, 川崎製鉄技報, Vo.124, No.4, p.253（1992）
7) 三菱マテリアル：焼結エリンバー合金, 素形材, Vo.36, No.1, p.42（1995）
8) 川畑 武：TiAl 単結晶の機械的性質, 日本金属学会会報, Vol.30, p.897（1991）
9) 間淵 博ほか：Al-Ti-X3 元素 LI_2 型金属間化合物の開発, 日本金属学会会報, Vol.30, p.24（1991）
10) 青木 清ほか：金属間化合物 Ni_3Al の延性について, 日本金属学誌, Vol.41, p.170（1977）
11) Y. Murayama, et al.：High Temperature ordered Intermetallic Alloys V, Material Research Society, p.95（1993）
12) 井上明久ほか：非晶質アルミニウム合金, 熱処理, Vol.3, p.154-161（1991）
13) NKK 新規事業センタ素形材開発部：高密度焼結チタン合金, 素形材, Vol.36, No.1, p.43（1995）
14) 佐藤雅彦：プラズマ放電焼結法の概要・特色, ニューセラミックス, No.7, p.75（1994）

2.4 冲压技术

如果对汽车生产的冲压加工技术进行分类，大致可以分类为表 2-5 所示的几种类别。说起冲压加工技术，汽车和汽车零部件制造所使用的冲压加工法涉及多方面，由于篇幅的关系不能对这些方法都进行说明。在这里对使用频率以及汽车整车重量占比、成本等方面较高的车身面板加工时所用的薄板冲压技术方面，对其先进的技术和未来动向进行说明。

表 2-5　汽车用零件的冲压加工的种类

根据板厚度的分类	冲压加工的种类	应用部件
薄板（0~1.6mm）	深拉深，鼓凸成形	车身侧围
中板（1.6~3.2mm）	冲切，弯曲，浅拉深	车架，底盘件
厚板（3.2mm以上）	冲切，精冲	功能件

2.4.1　冲压工艺和设备的先进技术

对于车身零部件冲压加工技术，需要在确保汽车质量的基础上，能大幅降低成本是这些技术导入时考虑最多的。表 2-6 是冲压部件加工成本构成示意图。从这个表中可以看出，要降低冲压加工成本，有很多着眼点。近期尽可能地减少一辆车中必要的零件数量是显著的动向，即零部件的一体化、大型化的趋势。如果这样，就可以减少模具成本、加工费用，并且能够节约组装加工费。图 2-39 中的例子是一体化的侧梁外板。

表 2-6　车身侧围的成本构成

冲压加工费		组装等加工费
固定费（初期投资）	变动费	固定费+变动费
冲压机械，设备费 冲压模具费 其他	冲压加工费（人件费） 材料费报损费（不良品费） 搬运费 动力费 其他	焊接加工费 密封加工费 其他

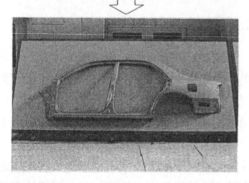

图 2-39　一体化冲压的车身侧围示例

在这个例子中，以前它由 5 个部件构成，需要 27 个模具，一体化后模具数减少到 9 个，模具投资金额可以削减 40% 左右，冲压加工工序数也减少到 5 个，大幅度降低了冲压加工费，但钢板材料费反而更高。这样削减了零部件数量之后的又一课题，即怎样减少每一部件必要的冲压加工工序数就变得至关重要。缩短工序是当然的事，同一个冲压周期中能制造出多个零部件，也就是同时能够制造多个产品的冲压加工工序多被采用。在这种情况下，一个模具可以冲压多个零部件，与一个一个零部件单独的模具制作相比，可以减少模具投资金额，而且冲压加工费也能显著降低。

以前能够同时制造出多个产品都是中小型零部件，且以 2 个产品为主流，最近像前挡泥板等大件以及发动机盖外板和内板、行李舱盖外板和内板等组合也经常被采用。在这种情况下，模具有 2 个零件一体的形式，也有分别用不同的模具但是放在一个冲压机上进行加工的情况。这些随着后面要说明的超大型、交叉型多工位压力机的出现得到了实现。另外由于冲压加工零部件的超大型化，大型零部件制作过程中板材的放入和取出由人工操作变成自动作业。另外在模具领域，随着这些零部件的超大型化，更大型的模具制造设备也被导入了。

除此之外受关注的冲压工艺，是激光拼焊板的冲压加工，以及使用激光切割机进行少量生产的冲压加工工艺的导入。前者在后面会详细介绍，在这里对使用激光切割机进行少量生产的冲压加工进行说明。一般来说，产品的寿命为5年，月生产数量在500以下的时候，组装工序从模具转换为激光可以得到成本上的优势。随着用户需求的多样化，这种少量生产的车辆在增多，激光加工机的导入也在扩大，今后作为对应少量生产的制造技术，激光加工还将会得到进一步应用。

在设备方面，这10年间的话题莫过于多工位压力机的发展历史。这种设备投资金额、机械设置面积都比较少，还可以得到高生产性，在当今人手不足的社会现状中，新设机械大部分都是多工位压力机设备。其中也出现了所有冲压机械都由多工位压力机构成的冲压工厂。这个趋势不仅在日本、欧洲、美国也一样。由于装备有活动工作台，该设备可以与以前有优秀的工作人员及缩短模具交换时间达到完全相同的效果。同样是多工位压力机，不过它们有很大的区别。根据多工位压力机的零部件搬送方式的不同，可以分为：①2维机械手类型；②3维机械手类型；③2维横杆类型。多工位压力机的发展过程是从①到②，然后再到③。在车身面板生产中，主要采用②、③两种类型，②用于中小型物件，③可以安装吸附杯，适用于需要稳定搬运的大物件。2维横

2 加 工 技 术

杆类型多工位压力机的出现，使同一冲床台面上切分的两个以上的零部件的搬运成为可能。

一般来说，冲压机是昂贵的设备，而且耐久性也很出色，所以用上几十年也比较普遍。旧的冲压机械大多采用串联半自动生产线，这些设备进行了全自动化改造，其中应当受到关注的是冲压和冲压之间配置的机器人组成的全自动生产线。这种方法具有零部件送入、取出的自由度高，现有的模具可直接使用的优点。以前车身工厂使用了许多机器人，随着冲压速度不断提升，大多拥有旧生产线的欧美企业开始采用这种方式，大幅度地削减了操作人员。

随着冲压生产线的自动化发展，搬运和交换工作台的操作合理化也成为当务之急。特别是为了超大型面板及多个面板的操作方便，导入了自动交换工作台装置。这种自动交换工作台装置导入成败与面板和托盘的定位以及托盘的制作精度有很大关系。

冲压加工不良最常见的是开裂和皱纹等成型性不良。为了避免这类不良影响因素，防止压力不均和压力变动，也开始开发、导入可以积极进行控制的均压装置、数控缓冲器等设备。

2.4.2 冲压模具的先进技术

从冲压模具的技术领域来看，大致分为四个领域。即冲压模具构造、包括表面处理在内的模具材质、模具设计方法、模具制作方法。在这些领域里近年来发展特别显著的是依托计算机进行的模具设计方法和模具制作方法，这里以此为中心进行说明。

a. 冲压模具构造

模具构造没有什么需要特别介绍的，如果有，那就是由于削减模具投资的工序缩短，多个产品要放在同一模具内加工，使得

模具的构造变得更复杂。

b. 包含表面处理在内的模具材质

一般来说，车身面板生产用模具是大型设备，因此模具的材质绝大多数采用铸造类。以前刀刃等采用的是钢制的镶块等，最近多采用淬火处理的铸钢以减少模具费用。另外在铸件表面硬质镀铬等表面处理方法也使用较多，在美国，大型铸件材料上进行氮化处理的情况也很多，今后在日本也可能会得到应用。

c. 模具设计方法

由于模具结构、模具的构成要素、模具组成零部件的标准化推进的结果，利用CAD进行设计得到很大发展。这也是由于最近计算机的进步显著，工作站及软件价格大大下降而产生的效果。但是从CAD设计的内容来看，其中有2维CAD和3维CAD（图2-40），其实真正的CAD设计能有效地利用CAM连接起来的3维CAD，但目前只是很有限的一部分在实施。其中代替草图使用的比较多，在此期望能够开发出更好的软件。使用3维CAD进行设计的好处是可以在设计阶段对上下模的干涉以及搬运装置和模具的干涉、零件的放入取出等进行确认，从而使完成设计的模具在减少改进时间和成本损失等方面都有很大的优势。另外通过直接使用模具3维CAD数据，就可以简单地得到2.5维加工和3维形状加工用的NC切削路径数据。

另一方面，作为在设计阶段能够评价模具型面设计好坏的工具，成型模拟已经进入实用阶段了（图2-41）。因此，以前在解决问题上需要大量花费的时间和金钱就可以节省了。但是，由于这些有许多都是使用了有限元法，在大量的数据前处理和计算上花的时间很多，今后需要进一步改进软件。另外回弹等尺寸精度问题的模拟也已开始讨论了，实用化还需要一些时间。

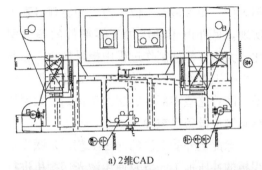

a) 2维CAD

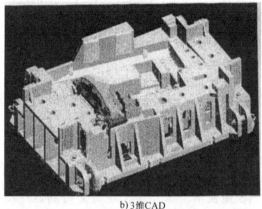

b) 3维CAD

图2-40 冲压模具的CAD设计示例

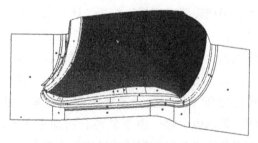

a) 模具形状的定义

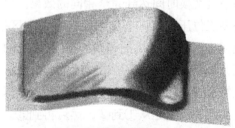

b) 褶皱的评价例

图2-41 利用模拟技术进行成型性的评价

d. 模具制作方法

模具制作方法的变化和模具设计一样，可以说是冲压技术发展中进步最大的技术领域。也就是说，由传统的模具制作法仿形加工转变到采用 DNC 加工，给模具制作带来了非常大的变革。仿形加工就是将仿形模型放在复制机上，然后跟踪器头边仿形边进行 3 维形状加工的雕刻加工法。而 DNC 加工是在计算机中制作好 3 维数据，使用这些数据做出控制 NC 机床的 NC 切削路径数据，这样就可在没有仿形模型的情况下直接驱动数控机床进行 3 维形状加工的雕刻加工法。

在仿形加工中，由于仿形模型制作的误差和石膏材质的劣化，仿形误差等众多误差因素导致要想做出精度好的模具非常困难，采用 DNC 加工排除了这些误差因素，所以可以做出尺寸精度好的模具。另外最近的数控机床具有可以校正由于电动机发热引起的热位移的功能，而且 NC 控制器根据 NC 数据的指示可以很好地控制机械的运动，所以能进行更高精度的加工。

最近 3 维立体形状面机械加工后的尺寸精度已经达到 50μm 以内。并且在 DNC 加工中，没有了跟踪器头的追随性问题，所以能够进行更高速的模具加工。最新的高速加工机，切削进给速度从每分钟 4000mm 到 15000mm 都有，如果使用这种机器，图 2-42 所示的微细槽加工也就不用在乎时间了。成品可以不用砂轮进行人工打磨，不影响尺寸精度，可以在前期试做中使用模具。

模具精度明显的提高，对试做中出现的问题进行分析有显著的改善。也就是说，以前试做中，模具中出现的面板故障原因，是由于工艺设计和模具设计造成的，还是模具制造精度造成的，或者是由于冲压机以及搬运等其他原因造成的，分析时花费非常多的人力物力，所以要得到精度良好的面板，需要长时间的试做周期和费用。至少可以不用

图 2-42　冲压模具的微细槽加工

怀疑模具制造精度的问题，就可以集中于一些原因，试做的做法也在不断变化，这样对试做周期缩短和降低成本方面做出了很大贡献。

高速高精度模具加工的实现，与 CAM 系统的发展有很大关系。另一方面，今天的 CAM 系统，可以说是为了冲压模具的加工而成长起来的，在产业界中对 CAD/CAM 的发展做出的贡献最大。而且实际应用做得非常好的就是冲压模具制造领域。图 2-43 所示是模具加工用数控刀具路径的一个例子，为了做出这样的刀具切削路径，需要对庞大的数据进行高速处理，因此有必要拥有大内存可以进行快速运算的计算机。能够满足这些要求，而且由于便宜的 EWS 的出现，以实现更高效率加工等加工现场的需求为焦点的数控刀具切削路径（图 2-44）也能够提供了，发挥两者发展的交叉效果，构建出了

图 2-43　冲压模具加工用数控刀具路径示例（前翼子板的图模）

世界顶级水平CAD/CAM系统。

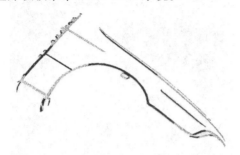

图2-44　大型刀具切割剩余部分加工用小型刀具路径示例（前保险杠的图模）

但是现在的系统并不是没有问题。完全采用DNC进行加工的只是汽车制造厂里的模具加工零件和部分模具专业制造商而已。大多应用的是扫描主版模型做出仿形数据进行的扫描NC加工的方法。也就是说，在计算机中制作3维数据模型，以及以模型为基础做出仿形数据要花很多时间。特别是3维的数字模型要通过计算机终端进行，这种通过人机对话形式制作模型，需要花大量的时间，而且由于要省略掉模具的精加工作业，那些微小圆弧等也要通过机械加工实现，制作圆角面的数据量非常庞大。

目前也可以说这些工作几乎没有自动进行的软件，但最近为了这个目的而开发的系统也出现了。不仅只局限于冲压模具加工领域，为了实现真正意义上的CAD/CAM有效利用，汽车零部件在设计阶段做出的3维数字模型在之后的分析及各种仿真模拟也可以使用，所以是非常重要的事情。为此能够在很短的时间内自动做出面数据的系统开发很受期待。

2.4.3　今后的产品要求和冲压技术课题

在考虑车身用板材需要哪些特性的时候，考虑汽车被要求需要什么就行了，也就是高强度、高刚性、高耐久、高精度、轻量而且低成本这些永远不变的要求。在这里，对这些产品要求，以及满足这些要求的冲压技术所需要的达成手段和课题进行说明。前面说到的产品要求，往往相反的要求有很多。比如要确保高强度、高刚性、高耐久的情况下，就必须使用高张力钢板和表面处理钢板，或者利用加厚钢板，这样做的结果，会导致重量和成本的上升。作为制造高精度面板而采用的一种手段，如图2-39所示的一体化侧围外板。在考虑汽车功能的时候，只对有限的部分，使用高张力钢板和表面处理钢板，或加大板厚就足够了，这样做，就能使这些具有相反性质的要求同时得到满足。

作为实现满足这些相反要求的手段，近年来采用了图2-45所示的拼焊冲压加工技术。这方法就如同它的名字，像西服裁缝那样将不同材质和板厚的多种材料，预先焊接之后再进行冲压加工。这样一来，可以使材料都能用在合适的地方，得到高精度的冲压件，进行高成品率的冲压加工，并且也没有了后工序的焊接组装成本等，给冲压技术领域带来了划时代的变化。这种带来一石三鸟也可以说是一石四鸟效果的方法，作为将来的技术正在被各国的汽车公司进行着扩大应用研究。

图2-45　拼焊冲压加工

2 加工技术

这个技术本身并不是什么新的东西，能够被大范围应用是因为，用激光焊接机使对接焊接成为可能，而且其热影响小，对冲压加工性影响较小。另外除了激光焊接方法以外，还有滚压电阻缝焊及点焊等的使用也在研究讨论中。在日本这些焊接材料的制造都是在汽车厂家内进行的，在欧美焊接材料的制造出现了将此作为专业的制造商。因此欧美的汽车制造商，比较简单地就能得到这些材料，所以它作为通用技术被很多公司采用。

激光拼焊之后，再进行冲压加工的技术课题有：

① 焊接生产线的决定技术。
② 焊接前素材的精度管理技术。
③ 表面处理在内的模具材质选定技术。
④ 模具的间隙制作技术。

当然除此之外，焊接本身的技术课题也有，在这里就省略了。①是最重要的技术，将实现产品的要求功能和材料的成品率，并且会综合考虑冲压成型性，追求如何以更低的成本作为基本的要求。一般来说，激光焊接等的焊接部的硬度会升高，成型性比母材要差。特别是它的扩展性、边缘伸展性差，所以在设定焊接线的时候需要注意。另外由于焊接部的硬度提高，需要考虑模具的磨损对策。

①和④根据焊接方法不同，其难度也不一样。例如激光焊接的情况下，焊接前素材的精度管理，对降低由焊接缺陷引起的冲压加工时的破裂不良率极为重要，但是在滚压电阻缝焊接时却不必担心。另外由于利用激光进行对焊的情况下不用考虑板厚的增加，所以模具的间隙设定只要母材的厚度不同就可以了，但是在滚压电阻焊接时，焊接部位变得更厚，所以间隙的设定就会变得更难了。

利用激光拼焊的冲压加工进行车身面板的一体化、大型化和利用焊接组装那些拼板的情况比起来，可以削减模具数，减少冲压加工工时，不需要进行试制过程中的面板焊接部位的尺寸精度调整工作等。由于能够带来这么多的好处，激光拼焊技术的应用将来一定会得到进一步扩大。而且像这样的一体化、大型化发展，必然引起模具的大型化，从而也会带来模具制造设备、冲压机器的大型化。但是另一方面，由于国内生产量的增长不能期待，在现在持有设备的更新时期到来之前，引进新的设备比较困难，另外考虑在发展中国家进行生产时，如果进行专用的车型开发还可以，但是对同一个车型在多个国家进行少量生产的时候，从设备成本方面来说不是很经济。如果这样来看，作为长期趋势，激光拼焊的冲压加工会不断增加是没有错的，但是在日本国内不会爆发性地增长。

冲压加工技术原本是适合于大量生产的生产技术，由于迄今为止国内生产量都是持续增长，对应少量生产的冲压加工技术基本没有得到培育。但是今后生产量的增长不能那样持续下去，另外再考虑到海外生产，应该更需要一种不同的冲压加工技术。大量生产的时候，冲压加工部件的成本中，材料费占了绝大部分，模具费和设备费、人件费等相对比例较小。然而如果变成少量生产的情况，反而模具费和设备费要占很大比重。因此考虑少量生产时，尽可能减少模具和设备是关键。根据上述情况，使用目前在日本几乎不考虑的手工作业也说不定有必要。图2-46展示的是少量生产用的生产设备的一个尝试例子。但是这样的设备成本也没有变得便宜，还是要在使用一般的冲压机方面减少模具的数量，怎样才能制造出更便宜的模具是需要解决的课题吧。

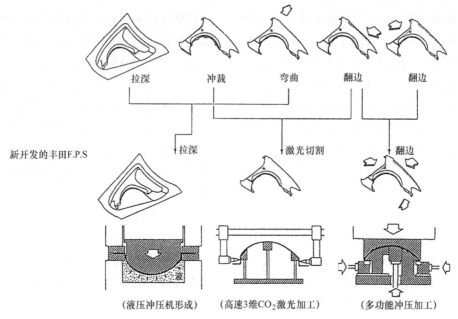

图 2-46 多种少量生产系统的例子

说到便宜的模具,可以想象出像试制模具等使用的锌合金模具,以及塑料、水泥等材料制成的模具。因为锌合金模具在试制完后就作为昂贵的材料被回收再使用,所以看起来便宜,然而用在要长期使用的模具上并不便宜。另外塑料、水泥等模具在耐久性方面不好,维护管理上成本高,而且制造成本只比一般模具便宜30%。这种程度的话,通过对现有的模具结构、制作方法进行改进,减少试制过程中的问题数等,降低成本还会有很大的余地。

2.4.4 冲压技术的将来发展动向和新技术

考虑冲压技术将来发展动向时,首先需要看看汽车行业的将来发展。在国内,已经进入稳定期,所以不能期待生产量有多少增长。这样一来,可以认为即使模具的投资发生,新工厂的建设和冲压机械的增设等也不会有什么增加。也就是说,现在持有的设备怎么好好使用是今后汽车制造对冲压技术的

要求。因此在不久的将来,冲压工厂在技术上应该不会发生太大的变化。另外从欧美汽车制造商的现有冲压工厂来看,老设备的很大一部分在这10年中基本上都更新成了传送冲压等新设备,很难想象今后还会有很大变化。但是,虽说如此,部分的变化当然会有的吧。这样看来,设备方面的新技术引进在发展中国家进行新工厂建设的可能性很高。那么今后需要什么样的新技术,可以从以下视角来考虑:①有助于安全、卫生、健康。②能够确保质量的稳定。③能够持续不断地降低成本。因此在这里以这些视点为基础,讲述一下什么样的技术被认为是必要的。

a. 有助于安全、卫生、健康的新技术

在安全、健康方面,冲压工厂最落后的是噪声问题。按照劳动安全卫生法中规定的噪声水平和管理区分,第三种情况下规定必须戴耳塞等保护器械,并要求要改善到85dB以下。但是实际上超过90dB的冲压工

厂很多，这也是非常伤脑筋的现实情况。噪声的产生源有冲压机的动力声和离合器、制动的排气声，冲压加工时模具之间的打击音，废料的掉落声，空压机的吸排气声等，事实上还有很多地方，然而噪声对策还没有实质性地做好。

本来对噪声发生源采取对策是根本，但是由于声源太多，只有对发生源的冲压机器本身进行覆盖，以及人员的工作场所进行覆盖，除此以外再没有更好的办法了。1994年开始运转的葡萄牙的OUTEUROPE冲压工厂，应该是世界上第一个实施前者对策的工厂。在这里，包括串联生产线、冲压工序间的搬送装置等所有设备都覆盖着，作为一个典型的工厂应该能为今后的技术开发提供方向。

另一方面，模具设计时就应该采取噪声对策的方法，新旧模具混合的冲压工厂中，还很难看到有什么效果，还不能作为有效的对策手段，所以要取得一定效果还需要很长时间。作为最根本的噪声对策应该是冲压工厂的完全无人化。在这种情况下，不只是单纯的噪声对策，对于安全、卫生、健康方面就都不成问题了。为了实现这种完全无人化工厂，应该解决的问题有材料和零件的物流自动化，冲压部件检查的自动化，冲压生产线运行状况监测系统的开发，包含搬送装置在内的模具交换的自动化等，虽然这些方面分别都进行着开发，但要把这些都集成为一个工厂还需要很长时间。

b. 确保质量稳定的新技术

确保质量稳定的技术大致可以分为两大类。一个是保障不制造有问题的产品，其他的都是产品的质量检查技术。像前面讲述过的那样，伴随着面板的一体化、大型化发展方向，在面板操作方面实现了作业自动化，但是质量检查却跟不上冲压生产速度。因此面板质量只能通过抽样进行检查，这样就会造成一旦发现有不合格的情况，不合格率就会很高。为了防止这种情况发生，就要求实现冲压件检查的自动化，但是目前还没有被认可的有效方法。虽然简单一句话说是检查面板质量，其实应该检查的项目首先有尺寸精度，也有包括破裂和褶皱等成型性不良，还有变形、表面伤痕等外观不良，以及许多不同的项目。因此单一的检查系统不可能覆盖所有这些项目。对于尺寸精度不良和裂纹、褶皱等成型性不良可以通过对冲压的加压力进行监测，通过加压力的变化发现异常。美国的冲压工厂尝试使用这种方法防止不良发生，以及确定模具、冲压机的维修时期等方面。图2-47展示了这种概念。

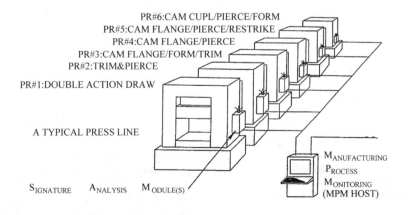

图2-47 冲压加工监测系统（U. S PATENT#5 311 759）

这个系统中，从每个冲压机4个地方设置的立柱开始，做出每次行程的载荷-行程曲线，与每个零件、每道工序中预先设定的载荷-行程曲线相比较，进行正常、异常的判断，根据情况，也可以停止冲压机工作。这个方法可对素材的厚度和机械性能的变化、素材和面板放置位置的偏差等可能导致尺寸精度不良和破裂、褶皱等成型性不良等因素通过压力变化进行识别，是一种非常好的做法。

其次，对变形、表面伤痕等外观不良的质量检查自动化的尝试进行介绍。这是在外板零件的冲压加工中，对混入异物等产生的凹凸缺陷利用光学进行检测的装置。这个光学探测装置原本是为检查钢板表面平坦而开发出来的，现在也推广应用在拥有3维曲面的冲压部件上。然而只用这个装置不可能将所有的外观不良都进行检查，所以离实用化还有很多需要改善的地方。另外也有研究应用该设备，对于表面变形等外板部件的面质量进行定量化，将以前由熟练检查工人的主观评价向依靠客观评价进行转换。

关于能够持续降低成本的技术，因为在本章节中已经做了说明，所以在这里不再多说了，但是冲压技术无论怎么发展，在将来的新技术引进方面，都离不开上述这三个视点。最后让我们在期待冲压技术对今后汽车生产制造的发展方面做出更大的贡献结束本章节。

【西山为裕】

参 考 文 献

1) 河野ほか：型技术，Vol.9, No.3, p.70 (1994)
2) 氏原ほか：塑性と加工，Vol.33, No.375, p.373 (1992)
3) GRADEテクニカルニュース，No.21, p.6 (1994)
4) 夏见ほか：自动车技术会学术讲演会前刷集901, p.58 (1990)
5) 尾上ほか：プレス技术，Vol.28, No.8, p.92 (1990)
6) 宇佐美ほか：型技术，Vol.7, No.8, p.118 (1992)

2.5 树脂成型技术

汽车中树脂成型部件的采用已持续增加到车辆重量的10%。但是为了发挥树脂的特性，提高质量稳定性，降低成本，必须持续不断地进行改善和引进新技术。这里对以前的技术就不做说明了，只集中对20世纪90年代以后展开的技术和今后期待的技术领域进行解说。

2.5.1 20世纪90年代引进的技术

大型新树脂产品以油箱和进气歧管这2类部件为代表，对其特点进行解说。

a. 油箱

由于金属油箱在冲压成型时，很难形成复杂而较大的深冲形状，因此以欧美为代表开始采用自由度高的聚乙烯（以下称HDPE）树脂吹塑成型油箱。树脂油箱的主要优点如下：

1) 可以实现轻量化。
2) 可以有效利用空间增大容量。
3) 可以通过吹塑成型进行工艺合理化。
4) 不需要防锈处理工序。

但是树脂油箱中的燃料低沸点成分，从HDPE层有微量渗透，所以必须开发防止渗透的技术。燃料渗透机制如图2-48所示。

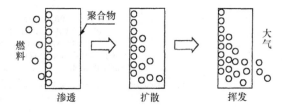

图2-48 燃料渗透机制

防止渗透的方法之一是"多层吹塑法"。多层就是在HDPE层之间夹入燃料渗透困难的树脂，比如在中间追加一层尼龙，即多层是以HDPE层和尼龙层还有粘合层加起来的状态命名的。

第二个方法是"加入防止渗透材料的吹塑成型"（以下简称 SELAP 技术）。密封胶对具有防止渗透功能的特殊尼龙 HDPE 施加适度的剪切力，同时将其做成大而薄的层状以减少燃料渗透。为了保持这种叶片状，HDPE 和尼龙的熔融黏度差、尼龙专用螺杆转速、树脂温度等成型条件的调整或保持都是非常重要的因素。

此外包含 F_2 处理、SO_3 处理在内的燃料防止渗透技术的比较见表 2-7。

表 2-7 燃料防止渗透技术的比较

	多层	保护层	F_2 处理	SO_3 处理
构造	将尼龙放在中间层的 3 类 5 层化	将尼龙以叶片状配置	将 F_2 混合气体进行处理后生成氟化聚乙烯	将 SO_3 混合气体进行处理后生成磺酸性聚乙烯
技术拥有者	JSW IHI	Dupont	Air Products	Dow Chemical
燃料防止渗透性能	○	○	○	○
设备投资	△	○	△	△
课题	降低成本	尼龙的分散和连续性	气体处理的安全性	气体处理的安全性

b. 进气歧管

以欧美为先驱将以前主要通过铝合金铸造制造的进气歧管向玻纤增强尼龙注塑方式转化。

它的目的是轻量化（减重 50%）以及降低成本。在这种成型技术中，熔芯法和注射+振动熔接法这两个是主流。对它们特性进行比较见表 2-8。

表 2-8 树脂化方法比较

	现行 Al	树脂		
	重力铸造法	熔芯法	注射成型+振动熔接法	中空成型+注射成型粘结
轻量化	△	◎	◎	○
形状自由度	△	○	×	×
可靠性/耐久性	○	△	×	×
质量（内外观）	△	○	○	△
成本	△	○	◎	○
技术难易度	低	高	中	高

在熔芯法中，最初用 Su-Bi（锡-铋）合金做成型芯，然后把这个型芯通过插入注塑成型做成零部件形状，最后将锡-铋型芯进行熔析，这就是制造中空零部件的工序。图 2-49 所示是该工艺的概念图。

熔芯法的课题有两点。一个是注塑模具的浇口设计。由于型芯要用低熔合金制作，如果对其局部施加高注塑压力，型芯有变形或破坏的危险。作为预防对策就是要事先实施流动解析，对型芯的强度平衡进行确认。

另一个是型芯的熔析工艺中的金属回收率和熔析时间。Su-Bi 合金很昂贵，回收率即使有 0.1% 的不同就可能使树脂化带来的成本优势消失，因此有很重要的影响。另外熔析不只是浸泡在油中，还有高频诱导加热、油的喷出、工件的振动等组合起来一起缩短时间。型芯回收率和熔出时间的关系如图 2-50 所示。

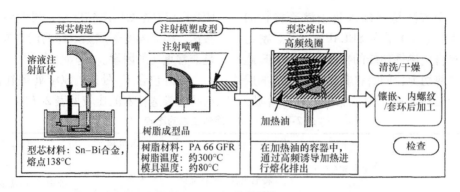

图 2-49　熔芯法工艺的概念图

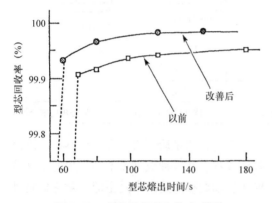

图 2-50　型芯回收率和熔出时间

注射+振动熔接法是将分开的注塑产品通过振动进行结合的方法，在很多树脂零部件生产上都已经应用了该方法，创新性不能说高。但是进气歧管在汽车的发动机舱内，所以必须满足能够抗高温振动的苛刻条件，如果出现熔接不良造成漏气会引起性能下降等问题，所以必须充分考虑质量保证。

2.5.2　二次加工的先进技术

制造业的基本思想就是利用最少的资源和最少的工序制作出好的产品。关于树脂零件，虽然具有通过一个工序就可以得到复杂形状的零部件的特点，但是那些把颜色涂上使表面软化等提升附加价值的二次加工也被广泛利用。有同时能够完成这个增加装饰的新动向，以下通过两个例子来说明。

a. 模内转录处理法

实用化零部件的例子有车标、装饰条等。这些部件在 3 维形状上需要具有很高的设计性，所以如图 2-51 所示那样，要经过很多的工序进行装饰处理。即在吹塑成型品上进行蒸镀，再向文字部分等地方注入涂料后除去不必要的蒸镀部分，最后进行涂装。

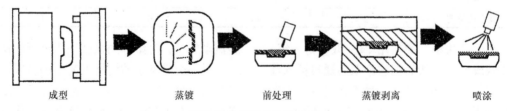

图 2-51　车标的装饰工艺

模内转录处理方法是缩短装饰工序、降低成本需求的技术，工序概念如图 2-52 所示，代表性的转录箔构成如图 2-53 所示。预先在基础膜进行蒸涂和印刷处理，然后将基础膜放入模具内，再进行注塑。这种情况下，树脂的热和压力可以使图案的部分复制在成型品上，也就是在成型的同时也进行了装饰处理。

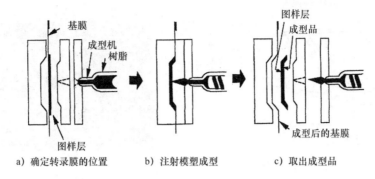

a) 确定转录膜的位置　　b) 注射模塑成型　　c) 取出成型品

图 2-52　模内转录处理法的原理

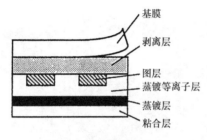

图 2-53　转录箔的构成

这个方法主要用在形状比较简单的家电产品上,一直到现在,不过最近为了应对曲面部和深拉深形状的装饰等需求,如图 2-54 所示把基础膜加热进行真空成型的工作方法也得到应用。

模内转录方法见表 2-9,大致可以分为对于表面形状相对拉深较少的零部件通过一般的转录进行装饰和对于 3 维曲面和深拉较大的形状运用加热装置加热后产生的真空进行成型。另外为了保护印刷面和表现深度感,将基础膜留在产品上的层压法也得到了实际应用。

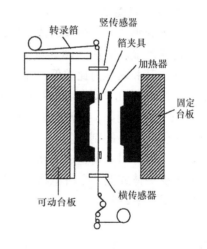

图 2-54　深拉深转录系统

表 2-9　模内转录的种类

		产品形状	真空成型	膜加热	基础膜
模内转录	转录法	平面形状	不要	不要	成型后剥离
		深拉深形状	必要	必要	
	层压法	深拉深形状	必要	必要	留在产品上

汽车零部件中需要进行电镀、涂装、印刷等装饰处理的部件也很多,图 2-55 所示零部件都可以考虑适用模内转录方法。然而为了使其在这些零部件上能够得到应用,还有以下这些课题。

① 3 维形状转录位置精度的提高。

② 能够应对深度拉深形状（薄膜的断裂、图案变形的抑制）薄膜及加工方法的改良。

③ 能够满足耐蚀性、耐候性、耐磨损性等品质要求的复写箔的开发。

模内转录方法是转录薄膜、箔送入装

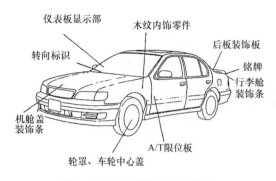

图 2-55 可应用的汽车零部件

置、模具结构和注塑成型技术等方面的综合技术，这方面的技术以印刷制造商为中心推进使其不断得到改良，不久的将来，该技术在汽车领域也将会得到广泛应用。

b. 注塑压缩成型法

注塑压缩成型法是注塑成型法和压缩成型法组合起来形成的方法（图2-56）。和注塑成型相比，其腔内压力比较低，而且可以均匀成型。因此正在朝着图2-57中展示的目标推进该方法。例如，在汽车零部件的车门内饰板和仪表板垫的制造上，由于这种方法的腔内压力低，对表皮造成的伤害小，所以可以和表皮一体成型，今后也将会得到更大规模的采用。图2-58、图2-59所示是应用的实例。

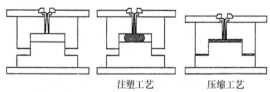

图 2-56 注塑压缩成型工艺

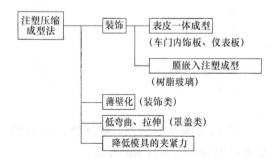

图 2-57 采用注塑压缩成型法的目的

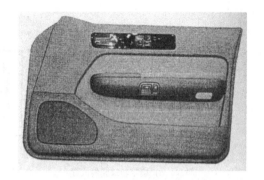

图 2-58 车门内饰的例子

图 2-59 仪表板的例子

下面对采用注塑压缩成型法需要注意的地方进行说明。

在注塑压缩成型法中，容易发生被称为流动痕迹（注塑成型时熔料的流动痕迹，如图2-60所示）的外观不良。除了表面一体成型产品外，其他产品都需要调节成型条件（注射条件和压缩工艺的时间、模具温度）进行应对。

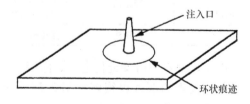

图 2-60 环装痕迹（注塑成型完成时树脂流动的痕迹）

表皮一体成型过程中，因为表皮与模具

的剪切面（上型和下型的纵向比面）发生摩擦而出现擦痕，所以需要调节剪切面之间的缝隙尺寸，使之不发生擦痕也不会使树脂漏出（图2-61）。

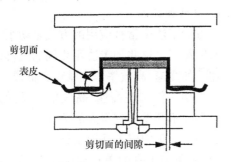

图 2-61　剪切面的说明

在树脂玻纤的成型过程中，由于需要降低弯曲及内部残留应变，因此通过注塑成型做出目标粗略形状，然后再在压缩工序中以低压均匀加压进行成型的方法为好。在模具结构上，除上、下型的咬合面需要设计成剪切面结构以外，还需要采用逆流阀防止注射的树脂在压缩操作时逆流到横浇口。

在设备方面，需要同时具备注塑成型功能和压缩成型功能的新成型设备（表2-10）。不过最近，将现有的注塑成型设备改造成注塑压缩设备的改装装置已经被开发出来了。

表 2-10　注塑压缩装置规格概要
（例：树脂玻璃成型用）

项目	规格
测量精度	±0.1mm
合模中间停止位置	从下死点距离0.1~0.3mm
停止位置精度	±0.05mm
压缩速度	0.2~15mm/s
压缩速度切换	3段（设定-从下死点的位置，压缩速度）
压缩成型模式	模式1（合模→中间停止注射→压缩） 模式2（合模至下死点→低压合模注射→压缩）

2.5.3　今后的产品要求和树脂成型技术课题

今后汽车上使用的树脂部件的相关课题，应该是在回收利用的相关项目方面。其理由是，不只是日本，在全世界对于汽车报废处理时产生的垃圾（粉碎垃圾）都已填埋的方式进行处理，今后由于地方不足等问题慢慢会不能用这种处理方式了。另外在粉碎垃圾中有30%左右是树脂零部件的粉碎物，如果埋掉就不能使这些宝贵的石油资源得到利用。

回收的课题可以分成三类。第一类是车辆报废产生的树脂零部件的再利用。也有零件本身的再利用（再使用），但是主要课题是将报废零件作为原材料，制造新的汽车树脂零部件的技术开发。已经被成功应用的例子是聚丙烯（PP）保险杠。从市场回收保险杠、如果表面有涂装就除去涂膜，粉碎后作为新的保险杠或其他零件的原材料进行再利用。但是很多树脂零件还没有达到保险杠这种进展，另外也担心热固性塑料的回收技术会落后。

第二类也可以说是促进垃圾再利用的条件，包括树脂零部件从车辆上拆卸的容易性（易解体性）和零件堆放机构的制作。特别是易解体性与以往的汽车制造在思路上是相反的。例如拆卸保险杠时，不使用特殊工具也能在短时间内完成拆卸，这个作为商品性的指标应该被加上。另外组装用的螺栓，应该用相同尺寸，拧紧方向也只向一个方向，数量尽量做到最少，不使用像粘结剂等类似材料为最好。为了落实这些想法，需要进行材料开发、构造解析、成型技术开发等涵盖更大范围的技术。

第三类是关于树脂材料本身。以前都是从性能、成本的角度出发，以合适的材料用在需要的地方考虑用途划分。但是再利用材料时，应当通过减少材料种类以使材料性能的差异极小化。即使使用材料的自由度变得

狭窄了，为了维持零部件性能，就要求具备能够自由应用材料的成型技术能力和重新构想零部件的构造。　　　　　【石馆友一】

参 考 文 献

1) 中沢惠二ほか：多層型プラスチック燃料タンクの研究，日産技報，No.20, p.185-192 (1985)
2) 三浦克幸ほか：燃料透過防止樹脂製フューエルタンクの製造技術，トヨタテクニカルレビュー, Vol.44, No.1, p.110-115 (1994)
3) 武藤宜樹：フュージブルコア法の自動車部品への適用，プラスチック成形加工学会第5回講演論文 (1993)
4) 中村祐三：サイマルトランサーシステム，プラスチック成形技術，Vol.10, No.10, p.29-34 (1993)
5) 小林和久：深絞り同調転写による加飾システム，プラスチック成形技術，Vol.11, No.6, p.9-14 (1994)
6) 藤堂安人：プラスチック射出成形に新しい波，日経ニューマテリアル，p.12-30 (1992.2)

2.6　机械加工技术

2.6.1　机械加工方法和设备的先进技术

机械加工是汽车的主要零部件——发动机和传动部件精加工中不可缺少的工序，是对零件功能和成本都有非常大的影响的技术。

以前该技术作为能够高效而大量生产单一零件的方法被许多厂家采用，但是在最近几年，怎样能够及时灵活地应对汽车周边环境变化，向多种批量生产进行转换已成为重要课题。

在这里，对具体实现这个课题的关键加工技术（机床、切削工具等）的最新进展和加工线的想法及其构成要件进行说明。

a. 机械加工法

机械加工法中常被应用的方式是切削加工与磨削加工。这些加工法用相同的关键词来描述，如高速/高效率、高精度、低成本、灵活这4项。特别在高速/高效率、灵活方面进行的技术开发受到很大的关注。

在切削加工中以下几项受到关注。

1) 由单刃工具的单点切削向多刃工具的轮廓加工转变。

2) 镗削和珩磨复合加工。

3) 应对多种类的U轴加工。

4) 替代磨削加工的淬火后切削加工。

下面是具体实施例介绍。

(i) 轮廓加工　行走系统部件之一的转向节是形状复杂的零部件，在以前的单点切削加工中，由于旋转主轴转速不平衡问题导致转速提不上去，加工需要花比较长的时间。在使用图2-62所示的NC功能进行轮廓加工后，加工效率提高了大约1.5倍。表2-11展示的是各项比较结果。

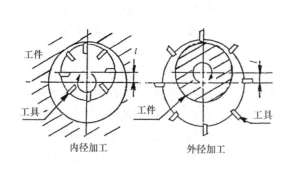
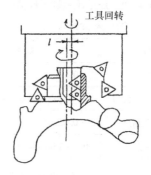

图2-62　轮廓加工法（l=轮廓半径，加工行程：$2\pi l$）

(ii) 镗削和珩磨复合加工　气缸体中的气缸内径是发动机零部件上非常重要的尺寸，应用珩磨进行高精度加工。如图2-63所示，通过将钻孔加工和珩磨加工放在同一机械内进行集成加工，使钻孔加工的加工精度（圆度、圆柱度等）稳定，珩磨加工也可以防止形状恶化以及抑制加工时间的偏差。

表 2-11 轮廓加工的应用效果

	轮廓加工	车削
加工效率	1.5	1
切削速度	1.5	1
设备投资	0.7	1
空间	0.3	1

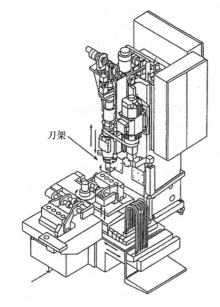

图 2-63 精密镗削和珩磨复合加工机

(iii) U 轴加工　1 轴 NC 加工机中，对不同内径的锥形孔进行精镗加工时，迄今为止还是要换各自的专用刀具进行加工，换刀的时间比较长，导致生产率低下。

近年来，随着 NC 控制技术的进步，如图 2-64 所示，通过增加 U 轴可以不用换刀具就可以进行不同孔径的精镗加工，可以认为，今后这种加工法将会不断增加。

(iv) 从磨削加工向淬火后切削加工转换　经过热处理的高硬度材料的精加工一般都是磨削加工。但是从 1985 年左右开始伴随着 CBN（立方晶氮化硼）烧结体工具的实用化，以切削加工替换的事例也多了起来。代表性的事例如图 2-65 所示，替换的优点如图 2-66 所示。

最近，加工后残留压缩应力附加的比较

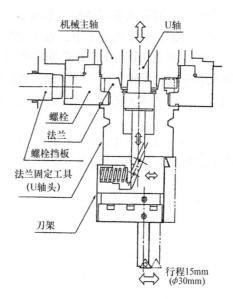

图 2-64 U 轴头的构造

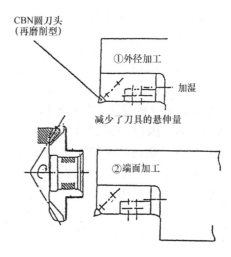

图 2-65 淬火钢的铣削加工（半轴齿轮的外径铣削）

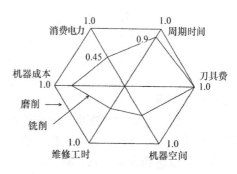

图 2-66 铣削化的效果

大，期待着能够提高零部件的疲劳强度。

另一方面，在磨削加工中，由于代替以往的铝系砂轮的 CBN 砂轮的开发应用以及机械的高刚性、高输出、高精度化，可以实现转速 80～160m/s 的高速磨削加工正在普及。

今后为应对多种类生产，图 2-67 所示那样的轮廓磨削也会不断地得到广泛应用。

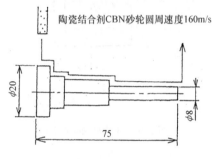

图 2-67　轮廓磨削加工

b. 机械加工设备的最新技术

机械加工的加工目标是如何使加工效率、加工精度、加工成本、加工环境得到升级。但是达成这些目标会和其他目标冲突的情况有很多。因此今天的机械加工技术的发展，可以说是在不断地平衡各个目标的过程中提高了整体水平。特别在提高加工效率方面，下面的因素是机械加工中必不可少的。

1）主轴转速、进给速度的高速、高输出化。

2）高刚性（静、动、热）。

3）定位的高速化（控制-运动）。

1994 年日本国际机床展销会（JIMTOF）上展出的加工中心中，最高主轴转速的分布如图 2-68 所示。比起以前，对高负荷高输出化的要求也越来越高，展出的最高主轴转速在 10000r/min 以上的机床很多。

另一方面，进给的高速化、滚珠丝杠的多条化和线性球状导向的采用，使得快进速度一般都可以达到 36m/min，有一些也已达到 40m/min。

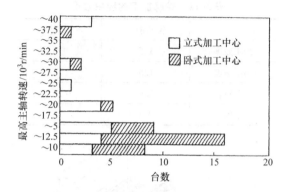

图 2-68　高速加工中心的最高主轴转速分布

伴随着进给速度的高速化，另一个非常重要的是定位的高速化。随着数控伺服控制技术的开发，将代替以前的直线加减速控制，现在多采用图 2-69 所示的二次函数式的 S 形加减速控制 + 前馈控制。通过对加减速变化点振动的抑制，可以实现更高精度的位置确定，这对缩短非加工时间有很大的效果。另外，图 2-70 所示是英格索兰公司的新概念机械（High Velocity Machining, HVM），通过采用线性电动机驱动和移动体的轻量化，快进速度达到 76m/min。这样的高速加工主要在铝合金等的加工上已经得到实际应用。

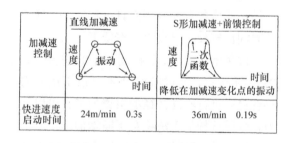

图 2-69　进给速度的高速化（缩短启动时间）

今后，随着刀具材料和周边技术（例如保持夹具、高压冷却剂等）的不断开发，可以考虑也会在钢或铸铁等加工方面得到应用。

在磨床方面，如图 2-71 所示的那样，由于能够应对高转速的 CBN 砂轮的开发及

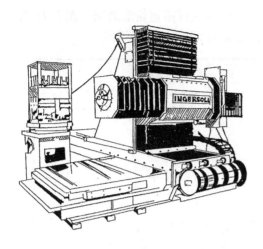

图 2-70 HVM（英格索兰公司）

其使用技术的提高，高速磨削加工正在不断得到普及。由于砂轮的高速化降低了磨削阻力，所以图 2-72 所示的磨削比（切削量/砂轮磨损量）也得到了大幅度提高。

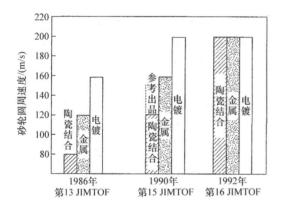

图 2-71 CBN 砂轮的最高圆周速度的演变

因此，可以认为今后砂轮转速为 120～160m/s 的高速磨削将会成为主流。图 2-73 中显示的是曲轴销的磨削事例。由于高刚性的专用磨床的开发成功，和以前铝系普通砂轮相比，在生产率的提高、加工成本的降低、加工精度的提高等方面都取得显著的效果。

在磨削加工中，以高效率、高精度化为目标的 CBN 砂轮的适用事例在逐年增多。

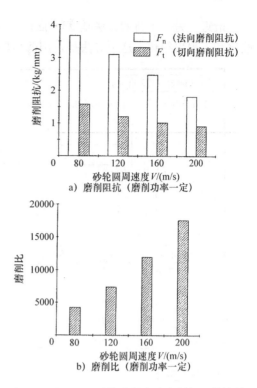

图 2-72 用 CBN 砂轮进行高速磨削加工的效果

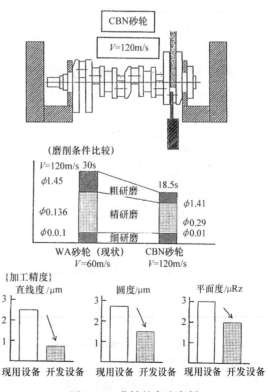

图 2-73 曲轴的高速磨削

最近，另一个新的方法是磨削加工的柔性化和工程集约化。这个方法是运用薄型的 CBN 砂轮进行高速轮廓磨削。图 2-74 所示是曲轴轴部磨削的应用实例。

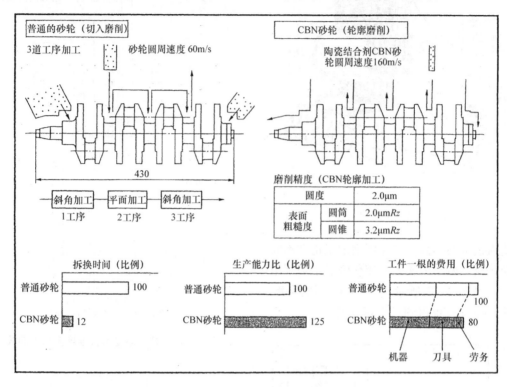

图 2-74 曲轴轴部的轮廓磨削

采用这种方法，曲柄轴的轴颈部、凸缘部、锥形部用一个 CBN 砂轮就可以完成磨削。如果用以前的磨削方式，各个部分都需要 3 道工序、3 台机器进行。该方法对于多品种生产的情况，可以在缩短准备时间、提高生产率、降低每件物品的加工成本等许多方面具有很好的效果。今后，可以认为发挥 CBN 砂轮优势的高速磨削加工会得到更为广泛的普及应用。

2.6.2 刀具的最新技术和今后的动向

a. 切削刀具材料

刀具材料的进步与切削速度高速化的关系如图 2-75 所示。特别是最近几年，刀具材料的开发取得了突飞猛进的发展，高合金化的粉末高速钢、高功能镀层超硬合金、高韧性陶瓷、CBN 烧结体、钻石烧结体等一个接一个被开发出来。图 2-76 所示是主要的刀具材料使用比例的推移情况，其中超硬涂层合金、CBN 烧结体等的使用比例在增大。

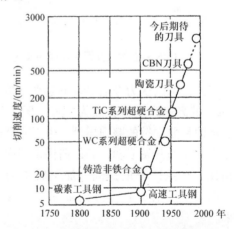

图 2-75 刀具材料的进步和切削速度的高速化

可以认为这种趋势今后还会继续增加，

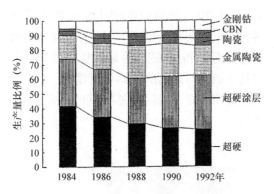

图 2-76 主要刀具材料的生产量比例

以下对主要的刀具材料及其特性进行说明。

（i）粉末高速钢　由高速工具钢的微粉末通过烧结法烧结而成。其组织均匀，韧性出色，加入高合金成分提高了耐磨性。粉末高速钢作为以前的溶解高速钢的替代物，在钻床、轮齿切削工具等方面得到广泛应用。

另外，进行 PVD 镀膜（物理气相沉积法）可提高耐磨性、耐缺损性，在超硬合金的使用领域也得到了应用。

（ii）镀膜硬质合金　随着电镀技术的进步，CVD 镀膜（化学气相沉积法）中，由于 TiCN 和 Al_2O_3 的多层化、厚膜化，使得耐磨性和韧性得到大幅提高。另外超硬合金的基体材料也被研究，超微粒子超硬合金正在受到关注。

镀膜多层化在 PVD 涂层也是一样的，不仅是 TiN，TiCN 和 TiAlN 复合多层化的部件也被开发出来了，用在钻床、立铣刀等机器上。

（iii）高韧性陶瓷　氧化铝系陶瓷在高温情况下的化学稳定性非常好，但是因为其韧性低，所以不适合铣床加工和断续切削加工。近年来，须状纤维强化的 SiC 系和 Si_3N_4 系高韧性陶瓷被开发成功，在铸铁的高速铣床加工中被采用。另外在淬火钢切削加工中，也作为高价的 CBN 烧结体的替代品被大量应用。

（iv）CBN 烧结体、金刚石烧结体　在 CBN 烧结体中，CBN 含量相对较少的粘合剂中使用陶瓷材料的方法被开发了出来，现在在淬火钢的车削加工中得到广泛应用。另外高韧性化的提升也使间断加工成为可能。金刚石烧结体在铝合金等有色金属的最终加工上广泛应用。

（v）气相合成金刚石　与金刚石烧结体在超高压、高温情况下被烧结而成相比，气相合成金刚石是由低压状态下从气体状的碳素原料中结晶出来的高纯度多结晶金刚石合成而来。因为它的大小和形状制约少，所以可以在钻头那样复杂的刀刃上直接涂层，也可以将厚膜合成的材料进行成形、钎焊。在直接涂层的方法中，因为和母材的黏着强度不稳定，所以只要技术上解决之后，可以认为这种材料会在铝合金等有色金属的加工上得到广泛应用。

b. 磨削工具材料

最近开发的磨削加工用的材料中，有多结晶微细砂粒。这是氧化铝磨料通过特殊方法使之微细多结晶化，能够保持锋利的切削功能。因此，清扫间隔可以延长几倍。

另一方面，多结晶微细砂粒可以用在 CBN 砂轮高速研磨、小径孔磨削加工上，但是因为它比较昂贵，而且交换刀具、修整作业很难，所以在使用的时候需要非常注意，今后为了更好地发挥 CBN 砂轮的性能，修正方法的确立是比较大的课题。

c. 切削工具

作为高速/高效率化、高精度化和柔性化的应对措施，以下是新开发的技术。

（i）带油孔超硬钻头　图 2-77 所示是各种超硬钻加工效率的比较。通过油孔进行高压切削油剂的供给，提高了刀尖的润滑、冷却和碎片排放性，使加工效率提高到通常的 2 倍左右。

（ii）电镀铰刀　能够代替以前的磨削加工和珩磨加工，该方法是使用 CBN 砂粒和金刚砂粒经过电镀后做成的铰刀对钢或铸

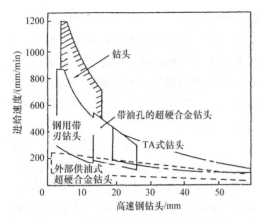

图2-77 各种超硬刀具的加工效率比较

铁内径进行一次加工的方法。另外,作为堵塞对策,给刀具施加微振动的河口法也在进行着研究。

(iii) 多功能一次性成型刀具 在车削加工中,如图2-78所示的外径、端面、沟槽以及突出物切削等都能够应对的多功能一次性成型刀具也被开发了出来。为了避免与加工物的干涉,刀具的幅度很窄,用V形夹具固定于托架上。

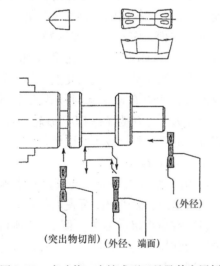

图2-78 多功能一次性成型刀具及其应用例

d. 保持工具(二面限位夹具)

在加工中心里,以前一直应用7/24锥形的BT刀柄托架。近年来,在高速切削和工具交换时间缩短的需求下,弹性变形的锥

形面(1/10)和端面的两个面紧密贴合的两面限位托架开始得到应用,标准化也在讨论中。图2-79中展示的是有代表性的托架夹具功能。与以前的工具刀柄相比,具有工具保持刚性好,以及反复装卸时的精度高等特点。

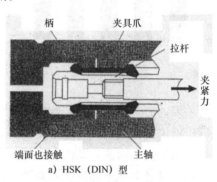

a) HSK (DIN) 型

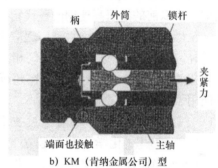

b) KM (肯纳金属公司) 型

图2-79 代表性的两面固定刀架的夹具机构

2.6.3 机械加工生产线的先进技术

a. 零件加工生产线设计的思路

汽车产业的机械加工生产线,以往是追求高精度、高效率的专用机器构成的比较多。这是因为一个部件中有多种多样的形状需要加工的情况,并且也需要实现量产化。但是现在由于产品需求的饱和和变动、产品的多样化、产品的使用生命周期缩短等,在加工线设计时应该考虑的事情也变得越来越多。

一般来说,根据产品需求的变动,零部件加工线分为高负荷–减产–低负荷,最后是零件生产的情况比较多。因此,为了能够准确应对各个时期的需求变动，加工生产线需要由生产形态可以灵活变更的设备构成。理想的状态应该是"高负荷时工序分割，减产时工序集约，低负荷时减少产品种类进行生产，最后生产能力过剩的生产线可以转用于新产品的生产"这样最灵活的生产体制。对主要的加工零部件根据产品生命周期、生产量、需求变动等因素进行整理后，如图2-80所示，各零部件加工线中需要的项目变得很明确。即：

线的转产等困难存在，所以也具有应对需求变动比较弱的缺点。为了解决这个问题，到现在为止，多种零部件的混流生产作为基本的高效率生产线被构筑起来了。

作为其中一例，如图2-81所示，采用了多轴头交换方式的设备中，可以发挥多轴同时加工的高效率优势，而且通过使用标准化托盘实现了多种零部件的同时生产。

图2-82所示的复合轴头机是FF车用转向节的面切削、钻孔加工等的专用设备，这使减少ATC时间和高效率加工成为可能，是可以实现月产量约一万台的多种混合生产线。

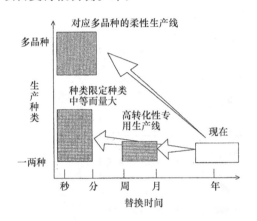

图 2-80 应对需求变动的生产线发展方向

① 高转化性专用线：能够短时间内关闭原有生产线，并转产新产品的专用线。

② 少种类大量生产线：能够集约量产几种类型零部件的生产线。

③ 多种对应柔性线：能够集约生产多种类型零部件的生产线。

以这些类型再结合产品的特点，在考虑柔性和生产效率平衡的基础上进行生产线的设计非常重要。

b. 加工线的种类和特征以及今后的课题

在汽车零部件的机械加工线中，量产规模在月产几万台的生产线最多，主要由自动生产线或专用加工机器构成的情况很多。这样的生产线具有量产形成的低成本、生产管理容易、可确保高质量等优点，但是由于在减产的时候工序集约和分割以及向其他生产

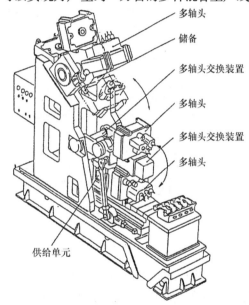

图 2-81 多轴头交换单元

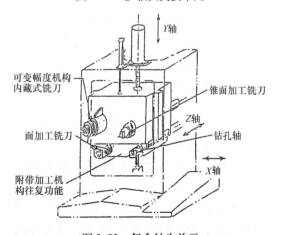

图 2-82 复合轴头单元

不管是哪种生产线,都和自动生产线或专用设备具有同等的生产率,确保了量产效果,通过混流生产应对需求变动并提升空间效率。另外,对于生产量减少的零部件和少量产品等的混合生产,月产几千辆规模的少种类中等数量生产线也在构建中。像这样的生产线,一般都是以1轴头NC加工机床(加工中心)为中心构成。另一方面,对于那些从少种类中等生产规模进一步减少生产台数的部件以及试制零件等,多种少量生产线的构建也在进行。这样的生产线需要在短时间内应对生产需求变化,所以通过与CAD/CAM等计算机系统进行链接,以此支持生产准备的情况很多。另外,因为生产周期根据零件不同有很大的区别,所以在考虑生产线平衡的基础上采用"订单式生产"的方式比较多。

在思考今后的生产线发展方向时,不管是大量生产还是少量生产,怎样才能柔性应对需求变动是重要的课题,如图2-83所示那样,需要融合现在各生产线的优点构筑新一代生产系统。

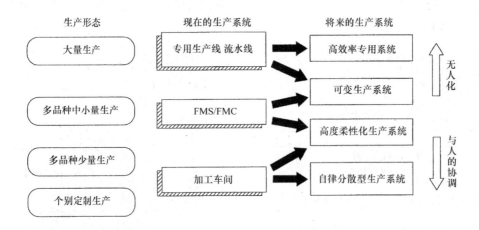

图2-83　预计将来生产系统的变化

大量生产线,可以划分为以多轴加工为主体的高效率加工并控制初期投资的专用生产线,以及可以进行可变生产以维持高运转的生产线。中少量生产线中,可以分为追求可变化的生产线和追求高效率的生产线。这里所说的可变生产是通过多种应对吸收生产负荷的偏差,结合生产规模能够进行工序分割、工序整合来调整的生产线。

在这种可变的生产线中,有采用先前所说的多轴头交换方式的自动生产线方法,现在也有使用具有高效率和低成本的1轴头NC加工机器。

表2-12中显示的是1轴头NC加工机器的变迁过程。可以看到通过提升主轴转速、进给速度,逐渐实现了高效率加工。另外,伺服、进给机构技术的发展使非加工时间(比如ATC时间)得到了大幅度缩短。今后的课题是怎样才能提升这个机器的成本优势,其方向可以认为是"低成本"和"高能率"的两极化。关于低成本方面,是将加工生产线分别划分成钻孔、面切削、最终加工,选择最适合那些工序的数控加工机作为通用化机械。另一方面,为了使专用的夹具部分实现低成本,需要努力实现夹具的标准设计。因此,根据夹具动作范围需要预先设置与设备之间的空间,以避免夹具与机器的干涉非常重要。

2 加工技术

表 2-12　1 轴头 NC 加工机器的变迁

	1983 年左右	1988 年左右	1993 年左右
机械构成	○ 角导轨 ○ 滚珠丝杠 ○ 感应电动机、带驱动 ○ 8bit – NC 直线加减速 ○ 炮塔式	○ 角导轨 ○ 滚珠丝杠 ○ 感应电动机、带驱动 ○ 16bit – NC 直线加减速 ○ 臂式、立柱一体化 ○ BT 柄	○ LM 导轨 ○ 滚珠丝杠 ○ 感应电动机、固接 ○ 32bit – NC 贝尔型加减速 ○ 臂式机械连动、立柱分离 ○ 2 面约束
主轴转速	4000r/min	6000r/min	10000r/min
进刀速度	12m/min	24m/min	36m/min
进刀加速度	0.14g	0.14g	0.32g
ATC 时间	9s	6s	1.5s

在高效率方面，因为 1 轴头加工的移动距离大幅增长，所以缩短实际加工时间和移动时间是一项重要课题。

在汽车零部件的加工中，因为移动几十毫米的情况比较多，所以提高进给速度特别重要。现在作为替代丝杠驱动的高速化技术，线性电动机驱动方式是热点。该方式一方面提高了伺服增益，一方面通过提高机械刚性及控制性能的平衡性，实现了高精度及高速度轮廓加工。

2.6.4　今后的产品要求和机械加工技术的课题

用户对汽车的要求主要是容易使用/驾驶、低油耗和低成本等。另外从社会方面来看，要求汽车加强规范尾气排放、部件的回收再利用以及降低车外噪声等。这就需要进行机体的轻量化、高强度化，提高耐热性、静音性等。在机械加工领域，高耐热材料、高耐磨材料、高强度材料等所谓难切削材料的加工以及能够降低齿轮噪声和滑动部分摩擦的高精度加工等是主要的课题。

a. 难切削材料的加工

作为难切削材料的应对策略，主要有添加快削成分提高切削性、选择最适合的工具材料、提高工作工具的支持刚性、加工设备的高刚性化等方法。为了实现气缸体的轻量化采用了铝合金，但是在需要保持强度、耐磨性的轴承盖和气缸衬垫上一般还是使用铸铁。

各个材料本身不一定是难切削材料，但是在物理性质不同的材料一起进行切削加工的情况下，维持加工精度和保证工具寿命比较困难，所以从另一种意义上来说也是难切削材料加工。在曲轴镗孔加工中，由于受到铝、铸铁切削抵抗差别的影响，导致工具的磨损程度和圆度、表面粗糙度恶化。于是高刚性、低振动的线棒工作台以及能够分散振动的最佳数控组合机床，考虑了耐碎裂的刀尖形状的 CBN 烧结体工具等的采用，使圆度、表面粗糙度不断得到改善（图 2-84）。

b. 高精度加工

为了提高舒适性，车内噪声水平如图 2-85 所示那样年年都有所改善。随着车内噪声的改善，相对来说齿轮噪声的降低要求也变得更加严峻。

提高齿轮精度是降低齿轮噪声的有效手段，所以提高剃齿刀的再研磨精度，以及采用淬火齿面加工法等手段得到应用。在剃齿刀的再研磨时，将齿轮热处理变形的变化向剃齿加工进行反馈的齿轮精度数据管理系统以及齿面三维修整的偏压磨削等更加精细的生产技术都是需要的。淬火齿面加工法是量产中多被采用的加工方法，其中使用球形砂轮进行齿轮磨削加工（图2-86），使用大直径的内齿砂轮进行齿轮珩磨加工（图2-87）。但是加工成本高是其难点，今后的课题是怎样才能降低加工成本。

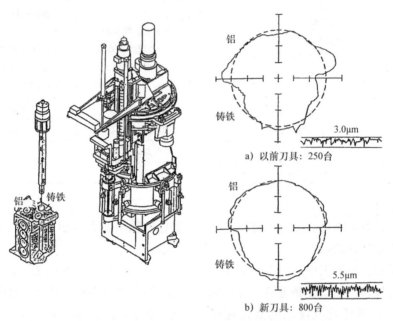

图2-84 铝、铸铁共同加工线的钻孔机的概要和加工精度

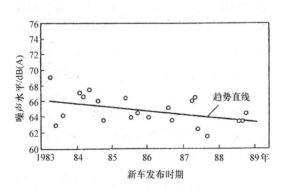

图2-85 车内噪声水平的变化
国内外2L以上级别新车
（100km/h匀速时的噪声）

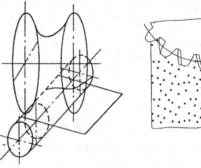

图2-86 使用球形砂轮的齿轮磨削机

状研磨剂的砂粒用备份石压到被加工物上，使被加工物在旋转的同时施加轴向摇动，是制造高质量轴承的创造性方法。

2.6.5 机械加工技术的将来动向和新技术

a. 需求变动的应对

为了制造出可以灵活应对需求变动的生产线，需要提高图2-90中的设备的灵活性。对于灵活性最低的夹具、卡盘方面，和机器

另一方面，要实现低油耗，降低滑动部分的摩擦是有效的手段，因此表面粗糙度的提升很必要。图2-88所示是曲轴轴部的表面粗糙度和摩擦损失转矩的关系图。作为提升表面粗糙度的新加工方法，图2-89所示的微修整（Micro finisher）加工，近年来被广泛采用。微修整加工方法，是将涂了薄膜

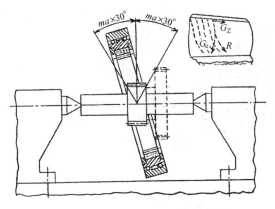

图 2-87 使用内齿砂轮的齿轮珩磨机

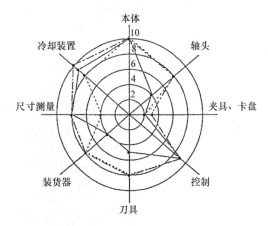

图 2-90 设备的灵活性分析
实线：钻孔；虚线：铰孔；点线：铣削；
柔性：不用换刀的情况下能够加工的种类数

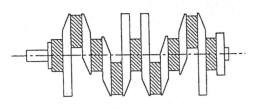

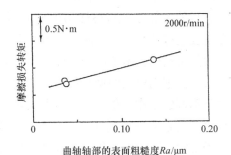

图 2-88 通过提高曲轴轴部的表面粗糙度降低摩擦损失转矩的效果

加工中心以外，作为灵活性较高的设备的一例，图 2-92 所示能够进行旋削、铣削、钻孔等加工的多功能机床被开发出来了。并且集研磨，工件尺寸、形状的测量，激光热处理于一体的超多功能机床的开发也在进行中。

要使这些设备群能够高效运行，需要各设备在自我控制的同时实施生产的自律分散型生产系统。如图 2-93 所示那样，进行加工、组装、检查的生产模块和加工物都各自具有自主决策的能力，并且对于这些事项都能从前面进行调整的协调控制系统也在研究中。今后还会在这样的生产功能之外，向集设计功能、管理功能等为一体的 CIM（计算机）统筹生产）方向发展。

b. 环境变化的应对

随着将来劳动力的老龄化和女性就业人数的增加，要求机械工厂更洁净，成为更具有吸引力的地方。也就是说，要使在工厂工作的人们有工作激情，创造出那种在制造产品的过程中也能够感到喜悦的工作环境是非常重要的。

为此：

① 粉尘、油雾、噪声、臭气、体力劳动等工作环境的改善。

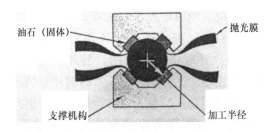

图 2-89 超精加工

本身一样向 NC 化发展，将来运用控制程序可以自由调整夹具位置和行程量、夹紧力（图 2-91）。

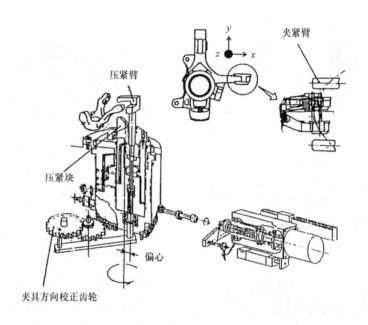

图 2-91　NC 夹具

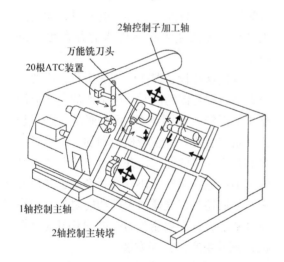

图 2-92　多功能工作机械（9 轴车削加工中心）

② 操作性和安全性等设备可靠性的提高。

③ 废弃物、排水、能源消耗少等有利于保护社会环境的事情是必须考虑的。

关于③的部分会在第 5 章进行详述，所以在这里只对①、②的问题进行说明。

（i）作业环境的改善　关于降低粉尘、油雾，最有效的方法是产生后立刻就进行回收，因此可以考虑在工作机械上安装回收装置。恶臭的大部分是水溶性切削液的腐臭，现在正在进行的提高切削液的耐腐性和开发切削液的再利用技术这两个方面，今后会越来越重要。重而粗大的型材投入生产线等重体力且单调的工作，很早就用机器人实现了自动化，但是要获得到和人一样的信赖度，相当于视觉、听觉等的传感器有必要加强。

（ii）设备信赖感的提升　为了提高操作性、安全性，包括维修人员在内，最理想的是任何人对任何设备都能按照意图进行操作。因此，所有的操作方法需要简单而且具有统一性，能够在计算机及办公设备上看到的用户界面将会被采用。另外，能够正确认知设备的工作状态和异常时的停止状态的信息显示功能，以及能够尽快安全地进行异常处理的指导功能的改进也不可缺少。图 2-94 所示是拥有各种信息显示功能的装置示例。

【菅谷伸夫】

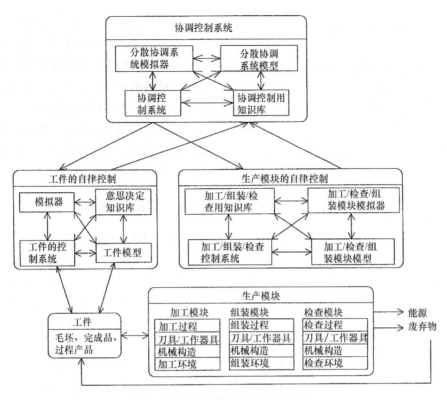

图 2-93 自律分散型生产系统的概念

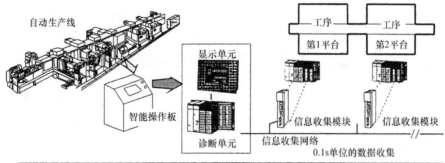

图 2-94 设备工作诊断装置

参 考 文 献

1) 福間宣雄：自動車工業における課題と対応，日石工作機械シンポジューム論文集，p.32 (1991)
2) 杉浦 務ほか：高速高能率加工による多種多量生産ラインの開発，自動車技術，Vol.48, No.11, p.33 (1994)
3) 森脇俊道ほか：第15回日本工作機械見本市にみる工作機械および関連技術の動向，機械技術，Vol.43, No.2, p.281 (1991)
4) 日本工作機械工業会：基礎研究動向調査報告書，p.27 (1990)
5) 福島宏之：ドリル，タップからボーリングバーまでの穴加工工具，ツールエンジニア，p.149 (1993.4)
6) 杉矢健一：新しいツールシャンクについて，タンガロイ技報，Vol.34, No.46, p.18 (1994.4)
7) 豊田工機技報，Vol.135, No.2, p.17-25 (1994.10)
8) 森脇：最新工作機械—開発の狙いとその展開，機械と工具，p.2 (1995.1)
9) 芳賀 実：次世代に向けての加工の高速化，精密工学会講習会テキスト，p.43 (1994.1)
10) インガーソル社技術資料
11) ビトリファイドCBNホイールによる超高速研削，ノリタケ技報，p.4 (1993)
12) 川股：超砥粒ホイールによる円筒研削とポイント，ツールエンジニア，p.98 (1995.2)
13) 切削油技術研究会編：切削加工の現状と問題点，p.7 (1994.11)
14) 佐藤：機械と工具，Vol.32, No.9 (1988)
15) 日本特殊陶業株式会社技術資料
16) 高剛性の二面拘束ツールシャンクMCの高速切削に対応，日経メカニカル，p.38 (1994.6)
17) 岡村ほか：量産機械加工ラインにおけるFMS，三菱自動車テクニカルレビュー，No.1, p.156 (1988)
18) 杉浦ほか：高速高能率加工による多種多量生産ラインの開発，自動車技術，Vol.48, No.11, p.36 (1994)
19) 森脇：生産システムの将来動向，日本機械学会東海支部講習会テキスト，p.6 (1993.6)
20) 鈴木義友：自動車における変速装置用歯車製造の現状，応用機械工学，p.70-77 (1991.9)
21) 藤田ほか：新型V6ツインカムVQ型エンジンの燃費向上技術，自動車技術会学術講演会前刷集943，p.19 (1994.5)
22) 斉藤ほか：新型1.5Lエンジンにおける燃費向上技術の開発，自動車技術会学術講演会前刷集943，p.6 (1994.5)
23) 宮城ほか：マイクロフィニッシャ，不士越技報，Vol.46, No.1, p.10 (1990)
24) 森脇ほか：自律分散型生産システムの設計と運用に関する研究，日本機械学会論文集C編，Vol.58, No.549, p.1674 (1992)
25) 鈴木 功：設備動作診断装置の開発，第14回設備診断技術シンポジウム論文集，A3-2, p.10 (1994)
26) 横川宗彦：CBNホイールによる研削技術，機械技術，Vol.41, No.3, p.116 (1993)

2.7 连接技术

汽车生产中使用的连接，是将金属、树脂、陶瓷等多种材料形成具有多种功能的零件的组装技术，涉及许多方面。目前使用的连接技术，根据零部件的必要特性，从功能、成本和生产性进行考虑，来选择最适合的技术。不过随着社会形势的变化和技术的进步，也在不断地发生变化。在这里首先对最新研究开发出来的先进连接技术做一些介绍，其次对今后的产品动向进行整理，最后对汽车连接技术应该发展的方向、需要开发的技术领域及其目前的关注技术进行说明。

2.7.1 连接的先进技术

汽车的连接可以分成以下几部分：作为薄板加工代表的车身，相对来说比较厚的底盘、驱动部件，发动机进排气系零部件、热交换器、电子电器部件。下面以这些部件为基础对最新的代表性技术进行说明。

a. 车身

在薄板冲压件组装到车身上的工序中，以往都是采用高生产率的电阻点焊。但是为了改善耗油量，实现轻量化并提高耐蚀性，车身钢板从普通钢板向镀锌钢板、高张力钢板、阻尼钢板、铝合金板等多样化材料发展，因此相应的焊接技术也在不断变化。从最近的趋势来看，这些板材组合使用的混合构造很受关注，例如为了实现铝合金板和钢板的异材连接，铆钉等机械铆接以及涂装钢板的焊接等技术开发也在进行中。

在此，对最近开发出来的4项技术进行介绍。

（i）电阻焊直流变频器　以前，在电阻点焊中，初级端单相交流电由可控硅控制通过变压器进行通电是一般的方式，然而由于三相交流电使用变频器和整流器可使脉冲消失，图2-95所示在点焊熔合部生成低电流，且熔核外圈形成的压焊部要比交流焊接的大，所以焊接时使作业环境恶化的熔融部火花飞溅的情况在熔核增大的情况下也不容易发生。另外对于焊臂尺寸长的大型焊枪，因为直流化而没有电感产生，所以具有初级端电源容量可以降低的特点。特别在焊接时需要大电流的铝合金板焊接上非常有用。

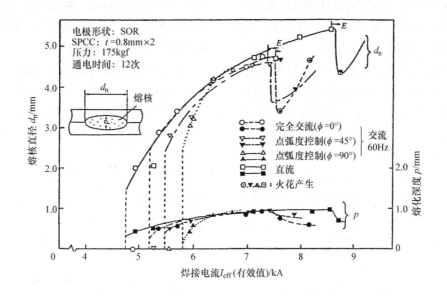

图 2-95 焊接电流和熔核生成、火花产生特性

但是能够减少火花飞溅只局限于 1mm 左右的薄板，而且因为影响电极寿命的接头质量方面没有明显的差别，所以是否采用这套系统，需要兼顾初期设备投资的情况来进行选择。

（ii）赋予阻尼钢板导电性 将树脂夹在薄钢板外皮中间，在板内吸收振动的具有阻尼特性的钢板在发动机油底壳、车身周围已经开始使用了。

因为这种钢板中夹在上下两张外皮之间的树脂妨碍导电，所以需要利用电阻点焊进行焊接。

对此，通过在树脂中加入球状的铁粉等导电粉，使之与普通钢板能够进行同样的电阻点焊的钢板得到了实际应用。在这种钢板开发的过程中，确保能够实施电阻焊的充分导电能力，减少导电粉的微小接触导致通电时产生火花是需要解决的课题。图 2-96 所示是这些数据的一个例子，树脂中的导电粉分散度、粒径、材质需要根据焊接性进行选定。和这个例子一样，最近在新钢板的开发时是否可以应用加工技术的焊接成为非常重要的因素。

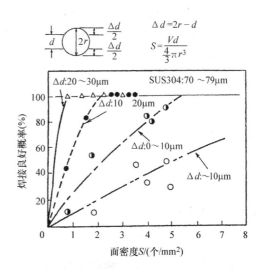

图 2-96 导电粉的大小和添加量对焊接性的影响（SUS 304 的情况下）

(iii) 铝合金板的电阻点焊性　下面对为了轻量化而开始采用的铝合金板焊接进行介绍。迄今为止，铝的电阻点焊时的连续打点性按照飞机用 MIL 规格进行作业是试验的前提条件，因此只能焊接几十点。然而对于汽车来说，使用和钢板一样的判断基准，允许有不影响板表面强度的划痕存在，以此重新设定了连续打点性。其结果如图 2-97 所示。这里用的不是飞机和车辆上铝材焊接时推荐的 R 形电极，而是使用了汽车钢板焊接用的容易产生熔核的铬铜制圆顶形电极，这是单相交流电一段加压情况下的试验结果。确保具有相当于板厚 1.0mm 的 5083 材料在 3000 点左右的接头强度。这样的结果，与镀锌钢板连续打点的情况基本相同，所以不能说铝合金板的焊接性特别差，通过对其原因进行调查后发现，就像一直以来被指出的那样，铝合金板的铝铜电极粘损现象大量发生。这些电极粘损被铝板带走，经过这样不断地反复可以观察到在电极表面形成了凹凸部分。这些凹凸在板材和电极焊接接触的时候，起到了限定电路的作用而使通电集中，因此板中生成不在电极中心的熔核，不过可以得到能够确保焊接强度的熔核面积。

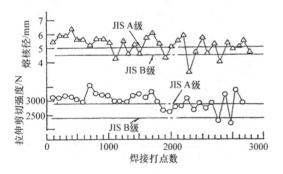

图 2-97　铝合金板电阻焊接的连续打点性

其次，对铝的焊接缺陷、砂眼和断裂的研究结果进行讲述。熔核中形成的砂眼，电弧焊接时产生的原因被认为由氢引起的，而在点焊中砂眼和散落的相关性较强。这是因为由于氧化物的影响，使得熔核周边生成的压焊部比较小，导致砂眼发生，这种原因比氢导致产生的比例更大。

然后对那些由于阻抗加热使熔核贯穿，在板表面看上去产生星状破裂的原因进行说明。可以说这是由于熔核生成时熔化凝固伴有收缩而导致产生的凝固。因此，如图 2-98 所示，可以知道因为凝固需要温度范围大的合金容易破碎，所以需要利用余热等缓和周围的约束可以使破裂不容易发生。

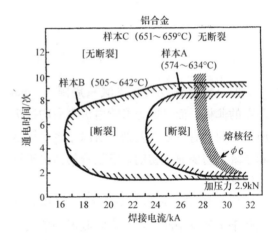

图 2-98　铝合金板的断裂产生领域

(iv) 激光焊接的应用　激光焊接在车身组装技术上的应用尝试有比较长的历史了，但是在质量上能够持续使用的例子很少。这是因为激光是高密度的热源，熔融焊缝宽度只有 1mm 左右，所以如表 2-13 所示的那样接头缝隙管理要求非常严格。作为解决该问题的最近一例，在车顶板的焊接时，有报告使用了压辊式的工装夹具，将板-板之间的缝隙压紧密之后进行激光焊接。

2 加工技术

表 2-13 激光焊接的坡口精度和条件充裕度

a) 坡口精度

I型对接	T接头	搭接接头
$\delta/s < 0.06$; $s = 2\text{mm}$	$\delta/s < 0.1$; $s < 4\text{mm}$	$\delta/s < 0.071$; $s = 0.1\text{mm}$
$\delta/s < 0.04$; $s = 3\text{mm}$		
$\delta/s < 0.045$; $s = 4\text{mm}$		
$\delta/s < 0.05$; $s = 10\text{mm}$		

b) 条件充裕度

焦点位置	光束校准
垂直焦点位置错位 $\Delta z < 0.2 r_F F$	照射面内角度 $\alpha < 10°$
焦点位置变化 $a < 0.25 A_s / t_s$	横方向角度 $\beta < 10°$

注:δ 为槽宽,s 为板厚,A_s 为熔融截面面积,t_s 为熔化深度,r_F 为焊核半径,F 为焦点距离。

除此以外的应用示例有发动机罩的压边部。因为这个部位通过压边加工,使板-板之间压得很紧密,所以容易使用激光。特别在铝合金板焊接上使用时,为了抑制焊接变形,不能使用普通钢板使用电阻点焊时的序列通电,而在激光焊接中利用光纤导光,可以应对柔性生产的 YAG 激光的应用开发正在进行中。

铝合金板应用大功率 YAG 激光进行焊接也在得到深入的研究。特别是作为铝材破裂、砂眼的对策,通过将脉冲振荡形成的点熔融焊缝进行重叠,使得已经形成的焊缝经过再熔融的方式非常有效,最近这些数据也有报告。

激光在汽车中的另一种使用方法是在冲压加工之前对板材进行接合,这种方法受到广泛的关注。这种方法也称为激光拼焊法,为了提高材料成品率,将合适的材料用在需要的地方以使轻量化及刚性达到平衡,表 2-14 所示是这种方法的应用部位。因为这种接合是直线的对接,间隙管理比较容易,所以可以说适合激光焊接。

表 2-14 使用接合材料的部件一体化事例

部件名	目的	实用化事例
前侧梁	提高碰撞时能量的吸收性	高尔夫(大众)、850(沃尔沃)
车门内板	提高铰接部的刚性和轻量化	1994 凯迪拉克 DeVille(通用)
侧围外板	提高材料利用率 提高精度 提升美观	CELSIOR(雷克萨斯)、凯迪拉克 CONCOURSE(通用)
侧围内板	提高刚性轻量化	皇冠等(丰田)

b. 底盘、驱动系统部件

对于那些由比车身厚的钢板和铸造、锻造件构成的底盘部件和发动机驱动部件,以电弧焊接为主,还有摩擦压焊、电子束焊接、对焊等各种接合技术都得到应用。

(i) 电弧焊接的脉冲电流控制

在汽车零部件方面使用电弧焊接,经历了从辅助埋弧焊接开始到二氧化碳电弧焊接,再到使用 Ar 气和二氧化碳以 8:2 的比例形成的混合气体进行保护,现在已经进化到以脉冲电流控制熔滴产生的 MAG(Metal Active Gas)电弧焊接。最近随着电源的变频化使得电流波形能够得到更精密的控制,对焊缝的质量提高有很大贡献。

图 2-99 所示是为了减少镀锌钢板在进行电弧焊接时产生的砂眼,对熔融池进行摇动所产生的效果。通过大电流短时间和小电流长时间的两个脉冲电流进行周期性的反复施加,使得在固液界面处由于熔液流动产生的气泡容易浮出来。

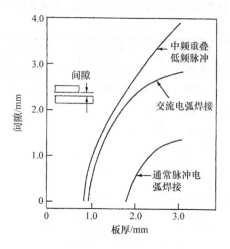

图 2-100 板厚与最大容许间隙的关系

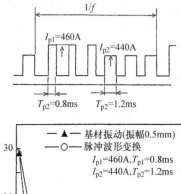

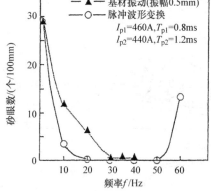

图 2-99 弧焊力的周期变化对减少砂眼的效果

此外在铝合金薄板 MIG（Metal Inert Gas）电弧焊接领域,为了应对接头缝隙问题,通过直流部分和脉冲通电部分进行切换的中频低频重叠脉冲方式,以及反极性和正极性的比例进行控制的交流 MIG 方式,使得以前应用 TIG（Tungsten Inert Gas）焊接进行施工的板厚 1mm、板间缝隙为 1mm 的搭接头焊接可以使用生产率高的 MIG 焊接。图 2-100 所示是其结果。此外在 TIG 焊接中,还有包括加填丝系统在内的脉冲式地进行热输入控制的热丝 TIG 焊接法也在开发。

（ii）应用摩擦压焊的高精度接合

在传动轴的万向节与轴管和转向盘的接合方面,摩擦压焊的应用在不断扩大。因为圆形回转体回转平衡的大小会引起振动发生,所以要求高精度接合,接合时两个接合物的同心度和变形的多少需要重视。与电弧焊接相比,摩擦压焊是不熔化的固相接合,因为在接合圆周上受热均匀,所以是同样的低变形接合。因为其生产率也很高,今后会得到更大范围的应用。

作为最近受到广泛关注的研究成果,有对应角钢的 Linear friction welding 和对应接头部位的 Friction stir welding 方法。

c. 发动机、进排气系统零件

为了提升发动机的加速性能,涡轮增压器的转子采用轻量的陶瓷。陶瓷和铁轴的接合有各种各样的实际应用方式。另外进气歧管、排气歧管、排气净化装置、排气管都是影响发动机性能、油耗、排放的零件,随着性能的提高,材料也在发生变化,因此接合技术也在不断地发生着变化。

（i）涡轮增压器的金属填充接合　在氮化硅陶瓷和金属的接合方面,使用含有 Ti 等活性金属钎料的钎焊以及利用陶瓷和金属的热膨胀差进行热压配合是比较普遍的方法。其中在钎焊中,为了缓解安装时产生的热应力,接头的结构比较复杂,另外在热压配合中要确保接头强度，配合部的加工精度必须得到保证。因此不需要配合加工而且接头强度提高的金属填充接合法被开发出来了。该方法如图2-101所示，和热压配合法相比，它的接合强度高，其原因是通过填充金属使得表面微小的凹凸部都填满金属，嵌合比两者的摩擦力都要高，所以接合力很强。此外该方法具有以下特征，由于陶瓷和金属没有接合在一起，不需要复杂的应力缓和构造，因为是金属填充接合，两个零部件的加工精度也不需要那么精密。

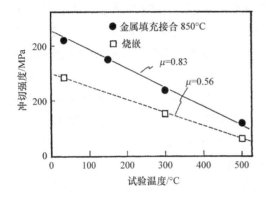

图2-101　金属填充接合的冲切强度
（金属圆筒材质：Incoloy 903）

（ii）催化剂容器载体的金属化　以应对废气的高温化和减少背压为目的，将比陶瓷能够做得更薄的金属作为催化剂载体与容器进行一体化加工，这种为尾气净化而开发的催化剂容器得到实际应用。这种容器使用了高耐热性20Cr-5-BalFe材质的50μm箔，将平板和波板重叠之后再卷到蜂窝状结构体上，使用钎焊形成一个整体。这里使用的钎焊技术虽然是Ni钎（BNi-5）的真空钎焊，但有研究表明由于在钎焊时元素不断得到扩散，在钎焊结束时钎焊部的熔点上升，提高了接合部的耐热性。

d. 热交换器、电子电器部件

发动机冷却液、油冷却用的散热器等换热器是由铝和铜系材料通过钎焊加工制造而成的。另外在发动机点火、燃料和空气量控制、汽车驾驶、制动、乘坐舒适度、空调的控制等方面电子元件被广泛使用，钎焊、精密接合、线路的搭接等为了保障通电的精密接合技术对于汽车来说变得越来越重要。

（i）铝的钎焊技术　以零部件的轻量化为目的，铝的使用量在不断增加，特别是热交换器等多个部位能够一次接合的钎焊技术的开发变得越来越重要。以往在铝的炉中钎焊过程中，使用表面上包裹了硬钎焊薄膜的焊料对部件进行组装，使用非腐蚀性的锯齿摇滚助焊剂的方法是主流，但是最近有新的系统也在尝试中。该技术的概念是，对于钎焊对象材料，至少有一方的表面上，覆盖由溶剂和铝形成的共晶合金金属粉末混合物。金属粉末可以考虑的有Si、Zn、Cu、Ge，如果形成合适的共晶合金，不仅铝，对于Al/Cu、Cu/Cu、Cu/Brass的接合也是可以适用的，它的未来发展倍受关注。

（ii）电子部件的钎焊　汽车用ECU（Electronic Control Unit）的使用环境和一般家电产品相比非常严苛，所以对长期耐久性、耐热性的提高有很高的要求。

因此，未来的印制电路板和引线部件的焊锡部，在一般的Pd-Sn共晶焊锡中，添加质量分数为1%左右的Ag、In、Sb来提高疲劳强度，如图2-102所示的那样也已有报道。提高原因是焊锡组织的粗大化由晶界析出物抑制所致。

另外，在提高耐热性方面，有电阻钎焊时与加压结合使用的研究。图2-103所示是ϕ0.8的Cu线和Fe-42Ni板、Ni板、黄铜板等在加压30MPa的同时通电加热焊接时的接头抗拉强度。这里显示的强度上升原因，是由于加热使得焊锡成分中添加的合金元素与母材形成反应层后，再通过对低熔点和低强度的焊锡成分的液相进行挤压,得到合金层之间高熔点和高强度的结合。

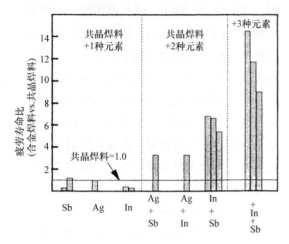

图 2-102 各种共晶焊锡的疲劳强度比较

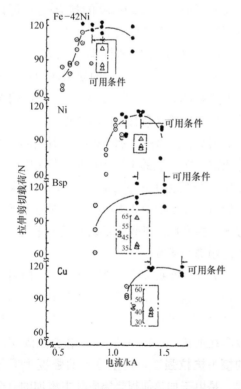

图 2-103 通电电流对抗拉强度的影响

2.7.2 应对未来产品要求的接合技术课题

表 2-15 将汽车产业的技术课题与接合技术的关联表示出来,可以看出在加工设备方面需要进一步的通用化和自动化,在材料方面需要轻质材料的高精度接合技术。另外随着汽车电子化的发展,电子零件的接线技术的重要性也很高。以上所说的都是从产品需求来看的接合技术应该发展的方向,针对这些趋势,什么样的专业技术可以应对,什么样的专业技术还需要开发,这些都在图 2-104 中表明了。轻金属、树脂、复合材料、陶瓷等所有原材料都需要进行接合,还有为了实现在需要的部位赋予必要的功能的复合化异种材料的接合和高精度化,接合时降低热输入量,从熔化接合到非熔化接合的转换很有必要。作为专业技术,应该从熔融焊接向固相接合、粘合、缔结的方向发展。

表 2-15 汽车产业的技术课题和接合技术的关联

a) 强化商品力

① 多样化	设备的通用化(FBL/机器人)、CIM 化
② 油耗(轻量化)	铝、树脂、复合材料的接合、粘接
③ 环境(低排放)	耐热钢、不锈钢、陶瓷、不同种类材料的接合
④ 低振动	高精度接合、减振钢板
⑤ 防锈	镀锌钢板
⑥ 易驾驶(电子化)	微接线技术

b) 推进自动化

① 智能机器人	控制技术(适应控制)、安装/检查工艺的自动化
② 容易组装的构造	车身构造(模块化车身等)

c) 全球规模的生产:生产设备的本地化

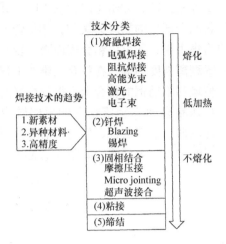

图 2-104 接合技术的趋势及其对应技术领域

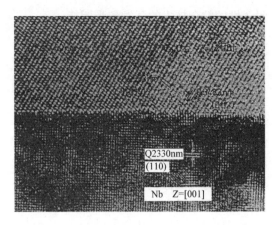

图 2-105 Nb – Al_2O_3 扩散接合界面的晶格图像

2.7.3 将来的接合技术和期待的新技术

就像前面所说的那样,将来所要求的是可以使所有材料的复合化都成为可能的接合技术。再加上符合汽车产业量产性的生产率高且低成本的技术,还要考虑到材料的循环利用情况,在需要时可以进行分离的接合技术,这些都可以说是必要的技术。在这里介绍两项对将来会有很大影响的新技术。

a. 常温固相接合

常温接合技术是通过材料表面的超平滑化和活性化,可以使清洁面达到原子水平程度的接合技术。该技术和以前的接合相比,最大的特点是低能耗,即在常温或低温、低负荷状态下可以进行固相之间的接合。从这种接合原理可以看出,不同材料之间,比如金属与陶瓷等之间,相对于金属之间接合,接合方式不同的物质之间,在界面上没有生成反应层也可以接合。图 2-105 所示是 Nb 和 Al_2O_3 的接合界面,界面上观察不到两者的反应层。

这也许可以说是将来任何材料都能够在常温下进行自由接合的可能性的体现吧。这种接合是在高真空中利用氩离子冲击对接合双方的表面进行净化作为前提才能成立。因此,现在对于大面积的接合还难以实现,在电子器件的精密接合上尝试进行应用。图 2-106 所示是在半导体 LSI 芯片组装互连过程中 Cu 引线和 Cu 电极上的应用,除此之外在焊锡凸块和 Al 电极上的应用也在研究中。

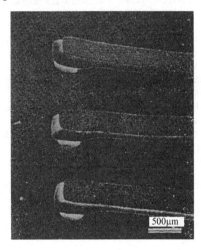

图 2-106 Cu 接线与 Cu 电极的常温接合

b. 结构用部件的弹性粘合

粘合作为常温下可以对异种材料进行接合的技术很受期待,但是实际上因为耐久可靠性还达不到要求,所以在汽车结构部件上的应用还是有很大的限制。作为实际应用事例,有用在飞机机身上的 Al 和 FRP 的粘合,但这只在必须进行严格的定期检查为前提才能成立,所以不用维护就可以保证长期耐久性的粘合技术的开发备受期待。

　　最近对于结构粘合也有一些思路上的改变。以前为了提高粘合强度而将黏合剂的分子结构平直化，然后通过架桥方式形成3维立体网状构造，不过现在开发出了重视粘合安定性，以缓和应力为目标的"橡胶状弹性功能"黏合剂。这种黏合剂以无溶剂的、液体的、反应性聚合物为基础材料，在反应硬化后成为类似橡胶状弹性体的物质，如硅系、环氧系已经在市面上有销售。它的特点有：①外来振动、冲击等应力的吸收；②异种材料粘合产生的热应力缓和；③粘合界面的应力集中小；④可以粘合表面强度较弱材料；⑤剥离强度高等，在粘合困难的工程塑料、玻璃和不锈钢的粘合上也得到很好的效果。从强粘合到不剥落粘合的思路转变之后，在电器、电子部件、精密仪器等方面的应用不断扩大，今后将会有很大的希望。

【近藤正恒】

参 考 文 献

1) 松山欽一：溶接現象からみた単相直流機，三相直流機，インバータ機の特徴，溶接学会抵抗溶接研究委員会，RWS-75-86
2) 福井清之ほか：溶接可能型制振鋼板とその溶接性，溶接学会軽構造接合加工研究委員会，MP-74-91
3) 永田　浩ほか：アルミ板の抵抗スポット溶接における連続打点性，溶接学会全国大会講演概要第49集，p.324
4) 西村尚洋ほか：自動車用アルミニウム合金板の抵抗スポット溶接性，溶接学会全国大会講演概要第50集，p.186
5) 渡辺吾郎ほか：アルミニウム合金板スポット溶接部の割れ挙動解析，溶接学会軽構造接合加工研究委員会，MP-123-93
6) H. Nitsch, et al.：Characterization of Positioning Tolerances for Welding with Laser Radiation and Description of Possible of Compensation in Materials Processing, Proc. 5th CISFFEL, p.45-52 (1993)
7) L. Hanicke, et al.：Roof Laser Welding in Series Production, Int. Cong. and Exposition, Detroit, Michigan (March, 1993)
8) 吉川晃昭：大出力YAGレーザによる溶接，溶接学会軽構造接合加工研究委員会，MP-148-94
9) 定村一洋ほか：結合素材によるボデーパネルの一体化，自動車技術，Vol.48, No.11, p.27 (1994)
10) 松井仁志ほか：溶融池の湯流れを利用した気泡の残留防止方法，溶接学会溶接アーク物理研究委員会，ア物-93-856
11) 山本英幸ほか：Alおよびその合金の低周波パルス/直流切換ミグ溶接法の開発，溶接学会溶接法研究委員会，SW-2317-94
12) 丸山徳治ほか：アルミニウム合金薄板用溶込み制御パルスミグ溶接機センサアークAL350について，軽金属溶接，Vol.30, No.5, p.210 (1992)
13) 堀　勝義ほか：タングステン電極に沿ってワイヤ挿入する技術の開発，溶接学会全国大会講演概要集第53集，p.34
14) C. J. Dawes：An Introduction to Friction Stir Welding and Its Development, Welding & Metal Fabrication, p.13 (Jan, 1995)
15) 三瓶和久ほか：セラミッターボの金属充塡結合，金属学会シンポジウム「異種材料間の接合」(1991.6)
16) 森本　裕ほか：Al含有フェライト系ステンレス鋼のNi基ろう付部溶融現象の検討，溶接学会全国大会講演概要第55集，p.120
17) 杉原　諄：ろう材レス新ろう付技術，溶接学会軽構造接合加工研究委員会，MP-147-94
18) 田中靖久ほか：耐疲労性に優れた長寿命はんだ合金の開発，溶接学会マイクロ接合研究委員会，MJ-204-93
19) 服巻　孝ほか：銅-異種材加圧はんだ付継手の特性，溶接学会論文集，Vol.10, No.2, p.20 (1992)
20) 近藤正恒：ボーダレス時代の自動車産業における接合技術，溶接学会論文集，Vol.9, No.1, p.189 (1991)
21) M. Florjancic, et al.：J. Physique, 46 C4-129 (1985)
22) 細美英一ほか：AlおよびCu薄膜とCuバンプの常温接合，プリント回路学会第5回学術講演大会，p.125 (1990)
23) 若林　宏：変成シリコーン系接着剤について，日本接着学会誌，Vol.30, No.1, p.29 (1994)
24) 永田宏二：軽量化材料への接着剤利用の新しい展開，溶接学会第2回車体の軽量化技術に関するシンポジウム，p.117 (1994.11)

3 热处理、表面处理技术

3.1 热处理技术

3.1.1 热处理技术的动向

a. 毛坯材的热处理

毛坯材的热处理,根据其目的可以分为两大类。一类是为了提高冷锻性、加工性的退火等,另一类是为了得到必要的强度、韧性的淬火回火等。热处理模式如图 3-1 所示。

近年来,以节省能源为目的,利用热锻的余热恒温退火和以省略恒温退火这一步骤为目标的控制轧材的应用在齿轮类等部件中不断增加。另外淬火也得到实际应用。

为了容易得到高强度、高韧性材料,使用了廉价的碳钢,主要用于底盘零部件上。从 1980 年左右开始,非调质钢得到实用化,以欧洲、日本为中心在汽车、产业机械领域广泛使用。

非调质钢与淬火回火和锻造淬火不同,因为不使用热处理炉,所以在节能、缩短生产周期、降低库存、稳定硬度、防止淬裂、降低热处理变形等方面有很多优点,今后也将会不断地扩大使用领域。

汽车零部件中使用的热锻用非调质钢的种类和强度等级如图 3-2 所示。作为其中一

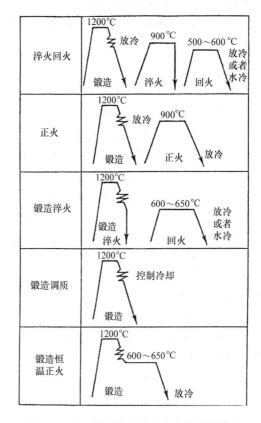

图 3-1 毛坯材热处理的种类和热处理模式

个例子,特别是被认为不需要高韧性的发动机零部件的曲轴和连杆中,使用碳素钢或使用在碳素钢中增加了钒的高强度钢。

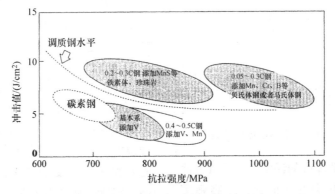

图 3-2 非调质钢的种类和强度水平

对于那些需要高强度、高韧性的底盘零部件,则在低碳钢中添加了 MnS 的铁氧体、珠光体系,使其结晶粒细微化抗拉强度达到 700~800MPa。另外为了使抗拉强度达到 900MPa 以上,在低碳钢中添加了 Mn、Cr、B 等物质的贝氏体或者马氏体系也得到了实际应用。

b. 渗碳淬火

作为汽车零部件的表面硬化法,渗碳淬火的使用非常古老,而且也在很多零部件上得到了应用。渗碳淬火是在硬度较低、容易加工的状态下通过机械加工得到产品形状后再实施。它是在部件表面进行碳扩散后,再进行淬火硬化处理。图 3-3 所示是钢的碳含量和淬火最高硬度的关系,图 3-4 所示是渗碳的零部件表面的碳浓度分布情况。从图 3-3、图 3-4 可以知道,因为渗碳淬火的零件表面非常硬、耐磨性能好,另一方面在零部件内部具有适度的硬度以保证韧性,所以具有很好的抗冲击性。另外,一般情况下渗碳淬火零部件的表面会产生一定的残余应力,能够大幅提高疲劳强度。这些是渗碳淬火的最大特点,也是许多零部件进行表面处理的理由。

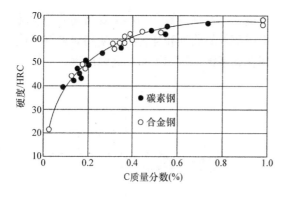

图 3-3 钢的碳含量和淬火最高硬度的关系

作为实施渗碳淬火的课题,在质量方面(特别是齿轮)有①低变形化,②高强度化,在处理工艺方面有③高速化(处理时间缩短)等。

(i) 低变形化 降低变速器用齿轮的噪声是提高车辆静音性不可缺少的项目。为了达成这个目标,在渗碳淬火时要求齿轮的变形偏差要限制在最小限度之内。因此降低前加工的影响和材料淬火性的偏差等变得很重要。图 3-5 是汽车手动档变速器中使用的斜齿轮的热处理变形调查结果。最近,为了抑制冷却时的变形,使用高温淬火油的马氏体等温淬火法,也有采用防止蒸气膜发生的盐浴冷却法等,还有利用淬火时形成的蒸气膜使零部件内部冷却速度均匀的减压淬火法等都有实际应用。

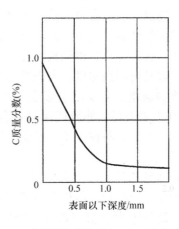

图 3-4 渗碳零部件的表面以下碳浓度分布

(ii) 高强度化 齿轮用钢现在使用最多的是镀铬淬火钢和铬钼淬火钢。作为这些材料的替换物,开发出了称为高强度齿轮钢的钢材料,现在也得到了实际应用。这些钢材的基本想法几乎都是减少那些助长渗碳时晶界氧化的 Si、Cr、Mn 量,添加以提高韧性为目的的 Mo 之类的物质。

(iii) 高速化(处理时间缩短) 在缩短渗碳处理时间方面,必须要考虑材料、处理温度、炉内环境三个因素。图 3-6 是渗碳时间和渗碳深度的关系,可以看出温度越高,渗碳(碳扩散)就越快。为了实现渗碳

的高速化，也可以考虑1000℃以上的渗碳，

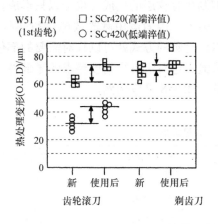

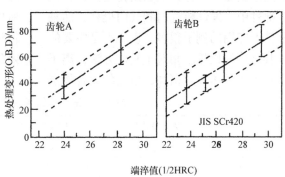

图3-5 热处理变形和前加工、材料淬火性的关系

但是在这个温度领域奥氏体晶粒粗大化非常显著，所以需要进行材料的改良。现在，也能提供渗碳温度不需要提高到1000℃就可以实现渗碳高速化的高速渗碳用钢了，但是只用在切削性、变形等问题少的部件上。

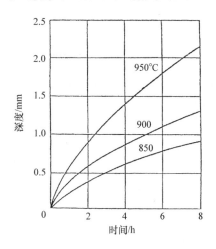

图3-6 渗碳时间和渗碳深度的关系

其次，炉内环境的CO浓度和表面反应系数K的关系如图3-7所示。根据这个关系图，可以知道CO浓度越高，渗碳性越好。在以前的吸热式气氛中（RX气体）的CO体积分数是23%左右，通过变更渗碳气体等，将CO体积分数提高到30%，使处理时间缩短10%~20%的方法也得到了

实际应用。

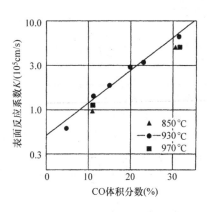

图3-7 CO浓度和K值的关系

渗碳淬火的新课题还有很多，只有将这些问题一个个解决后，才会在质量、生产性、成本方面确立更好的生产体制。

c. 氮碳共渗

氮碳共渗是一种可提高机械零件的耐磨性、耐烧结性、疲劳强度的热处理方式，从而被广泛使用。氮碳共渗处理在钢的相变点以下约500~600℃进行，是通过氮气和碳的扩散进行的表面硬化法。相对于渗碳和高频淬火，具有热应力小以及没有变相发生所以热处理变形小等特点。

另一方面，因为处理温度低，硬化深度浅，在表面形成脆性化合物层，所以不适合

应用于面压力作用大的零件。20世纪60年代导入的盐浴法和1970年前后开始的气体氮碳共渗法在量产性方面已成为主流，在汽车零部件中，发动机气门和气门挺柱、曲轴等零件上应用的例子很多。表3-1是主要的氮碳共渗法的比较。相对于其他方法，离子氮碳共渗法虽然成本稍高，但它的化合物层致密性高，氮的位能容易控制，所以通过持续抑制化合物层的生成，也可以只形成扩散层。另外，因为运用辉光放电进行热处理，所以以遮蔽的方式就可以只对需要的部位进行渗氮，这对于有高精度要求的零部件是有效的。图3-8是应用例。

表3-1 主要的氮碳共渗方法的比较

	熔盐氮碳共渗	气体氮碳共渗	离子氮碳共渗	真空氮碳共渗
原料	MCNO[①]	NH_3 + 吸热性气体	$N_2 + H_2$[②] + (碳氢化合物)	$N_2 + NH_3 + CO_2$
处理温度	580~600℃	400~600℃	400~600℃	400~600℃
处理时间	20min~5h	1~5h	4~100h	1~5h
热处理变形	小	小	小	小
渗氮表面精加工	多孔层比较多	一般	致密	致密
生产性	高	高	低	有点低
废弃物	含有极微量的氰化物的盐[③]	N_2, CO_2, H_2O	N_2, H_2, H_2O (CO_2)	N_2, CO_2, H_2O, H_2
成本	低	低	高	有点高

① M 是 K、Na 等碱性金属。
② 也有使用 NH_3 的情况。
③ 在 ABI 熔盐（碱 + 氧化物混合盐）中，中断冷却的物质不含氰化物。

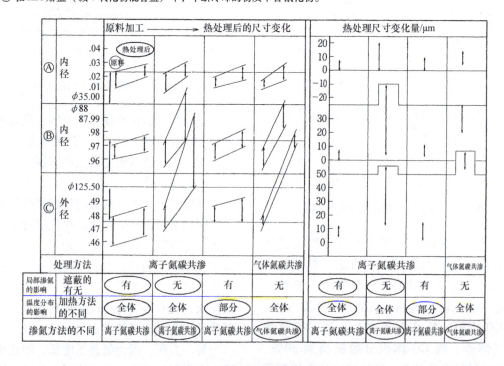

图3-8 氮碳共渗零件的变形

另外在汽车产业中，以降低油耗为目的的机体零件的低摩擦化和轻量、小型化，以及减小振动、噪声是需要解决的课题。提高耐磨性和耐烧结性而采用的氮碳共渗，为应对上述课题，也在不断地进行着工艺改良。例如，为了实现高温领域的耐烧结性和低摩擦化，在进行氮碳共渗处理的同时，或处理后导入空气、氧气等，在表面上形成氮化物层以及氧化物层的氧氮化法、以及处理时导入 H_2S 气体，生成硫化物层的渗硫氮化法等。另一方面，发挥氮碳共渗本身热处理时的小变形优点，与材料进行组合提升强度，近年来也作为提高齿轮应用范围和气门弹簧的轻量化方法得到推广应用。随着降低齿轮噪声措施之一的小模块化的不断发展，对于渗碳和高频淬火的齿轮，也有一部分可以进行氮碳共渗的替换。这是由于添加了 Cr、Al、V 等改善了硬度和硬化深度的材料被开发出来了，所以也在需要提高疲劳强度的齿轮上得到应用。为了今后能够进一步扩大适用范围，期待着能够开发出提升耐面压强度的材料和工艺。

气门弹簧是用硅铬材质制造，为了不降低内部硬度以及减少化合物层的形成，在400℃左右进行氮碳共渗，然后实施喷丸硬化，通过增强表面硬度和压缩残余应力，可以提高疲劳强度。通过这些方法，也使细径弹簧的使用成为可能，对降低油耗做出了贡献。

今后，通过材料工艺的进一步改良，高性能表面处理方法会被重新重视，可以认为它的适用范围会进一步扩大。

d. 高频淬火

高频淬火是利用电磁感应原理使高频电流通过线圈，在零部件表面诱发涡电流，让这个电流和零件材料的电阻产生的焦耳热使零部件表面快速加热后，再进行快速冷却而进行硬化的处理方法。决定硬化层深度是最重要的因素。另外，根据零件形状能够适度加热的线圈形状设定也很重要。

这种处理方法的好处可以列举三点：

① 用廉价的碳钢容易得到深的硬化层。

② 因为是局部加热（可以只对功能要求部位处理），所以相对来说热处理变形少，能源效率高。

③ 与其他的处理（渗碳处理，氮碳共渗处理）相比，能够得到更高的强度。

从这些观点来看，高频淬火可以在各种汽车零部件中得到应用。

从这种处理方法今后的技术动向来看，发挥上述①的优点，能够应对多种零部件的条件变更和线圈位置更换等，可以自动检测零部件的高频淬火设备的数控化会得到进一步发展。

另外，发挥上述三个优点，齿轮的轮廓淬火技术的开发会更进一步，可能会深入到渗碳淬火齿轮的领域。这个技术是首先要进行低频预热，随后在可以使齿轮整体加热的适当频率范围内进行短时间加热，以此获得沿着齿轮轮廓硬化层。这个技术的优势有：由于只对表面层进行热处理，热处理变形小，以及附加了较高的压缩残留应力可以提高疲劳强度等。现在这个技术在海外的汽车公司中，在自动变速器用的各种齿轮上有实用化的例子。

然而在日本国内，在汽车用小型齿轮中实用化的例子还没有。原因有以下几点。

第一，这个技术需要大功率的振荡器，需要2台频率不同的振荡器，还要求高精度的机械设备等。今后为了降低设备投资，应用1台可以进行频率切换的振荡器，预热以及最终加热能够用1台振荡器进行转换处理的方法需要探讨。

另外，关于高频淬火的淬火冷却介质，

为了防止淬火不均匀导致的淬裂发生，主要使用聚乙烯酒精和聚亚烷基二醇系溶液。这些淬火冷却介质可以在淬火时，将对象零件表层覆盖，以使各部分的冷却速度均匀化，从而防止淬裂的发生。但是随着溶液的劣化而导致冷却速度变化，也会导致淬裂、淬火应变量变化的情况发生。因此今后在推进高精度化、高强度化的过程中，需要关注溶液劣化的现象及淬火冷却介质的开发。

3.1.2 热处理设备的先进技术

a. 粗型材热处理设备

可确保锻造的粗型材强度的热处理设备中，连续式淬火回火炉被广泛使用。图 3-9

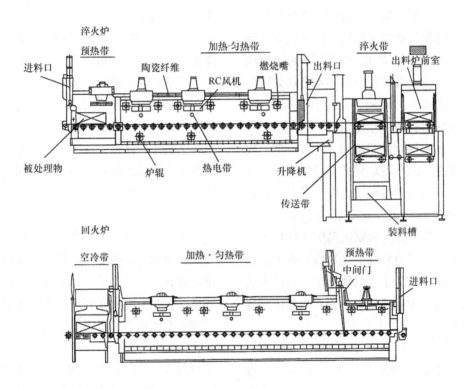

图 3-9 连续式淬火回火炉的例子

所示是其中的一个例子。这个类型的回火炉可以处理各种形状，被处理物搭载在篮子状的夹具上运送到炉内。运送机器采用的是辊道炉床式机构。辊道炉床式机构对夹具进行了轻量化设计。这种机构具有可以降低加热热量（节省能源）、能够进行以篮子为单位的批量生产以及一个循环处理量多等特点。

在炉内装有 RC 风扇，通过强制对流传热对被处理物进行物理性预热使炉内温度分布均匀化。炉壁材料一般用砖，但在此为降低热损失使用了陶瓷纤维。陶瓷纤维是以高纯度的 Al_2O_3 和 SiO_2 为主要成分的纤维状的隔热材料，与砖相比具有热传导率小、容积密度是砖的 1/5 等特点。

在淬火炉内由辊道炉床送到升降机上的被处理物，通过升降机自动降到淬火槽内进行淬火。淬火完的被处理物，由传送装置送到出料侧的升降机上，由升降机提升上去，脱脂后再送到回火炉。在淬火室中，采用抽出加热炉前膛以及在淬火电梯下降时导入

3 热处理、表面处理技术

N_2 气体，通过制造出无氧化状态防止淬火时发生火灾。在回火炉中，有用中间门隔出的预热区，预热区起着将淬火炉带来的油进行蒸发、清除的作用。

另外，炉温全部用热电偶进行检测，每个区域都为自动控制。

为了改善粗型材的切削性、冷锻性等而进行的热处理中，使用了图3-10所示的连续式退火炉。退火炉由干燥、预热，加热/均热、恒温、冷却、真空清洗6室构成。

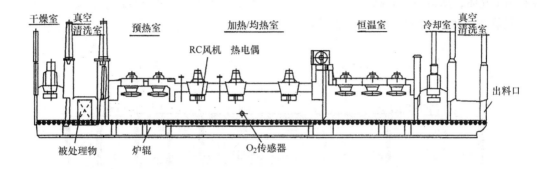

图 3-10 连续式退火炉的例子

在加热室中为了防止被处理物发生脱碳而添加了丁烷气体，在停炉时炉内导入 N_2 气体，这样在下次开炉时就不用进行干燥处理了。

在炉内，抽出的一端设有真空清洗室，以防止大气的侵入，保证炉内状态的稳定化，同时大幅降低丁烷气体量。另外，炉气通过 O_2 传感器进行控制。

过去的粗型材热处理设备中，热源一般都使用电加热器，近年来为了降低运行成本，直接烧丁烷、城市煤气等气体进行加热成为主流。

b. 气氛热处理炉

在连续气体渗碳淬火炉中，也以节能、提高生产性、高质量为目标，不断地进行着各种各样的改善，导入新的技术。在这里，对近年来实施的部分新技术进行介绍。

从20世纪70年代后半期开始，随着钢材、炉材料的进步，制造品质的提升，使得奥氏体晶粒粗大化，通过防止应变的增加推进了高温渗碳化（920～950℃）的发展，

可降低成本20%，提高生产率约1.6倍（图3-11）。

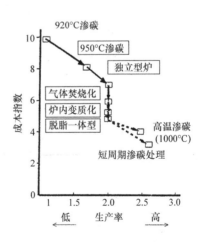

图 3-11 提高生产率和低成本化

此后，通过采用独立型炉，进一步降低了成本和提高了生产率。这种设备设定了多个渗碳扩散带，且升温、降温能够在短时间内进行处理、并在升温带、渗碳扩散带、降温带之间设置隔断门使之独立起来。

通过燃烧气体，将约占渗碳部件成本20%的升温带的加热源从用电转换成用气，

这是为了降低成本而实施的。

在此设备中，燃气系统与现有炉的尺寸匹配、热效率的提高（70%～80%）、长寿命化（1～3年）、点火性能的提高等，这些技术也随之得到开发。

在以前的RX气体渗碳法中，由于必须存在RX气体，所以成本较高。

碳氢系气体+二氧化碳或空气混合物直接供给炉内形成气氛气体的新渗碳法不使用RX气体，因此被采用。

渗碳炉的前脱脂方法，以前是在脱脂炉加热至500℃左右，以蒸烤除去的方式进行脱脂。通过将脱脂区与升温区隔开，使渗碳和升温同时得到实施的方式是采用脱脂一体型渗碳淬火炉（图3-12）。

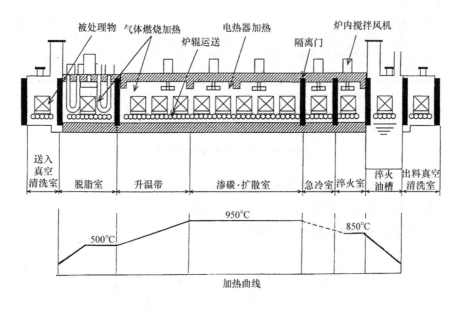

图3-12 脱脂一体型渗碳淬火炉的例子

通过以上各种方法，相比以前的设备成本降到50%以下，生产率约提高了2倍。今后还需要推进新技术的开发、导入，进一步降低成本和提高生产率。

c. 高频淬火设备

高频淬火设备由高频振荡器、淬火机以及供给淬火液的等配套设备构成。

(i) 高频振荡器 高频振荡器需要选定适当的频率及输出。关于振荡方式，最近的主流是真空管式、晶体闸流管式以及晶体管式，分别具有的特点见表3-2。

表3-2 高频振荡方式的特征

振荡方式	频率/kHz	输出/kW	变换效率（%）	备注
真空管式	20～500	2～500	60	需要定期换真空管
晶体闸流管式	0.5～20	2～200	90	多用低频
晶体管式	10～200	10～1000	90	效率高，运行成本低

(ii) 高频淬火机 因为高频淬火需要在短时间内进行热处理，所以淬火机组装于

机械加工线上的情况很多。另外，与质量相关的最重要的因素是加热线圈的形状和部件的位置关系。

最近，为应对商品的多样化的多品种少量生产线在不断增加，在加工不同形状部件的情况下，需要更换加热线圈。

目前这个线圈更换作业是由人工进行的，为了提高生产率，现在正在推进自动更换方法的开发。虽然在线圈的位置决定、固定方法、线圈冷却水的连接方法等方面还存在一些问题，不过今后通过进一步改善，相信在短时期内自动更换技术就能够得到应用。

（iii）质量管理　高频淬火品的产品质量检查问题，一般情况下要进行硬度的切断检查、破裂的电磁探伤检查，不过为了提高效率，节省人工，正在分别开发非破坏检查、自动裂纹检查技术。

3.1.3　热处理技术的发展动向

a. 高功能化

（i）高强度化　热处理本来就是提高强度的手段。考虑到现在发动机输出功率逐年上升的趋势，以及以低油耗为目的进行的机体轻量、小型化的重要性逐年增加，高强度化的热处理技术开发是当务之急。

最近的高强度化技术中最应该关注的是喷丸硬化。相对于成本增加，其疲劳强度的提高效果更明显，通过技术推进，可以稳定地得到更高的疲劳强度，因此各大企业都应用在连杆、阀弹簧等上。

目前喷丸硬化是主流技术，但另一方面，等离子渗碳、真空渗碳等完全不产生渗碳异常层的热处理方法也是提高强度的有效手段，得到广泛研究。不过这些基本上都是小批量处理，因此生产率方面应该解决的技术课题还有很多。另外，在材料方面，如前所述的高强度齿轮用钢由各钢铁公司制订标准，现在都已得到实际应用。对渗碳产品强度的要求在逐年变得更严格，高强度已经是必需的条件，同时也需要充分考虑切削性、热处理变形等生产技术上的要求，进行高强度材料的开发今后会变得更重要。

（ii）高精度化　着热处理时产生一定程度的变形是难以避免的，但是从齿轮零部件上可以看出，热处理变形导致的精度恶化与噪声水平的恶化直接相关的情况比较多。另一方面，提高车辆静音性的需求年年都没有减弱的势头，所以热处理变形小，即所谓的高精度热处理的重要性在不断增加。

对于渗碳淬火零件，淬火冷却过程中完全不产生蒸气膜的盐浴淬火，能够使由分级淬火引起的马氏体相变的变形偏差达到均匀化的高温 2 段淬火等方法都进行了探讨，并得到了实用化。但是根据零部件形状的不同，这些方法也未必万能，今后包含热处理变形模拟技术的水平提升，以基本结构分析为基础的工作会变得越来越重要。

关于高频淬火，如前所述，齿轮的轮廓设定将是重要的事项。

另一方面，不伴随淬火的氮碳共渗处理也表现得比较活跃。氮碳共渗处理的热处理失真非常小，在以前就得到广泛的认识，但是一直没能够在高面压要求的零部件上得到应用。近年来，因为钢材中添加适量的 Cr、Al、V 等与氮亲和力大的合金元素，相对以前可以耐受比较高的面压力，所以这种处理方法的应用得到扩大。今后包含适合氮碳共渗处理的零部件形状的研究，将会是进一步发展的技术领域。

b. 低成本化

关于低成本化，可以推测出各个公司都在进行，且基于自己独特的改善、改良方法。作为大的技术趋势，第一个就是非调质钢的应用范围扩大。以前合金钢淬火回火后使用的零部件，也随着20世纪70年代中期的700MPa级非调质钢的出现而开始了非调质化。此后，非调质钢冲击强度低这样的问题点也通过高韧性型非调质钢（700MPa级、800MPa级）的开发得到了解决，已经在悬架臂等底盘零部件上得到应用。最近开发出贝氏体型900MPa级非调质钢，一部分已得到了实际应用。像这样的非调质钢开发，不只是在成本方面有优势，而且在锻造的余热利用上也可以在节省能源方面有贡献，另外还有能够抑制淬火导致的变形等很多优点，因此今后在设计、生产技术两方面的开发上应该更加积极地考虑这方面课题推进。

第二个是降低耗能费用的低成本化。热处理工艺基本上都伴有加热工艺，所以在成本中能源费占的比例较高，因此在能源费上采取措施就可以在很大程度上降低成本。具体来说，将炉的加热源从电加热器转换成气体；不在别的发生炉产生氛围气体，只在热处理炉内直接生成。另外，这些降低能耗的低成本化措施，从地球环境保护的观点上来看也是应该努力做的事情，当然最终结果也降低了成本。

低成本化的概念是广泛的，虽然讨论只停留在上述两个方面，但是今后可以认为从车辆企划到制造工程等全过程来看，低成本化的重要性会提升到非常高的地位。在每个零部件、每个制造工艺的优化几乎接近极限的情况下，钢材、热处理领域也会由于项目指向型活动的开展迫切需要进行再构建。

c. 地球环境问题

地球环境和热处理的关系见表3-3。其中近年来最受人关注的是臭氧层的保护。破坏臭氧层物质之一的三氯乙烷在热处理部件的清洁中使用很多，不过到1995年就全面停止使用了。

表3-3　地球环境和热处理的关系

地球环境问题		热处理工艺的产生源
地球变暖（以CO_2为主）		加热能源（火力发电的电能，化石燃料）的排气
水质污浊		清洗排水
大气污染	SOx NOx 排烟	燃烧排气，气氛气排气
	粉尘	喷丸处理，燃烧排气
	臭气	氨气，特殊淬火油，真空清洗油
	有机溶剂	氟利昂，三氯乙烷清洗机
噪声振动		燃烧机器
产业废弃物	水垢	喷丸，大气加热炉
	废液废油	各种清洗机

1990年第2次蒙特利尔议定书缔约国会议规定要在2005年全面停止使用三氯乙烷，不过，在那以后的会议中决定大幅度提前停止使用。

要在短时间内导入替代技术，技术方面和经济方面都会有很大的负担，但是各个公司都竭尽全力进行了努力。

现在已经确立了作为替代技术的有蒸发、水液清洗、碳水化合物清洗等技术，这些技术可在充分讨论洗涤性、清洗时间、成本、空间等之后进行选择。

三氯乙烯和二氯甲烷一段时期内作为替代技术的情况也出现过，现在它们也作为有害物质向被强制废除的方向发展。

【荻野峯雄】

参 考 文 献

1) 日本鉄鋼協会編：鋼の熱処理，丸善，p.15（1969）
2) 日本鉄鋼協会編：鋼の熱処理，丸善，p.85（1969）
3) 山田治樹：熱処理，Vol.34, No.2, 4（1994）
4) 山田治樹：熱処理環境の向上，日本熱処理技術協会（1992）

3.2 表面改质技术

3.2.1 表面改质的先进技术

a. 表面改质技术的分类

表面改质技术，就是只对材料表面进行改质，以此可以在利用母材材料的基础上，增加新功能。其中有电镀这种历史悠久的技术，也有离子注入技术这样最近才发展起来的技术，包含的技术非常广泛。一般来说，表3-4所示的表面改质技术可以划分为湿式法和干式法。

表 3-4 表面改质技术的分类及其在汽车的应用事例

表面改质技术			适用产品
湿式法	电解法	电镀	车身钣金件、制动系统、活塞环、缸体等
		阳极氧化处理	铝合金轮毂、装饰件、装饰条、制动主缸等
	无电解法	无电解电镀	制动盘、转子发动机缸体、散热器格栅、铝车身
		化成处理	车身件、凸轮轴、齿轮、螺栓、弹簧等
	溶胶凝胶法		后视镜、HUD、前风窗玻璃、转向盘等
干式法	气相沉积		连杆、活塞环、车窗玻璃等
	激光表面改质技术		发动机气门、气缸内壁、气门座、凸轮轴等
	电子束表面改质技术		凸轮轴、活塞环、发动机气门
	热喷涂		气门挺杆、同步环、涡轮压缩机壳体
	离子束表面改质技术		活塞环（开发中）等
喷丸硬化			齿轮、气门弹簧、驱动轴、连杆等

湿式法又有电解法和无电解法之分，分别有电镀、化成处理等代表性技术。这些技术历史悠久且不断进步，因此作为汽车生产技术也长期得到应用。干式法中，包括气相沉积、喷涂、激光表面改质技术。这些技术和湿式法相反，都是近几年发展起来的技术，在汽车生产技术上还没有得到广泛使用，可以认为是今后会得到很大发展的技术。另外，作为重要的表面加工方法还有喷丸硬化法。它的应用事例见表3-4。以下对其中的主要先进技术进行说明。

b. 电解法

电解法的电镀，适用于钢铁、铝、树脂，由于其具有提高耐蚀性、耐磨性、装饰性的功能，因此得到广泛应用。在耐蚀性方面，这10年多的时间里，虽然开发应用的车身用防锈钢板（Zn－Fe、Zn－Ni合金电镀）很重要，但其原因主要在材料方面，在此就不详述了。作为部件防锈处理的有Zn－Ni、Zn－Co、Sn－Zn等各种合金电镀从20世纪80年代初期就被开始应用了。除了耐蚀性方面，在提高耐磨性方面也得到有效使用。这是将Ni和Ni－P的电镀覆层中硬而有润滑性的微粒子（SiC、BN、PTFE）共析出来（分散电镀）的方法。比如在活塞环等零部件上得到实际应用的Ni－P－BN电镀，比以往的硬质Cr电镀有降低摩擦系数1/5～1/3的效果。此外，最近还有新想法的电镀技术也在开发中，即在曲轴的滑动轴承镀上有润滑性的铅合金镀层。该方法铅合金结晶定向性方面优先取向于{h00}面，使表面形状形成像金字塔状的四角锥体。其结果是润滑油的保持性得到提高，也达到了润滑范围大幅度扩大的效果。另外，以装饰性为目的的Cr电镀曾经一度衰退了，最近由于在铝轮毂上的使用而再次得到关注。除此之外，电镀也在考虑着发展新的用途。例如，在旋转轴的表面上利用电镀形成Ni-40Fe的磁性膜，可以作为转矩传感器使用，还有在各种连接器中开发的廉价而高可靠性的接点材料Au/Pd-Ni/Ni的3层构造电镀，以及提高钢丝和橡胶黏着性的Cu-Zn电镀等改善实例。

电解法还包括阳极氧化处理，这个是应用于铝金属方面的。在硫酸等电解质溶液中，将铝金属作为阳极进行电解的情况下会形成多孔质的皮膜。因为这种皮膜是透明的，所以对表面进行平滑化处理后可以得到金属质地的外观，也可以进行着色。因此多被利用在装饰用的光泽处理上，比如应用于铝轮毂、饰条、装饰件。为了提高耐磨性，硬质阳极氧化处理应用在发动机零部件滑动部以及制动主缸上。

c. 无电解法

无电解电镀有如镀铜那样的置换式电镀，还有像镀镍那样的化学还原式电镀，不过这些电镀都有不受被镀物体的形状限制，可以均匀地形成镀层，而且还具有可以在没有导电性的陶瓷和树脂上进行电镀的优点，因此从很久以前就一直应用至今。特别是以提高耐磨性为目的，在Ni-B、Ni-P的合金镀层以及这些和PTFE、SiC等进行共析的分散电镀在很多零部件上都有应用。在ABS、聚丙烯树脂等塑料上，为了赋予高级感，进行以装饰为目的的金属镀层电镀时，使用的就是无电解电镀。另外作为新的应用例，有铝车身上用于防止丝状腐蚀所使用的Zn电镀。

在汽车上使用的化成处理主要有磷酸盐处理和铬酸盐处理。车身用化成处理的磷酸盐锌处理，因为可以得到更好的涂装后耐蚀性，所以现在从喷雾方式向浸泡方式转换，不过以钢板为对象在技术上没有什么新的东西。然而对于钢板和铝混合使用的车身，需要同时能够进行化成处理，通过添加F^-可以提高蚀性，能够消除有害铝离子的处理液也在开发。另外以螺栓、弹簧等小零件为对象，能够形成烧结型锌铬酸复合皮膜的方法被广泛地使用着，为了使经过这样处理的螺栓在拧紧时的摩擦系数能够稳定，开发出了用水溶性树脂进行处理的方法，这样可使用更轻的螺栓。

d. 溶胶·凝胶法

溶胶·凝胶法是金属醇盐（M(OR)$_n$；M是金属，R是烷基，n是金属M的参加数）等的溶液通过加水分解，缩聚再溶胶化，之后再进行凝胶化、干燥、烘烤，最后做成各种形状的陶瓷的方法。其中作为表面涂层部分，因为用的是溶液，所以具有容易得到大面积皮膜的优势，这种方法的开发正在积极地进行着。虽然在汽车上的应用还是有限的，但是在以玻璃部件为主的产品上有许多得到实际应用。例如，防眩目镜、平视显示器（HUD）、防水处理玻璃。HUD是一种能够将车速等驾驶时需要的信息投影在驾驶人视线前方的风窗玻璃上，驾驶人不用移动视线就可以确认这些信息的系统。（图3-13）。因此对高折射率的TiO_2-SiO_2的单层涂膜进行部分喷涂的方法已经开发并得到实际应用了。在有机高分子中添加了醇盐溶液后所得到的多孔质的胶膜上涂上氟代烷基硅氧烷聚合物，这样可以将氟封闭在膜的孔隙中，烘烤后具有很好的防水性，而且也兼备耐磨性的特点，所以就可以用在风窗玻璃上。

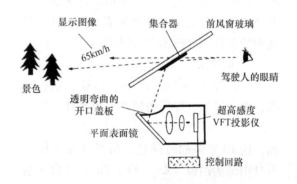

图3-13 HUD（Head Up display）系统

e. 气相沉积

气相沉积是将基板放入真空或者装有气体的容器中，通过加热电镀物质或者以物理飞溅等方法形成薄膜的技术。这些技术有真空蒸镀、离子电镀、溅射、CVD 等。这些方法都具有不产生废液的环保性，可以对皮膜结构、物性进行精密控制的优点。在汽车上，在能够发挥其耐磨性、导电性等功能的许多地方都有应用。具体的应用例有 Cr–Ni 合金溅射的外饰零部件、玻璃上将 $SiO_2/TiO_2/Al_2O_3$ 溅射成 7 层膜形成的红外线反射膜、在连杆上的 CrN 离子电镀、以散热器格栅为代表的塑料件的金属喷镀法等。红外线反射膜是将超薄的 Al_2O_3 层设置于界面以提高不同界面的密合性，从而在不损害导电性的同时耐磨性也得到大幅度改善（图 3-14）。另外，连杆组件的 CrN 电镀是为了防止以轻量化为目的开发的易切削性钛合金的磨损而开发的表面硬化处理方法。通过新开发的阴极放电管型离子电镀方法，可以形成 3~6μm 厚的镀膜。另外，汽车生产用工具方面，应用气相电镀在耐磨性表面改质上发展最快，TiN、TiC 就不用说了，在 Zr、Hf 系的氧化物和碳化物、TiAl 的氮化物和碳化物、钻石等的皮膜形成上都有应用。

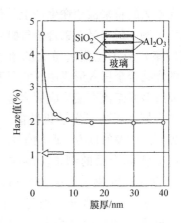

图 3-14 Al_2O_3 膜厚的效果
（1000 转磨损试验后，箭头是车窗玻璃值）

f. 激光、电子束表面改质技术

在通信、测量、医疗等领域引起巨大技术革命的激光，由于它具有高能量密度、远距离传输的便利性以及出色的控制性等优点，也给材料加工领域带来了巨大的变革。激光表面改质技术如图 3-15 所示，可以分为基于温度上升的热加工和利用光子能量的光激励加工，并且熔融加工可以划分为表面再熔融、合金化、熔覆这 3 种方式（图 3-16）。在汽车上，这些方法中，最近得到实际应用的发动机缸体的内表面淬火发展最快，熔覆加工也有应用，表面再熔融、合金

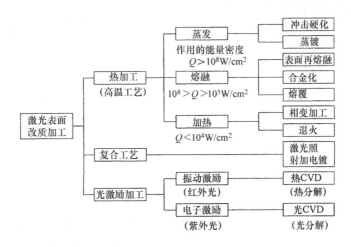

图 3-15 激光表面改质技术的类别

化也会在不久的将来被用在生产上。作为具体的应用事例，最初是在铝合金气缸盖的阀座（气门座）应用包覆法做成的事例。相对以前的烧结合金压入形成法，它是利用振荡光束通过激光熔覆直接形成铜合金，由于耐磨性非常好，提高了发动机性能。另外，在阀门界面比较厚的地方、凸轮轴表面再熔融等上都有实际应用的例子。熔融改质以外，对 18Cr-7Ni 钢进行强磁化后，沿着刻度间隔在表面利用激光照射进行部分熔化，然后再返回到非磁性而制成的磁性量尺，还有利用激光冲击、准分子激光进行表面光洁的新技术。

改质层断面 A:添加材料 B:基材	表面再熔融	表面合金化	熔覆
	B′	A+B′	A
基材熔融量	纯基材	比较多	少

图 3-16　激光熔融改质的类别

高功率密度的表面改质也有使用电子束的方法。应用方法几乎和激光表面改质技术一样，主要被利用在熔融加工方面。具体的应用案例有以凸轮轴的白口化提高耐磨性，有柴油发动机用铝合金铸件活塞的顶环槽利用铜的熔合。另外，在发动机缸盖的阀门周边喷镀 Ni-B-Cu 后，用电子束使其扩散到母材中的方法也有报告。

g. 热喷涂

热喷涂是在素材的表面喷吹各种各样的材料的熔液滴，经过冲突变形使之在素材的表面形成涂层的一种方法。该方法本身在 20 世纪初就已经开发出来了，不过它的热源从初期的气体弧到近年的等离子（温度在 1 万℃左右），喷涂材料也从棒材转变到粉末，适用范围得到大幅度扩大。热喷涂虽然有不容易受基材形状的影响，薄膜形成速度快等优势，但是也具有致密性、附着性和成本上的困难。在汽车上应用主要以提高耐磨性为目的，以发动机和驱动系统为中心，应用等离子、气体、线爆发喷涂法，从铝到金属陶瓷等各种各样的材料都可以被喷涂。作为具体的例子，有防止铝合金制的气门挺杆与气缸盖间的滑动面磨损而采用的 Fe-C 电弧热喷涂层、同步环上形成的 Al-Si-Mo 等离子热喷涂层、为了控制涡轮压缩机外壳间隙而采用的耐磨喷涂薄膜等。最后的耐磨喷涂事例，是将以前在飞机发动机上应用的技术应用于汽车。为了提高涂层的可靠性，开发出了 Al-Si 合金和聚酯的复合材料，而且这个外涂层材料和 Ni-Al 的黏结涂层材料由同一个粉末供给口进行喷涂，使生产率也有了很大的提高（图 3-17）。

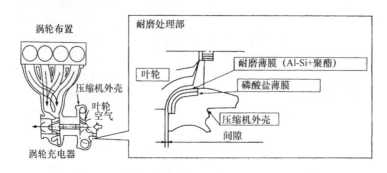

图 3-17　耐磨喷涂的例子

h. 喷丸硬化

喷丸硬化是将 1mm 以下尺寸的铸钢、切割线等的喷丸材料，高速撞击材料表面，使表面在加工硬化的同时赋予压缩应力的方法，以提高材料的疲劳强度。对于在汽车上的应用，虽然控制性和偏差性方面有一定困难，但是近年来通过汽车制造厂技术人员的努力终于使之成为具有高可靠性的实用技术了。通过计算机模拟技术和疲劳裂纹进展的破坏力学的解析，得到处理条件和疲劳强度之间的关系，这使喷丸粒径、喷口位置等处理条件的最优化成为可能。

另外，最近具有高投射能量的硬喷丸技术也被开发出来了，已经在齿轮齿根疲劳防止技术等方面开始实践。高强度渗碳钢和硬喷丸技术相结合，可以使疲劳强度有50%以上的提高。

3.2.2　今后的产品要求和表面改质技术课题

a. 轻量化的应对

泡沫经济崩溃后，需要更廉价而且安全性和舒适性更高的汽车。基于这样的情况，为了节约资源、能源而从以前开始就被用于提高燃油经济性的轻量化，对于汽车来说成为不可避免的课题。因此，在要求主要材料钢材高强度化的同时，另一方面，向铝、钛、镁等轻合金和树脂材料转换也是一直推进的方向。今后，不仅是向单纯的轻量化材料的转换，而且也要求在铝的空间框架结构、铝蜂窝材的应用或者与树脂外板的复合化等新概念基础上实现轻量化。这个情况下，由于轻合金在耐磨性、耐烧结性方面不如钢材，因此需要提高这些特性。同时发动机所产生的全部能量的大约1/2都被发动机的摩擦、驱动系统的损失所消耗，因此防止汽车运动部件的摩擦损失是非常重要的。同钢材、轻合金一样，也强烈要求低摩擦化。

针对这些耐磨性提高、低摩擦化要求，材料本身的改良是当然要考虑的，不过表面改质技术被认为会发挥巨大的作用。特别是比起以往的湿式法，对新的干式法寄予了很大的期待，目前需要把在低成本下的功能提高作为奋斗目标，因此需要进一步打破干式

法的成本壁垒。以喷涂为例，飞机上已经得到应用的可以保证可靠性的MCrAlY（M = Ni，Co）超合金和ZrO_2类陶瓷等喷涂材料，只是材料成本都比10～100日元/g更高。因此高可靠性的薄膜化或者高效喷涂设备等低成本化技术的开发如果没有发展，也就不会促进它的实用化。

b. 安全性和舒适性的应对

不言而喻，对安全性的追求是基本的课题，不过现在舒适性也在安全的基础上成为努力的方向。因此功能性高的制动系统以及各种功能的应对需要考虑，所以表面改质技术将会占有重要的地位。这个情况下干式法应该会成为主流，因此必须实现低成本化，而且也要求提高产品形状应对力和可靠性。

在产品形状应对方面，有以干式法为中心的表面处理方法。例如，在产品的孔中和内面适用的喷涂、激光表面改质、喷丸硬化等方法中，现在还是有相当大的困难。并且对于将板厚方向的一部分进行改质以及只对局部区域进行改质等的要求，还不能达到可以充分控制的水平。再就是在可靠性方面，因为改质层是薄薄的一层，所以当然不能有裂纹、气孔等初期缺陷，而且要比块材具有更好的耐久性是很重要的。在这一点上，就像溶胶凝胶法制作的防水玻璃那样，因为它的皮膜寿命只有几年，还必须进行维护，所以新技术的可靠性没有明确的方面还很多，需要我们不懈地努力去提高。

c. 环境保护、再利用的应对

环境保护方面，汽车生产的时候就不用说了，使用时也没有不好的影响是社会的基本要求。因此表面改质技术必须时常在考虑环境问题的基础上进行开发。特别是在金属中也有和Ni一样能够使人过敏，以后将变得不能使用，以前被广泛使用的表面改质材料从环境卫生方面看今后不能使用的可能性也会出现。

和环境问题相关联,确保回收性也是近年的强烈要求,也就是要求部件、材料能够容易被分离和分解,不容易造成环境损害,可再生利用。表面改质层的分离比较困难,由于非常薄在回收上问题不大。但是,在选择改质层的材料时,一定要考虑到回收时对再生材料不能有坏影响这个是最低限度的要求。

3.2.3 表面改质技术的将来动向和新技术

a. 新技术

今后能够顺应汽车产品要求的表面改质技术的课题是高性价比的功能改质层的制作。对此,特别是在干式法中将来能够解决成本高所期待的硬件技术(装置·设备)也在进行着开发,而且具有丰富功能的膜也在尖端领域中持续地被开发。

可以看到硬件技术急速发展的领域是喷涂、激光领域。在喷涂方面有能够使喷涂粒子完全熔融化的大功率等离子喷涂(目前最高输出250kW)、高频诱导等离子喷涂、直流等离子和高频等离子相组合的混合等离子喷涂等,也有为实现粒子高速化而进行的以喷气式喷涂(速度可达200m/s)为代表的HVOF(高速氧气燃料)开发。另一方面,激光加工机的进步也非常显著,在振荡器方面2kW的平板波导二氧化碳激光发射器、2kW的紫外线准分子激光在开发,大功率(2~3kW)连续振荡型的YAG激光振荡器也已经上市。像这样随着硬件技术的进步,每个技术的适应性在扩大,成本问题解决的可能性也展现了出来,所以可以认为这些硬件技术在汽车上得到实用化的可能性在不断增加。其次在功能膜的制作方面,在以电子材料为中心的领域中,湿式法的功能电镀和气相沉积功能膜的发展非常显著。例如,利用无电解电镀制作半导体元件上的电极或在MID注塑回路零件的制作等情况下使用的微细加工、利用阳极氧化处理的垂直

磁记录存储器、分离膜等的制作都是非常先进的技术。这些都作为电子部件,在汽车电子控制系统等方面被使用,而这些方法本身作为材料、零件的表面改质技术被直接利用的可能性也很高。

气相沉积的功能薄膜有作为电子材料的SnO_2诱导性膜、非SiO_2光电转换膜、WO_3显示膜、光功能材料、分离功能材料等多种多样的产品。另一方面,汽车玻璃中,如前所述的HUD和通信天线(汽车电话、卫星通信用)等向高功能化、多功能化方向发展是必然的,所以气相沉积功能膜将在汽车玻璃上得到应用的可能性非常大。

另外,低摩擦化是今后的主要开发课题之一,能够应对它的表面改质技术是让人期待很高的技术。因为这是一项可以将任意材料在低温情况下控制性很好地注入到被处理材料表面的技术。缺点之一的遮掩部分的注入也开发了将被处理件放入等离子室中,通过施加负电压的离子注入技术得到了克服。作为具体的开发例子,有获得0.02低摩擦系数的固体润滑皮膜特性的离子束辅助蒸镀法的DLC(类钻石碳)。离子束表面改质技术很可惜由于现在成本高,还没有在汽车上得到应用。但是也有消息表明随着装置的大型化,成本也在降低,射束电流密度为25mA的大容量MEVVA离子注入装置也已经在开发,期待今后能够在汽车行业得到应用。

b. 将来的动向

作为汽车生产技术的表面改质技术,和以往的湿式法相比,现在干式法也相当程度地应用起来了。今后的产品要求在于功能提升和低成本化,功能膜的新技术是多种多样的,也是实现低摩擦化的新技术。干式法在成本上虽然是一个障碍,但是将来有希望解决的硬件开发也在进步。通过对这些现状的了解以及今后的动向来看,最终的结论是表面改质技术作为不会引起价格上涨太多而能

够提高功能的技术，今后将会越来越得到应用。

但是在这种情况下，是通过表面改质技术使以钢铁为主的现有材料的性能发挥到极致，还是实现低价格的新材料的高功能化，采取什么开发观点很重要。更进一步看，在同一素材上只对必要的商品和位置进行表面改质实现高功能化，从总体上进行低成本高功能化的开发会变得更重要。

在众多的表面改质技术中，每一项技术的发展程度在今后会多少有些差异。即，从宏观上来看湿式法的比重会相对下降，干式法，尤其是其中的激光、等离子、离子束等利用高密度能源的技术的应用范围将会扩大。而且在这其中，激光熔覆、合金化等涂层形成技术的实用化得到扩大，溶射、气相沉积等膜形成技术估计会成为下一代的主流技术。

关于今后的发展方面，汽车的构造、材质、表面改质技术是否能够进行三位一体的开发将是关键。那是因为只从材料方面来看已经达到了几乎接近极限水平的性能，所以要获得更好的性能就要和表面改质技术进行组合会变得重要。还有就是构造因子对表面改质技术是否能够有效发挥起到决定性作用的情况也很多。表面改质技术本身不只是改质层的物质特性，而且对于结晶性、形态等分子/结晶水平的皮膜形态和结构需要进行控制，因此精确的控制技术是否能够伴随着发展起来也是关键。无论如何，今后的汽车生产技术中，表面改质技术比现在将会占有更重要的地位，因此包含周边技术在内的尖端技术的积极开发很重要。【加藤忠一】

参 考 文 献

1) 新井 透：自動車工業における表面処理技術の利用，表面技術，Vol.43, No.6, p.508 (1992)
2) 鯒谷清司：機能部品の表面改質技術の現状，表面技術，Vol.43, No.6, p.543 (1992)
3) 羽田隆司：表面処理技術の展望，新日鉄技報，No.353, p.3 (1994)
4) 上谷正明：亜鉛系合金めっきの動向，鉛と亜鉛，Vol.161, No.5, p.37 (1991)
5) 藤澤義和ほか：軸受材料としての結晶配向性電析鉛合金，日本金属学会会報，Vol.32, No.4, p.247 (1993)
6) 安達 実：アルミホイールへの装飾ニッケル・クロムめっき，アルトピア，Vol.23, No.10, p.43 (1993)
7) 小野幸子ほか：アルミニウムアノード酸化皮膜の構造と高機能化，材料と環境，Vol.41, No.7, p.488 (1992)
8) D. Baudrand, et al.：Automotive Applications of Electoroless Nickel, Metal Finishing, October, p.70 (1993)
9) K. Kaneko, et al.：Development of Galvanized Aluminum Alloy Sheet for Body Panels with an Excellent Filiform Corrosion-Resistance, SAE Paper 930703
10) N. Miyazaki, et al.：Development of Simultaneous Zinc Phosphating Process for Aluminum and Steel Plates, SAE Paper 931936
11) 牧田研介：ゾル―ゲル法によるガラスの表面処理，NEW GLASS, Vol.8, No.3, p.189 (1993)
12) 湯浅 章：撥水処理ガラス，セラミックス，Vol.29, No.6, p.533 (1994)
13) Y. Taga：Recent Progress of Optical Thin Film in the Automobile Industry, Applied Optics, Vol.32, No.8, p.5519 (1993)
14) 松原敏彦ほか：快削チタン合金コネクティングロッドの開発，Honda R&D Technical Review, Vol.32, p.12 (1991)
15) 安岡 学：コーティング技術の動向からみたコーティング工具の展望，ツールエンジニア，Vol.34, No.3, p.136 (1993)
16) 川澄博通：レーザによる材料表面改質，機能材料，Vol.7, No.8, p.59 (1987)
17) 小山原嗣ほか：レーザクラッディングによるアルミ合金の表面改質，自動車技術会学術講演会前刷集，Vol.3, No.921, p.73 (1992)
18) 中田一博：レーザによるアルミニウムの表面改質，金属，No.5, p.46 (1990)
19) 芹野洋一ほか：レーザクラッド・バルブシートの開発，第44回日本自動車技術会技術開発賞細部説明資料 (1994)
20) 塚本 孝ほか：位置決めシリンダ用目盛り材，パワーデザイン，Vol.8, No.3, p.63 (1990)
21) 丸山敏郎ほか：電子ビームによる表面改質，溶接技術，No.8, p.75 (1990)
22) P. M. Nakagawa, et al.：Trends in Automotive Applications of Thermal Spray Technology in Japan, Proceedings of the 7th National Thermal Spray Conference, Boston (June, 1994)
23) 伊東政司ほか：アブレーダブル溶射技術の実用化開発，自動車技術，Vol.46, No.5, p.50 (1992)
24) 三林雅彦ほか：ショットピーニングによる歯車の高強度化，日本機械学会論文集，Vol.61, No.585, p.1080 (1995)
25) 三林雅彦ほか：ショットピーニング材の疲労強度推定と最適処理条件の検討，日本機械学会論文集，Vol.61, No.586, p.1172 (1995)
26) 並木邦夫：最近の表面硬化技術および材料の進歩，鉄と鋼，Vol.80, No.5, p.N233 (1994)
27) 宮井研二：自動車部品における溶射技術の応用，溶射技術，Vol.13, No.4, p.41 (1994)
28) 工藤唯輔：高速フレーム溶射法（HVOF）の基礎知識，溶射技術，Vol.11, No.1, p.40 (1991)
29) 宮本 勇：レーザ熱加工，溶接学会誌，Vol.62, No.4, p.245 (1993)

30) 真部勝英：機能薄膜作製技術の現状，豊田合成技報，Vol.28, No.1, p.11 (1986)
31) 平野　明：機能性自動車ガラスの最新動向，JETI, Vol.40, No.7, p.111 (1992)
32) 日置辰視ほか：DLC（ダイヤモンドライクカーボン）皮膜の形成と固定潤滑性，表面科学，Vol.12, No.4, p.227 (1991)
33) 杉山賢司ほか：金属イオン注入による鉄鋼材料の表面改質，表面技術，Vol.43, No.12, p.1109 (1992)
34) 山田　徹：モーターサイクルにおける表面改質，表面，Vol.29, No.11, p.936 (1991)

3.3 涂装技术

本章节中将对那些没有在"汽车技术手册"记述的先进技术（或专有技术）进行说明，如果边参照汽车技术手册边看这些内容会更容易理解。图3-18是涂膜的构成和目的，图3-19是工艺和布置图的示例。

图3-18　汽车涂膜的构成和目的

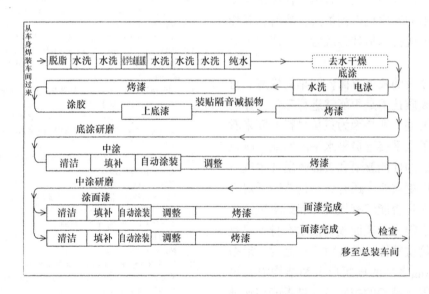

图3-19　汽车涂装工艺和布置图

3.3.1　涂装工艺和设备的先进技术

a. 前处理

关于涂装前处理，手册的内容基本上都很全了，作为课题，就是如何防止粉尘的发生、附着。热水清洗以及脱脂工序的高压冲洗、大水冲洗、磁铁式过滤等，对从车身工序那边带来的杂物很有效。钝化DIP浸镀槽底部做成多级漏斗式形状以改善沉淀物的分离性。钝化DIP浸镀槽的沉淀物浓度进行合理的管控非常重要，所以利用高性能过滤器进行全部过滤，以及与铝板混流的情况下需要采取添加氟化合物促进沉淀物的沉淀。图3-20的例子中，桥式输送（OHC）的挂钩构造作为防止粉尘对策也很重要。该挂钩可以与电泳线采用相似的构造，但不同的系统更好。

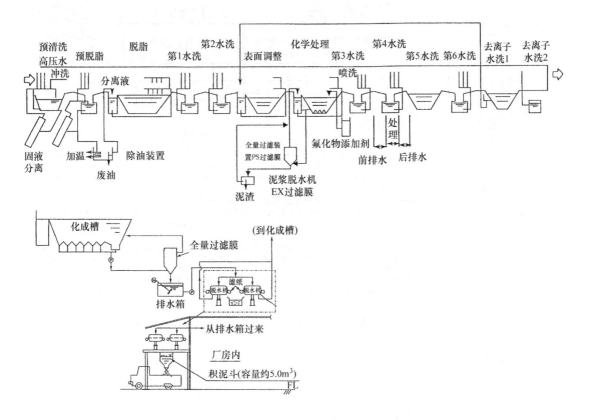

图 3-20　前处理线生产流程

b. 电泳

在电泳中，从防锈的观点出发，需要为内板涂上足够的膜厚（约 10μm）以及确保外板各个部位都能均匀地涂上 15μm 以上的电镀膜。近年来，正在研究在内板上得到必要镀层的同时，也能够抑制外板过剩镀层膜的技术（提高匀镀性），以降低总体成本，工艺技术方面也引进了一些方法。比如，多段通电以及合适的电极配置方法。一般来说，通电的初期发生在外板面上的电流集中容易导致过剩镀层，所以需要阶段性地施加电压，这样就可以抑制涂膜在外板上的过剩析出。另外，到了通电的后期，密封盒等内板上涂膜正在析出，但是为了确保同一部位膜厚，采取在这些区域设置辅助电极等的电极配置方法以提高匀镀效果（图 3-21）。

另外，为了提高涂料的使用效率和降低排水负荷以及应对涂料流挂现象的对策，多级水洗和 UF 装置组合起来是很有效的。

为了减少后续工序的修复作业以及得到良好的电泳漆面外观，粉尘对策是很重要的，因此确保电镀槽内涂料和水洗槽内冲洗水的清洁度非常重要。此外，在涂料循环系统中进行适当的设计以确保水流、过滤、增加液流沉淀部的过滤系统和水洗系统冲洗水的 pH 值以及最后冲洗水的不发挥成分（NV）的控制等都是有效的手段（图 3-22）。

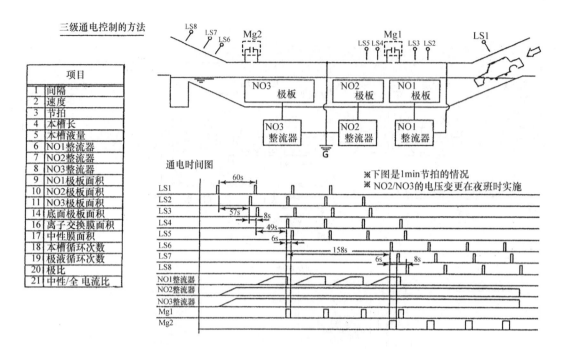

图 3-21 电泳多级通电方式的例子

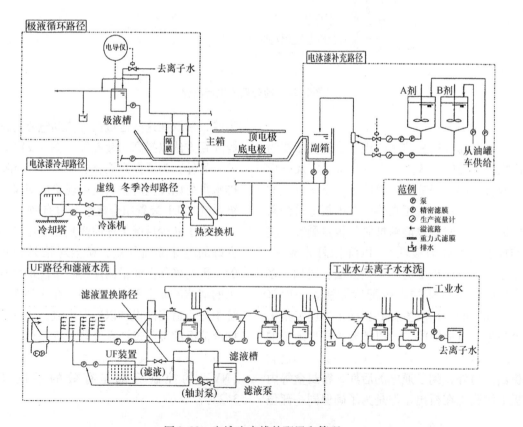

图 3-22 电泳生产线的配置和管理

c. 密封

作为封焊的新技术，最近 10 年间，由于盛行开发使用机器人的汽车技术，具有相当高自动化率的工厂也在不断增加。高精度的电动机器人和图像处理图形识别等 CAE 技术相结合，再加上能够将高黏度的密封材料准确输出的 ON – OFF 控制技术的实用化，使得在品质上已经达到了非常高的水平。要说课题，就是如何降低设备投资额了。

d. 底漆、热粘合防振材料

关于底漆和热粘合材料的功能，从宏观上看是作为车体结构设计防振、防锈而补充的功能。近年来，也出现了重新审视其功能区分并进行合理化调整的动向。也就是说，底漆作为防止因飞溅的石子所造成裂纹的对策以及车底板下面面板接缝的密封材料，在实现防锈功能上有被特定使用的趋势。在热粘合防振材料方面，由于车身底板的钢板厚度和面板结构的优化，也有在一些车型上防振材料被取消的情况。

e. 中涂

中涂的功能是促进底漆和面漆之间粘合性、耐碎裂性、平滑性、耐候性，作为这些功能的补充，抗石击涂料（Stone Guard Coating，SGC）、抗崩裂涂料（Anti – Chipping Coat，ACC）也有使用。另外，为了提高外观品质，虽然也有涂两层、用彩色涂料进行中涂的方式，但是通过使用明亮度和面漆的明亮度相结合的灰色中涂以及对自动涂装机的涂装次序、条件进行优化使成本较低的一层中涂也慢慢成为发展趋势。中涂除了手册上介绍的技术以外，再没有新的技术。

f. 面漆

面漆方面最近的技术发展有新架桥涂料和涂装效率（或成品率）提高技术。

（i）新架桥涂料 该涂料是为了应对酸雨以及提高抗擦伤性而开发的。与传统的丙烯树脂涂料、三聚氰胺树脂和 OH 基的架桥相比，由羧基、环氧基、OH 基形成的架桥系涂料具有耐酸性的特性，并且可以通过提高架桥的密度，提高匀质化水平，再加入柔性高的树脂可改良耐擦伤性（图 3-23）。

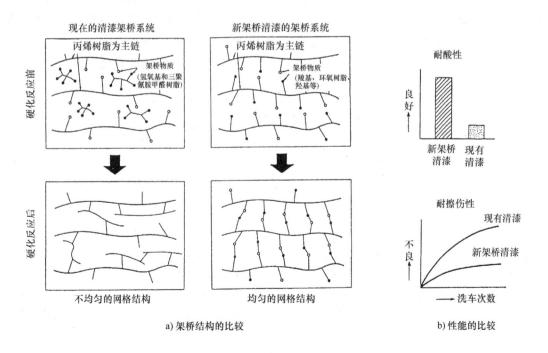

图 3-23 新架桥清漆的特征

从欧洲和北美的森林和湖泊等严重破坏的自然环境以及建筑物的老化来看，酸雨已成为很大的社会问题。在汽车的涂膜方面，由于酸雨造成的斑点和变色等，在涂料方面应对酸雨也是很迫切的问题。关于酸雨引起涂膜的劣化，不仅是降水的 pH 值，而是降水中存在各种各样的离子和气雾剂、土壤粒子等复合在一起对涂膜进行作用，所以它的劣化机制不是一种。汽车用面漆涂料的主流是三聚氰胺树脂作为架桥剂的丙烯树脂涂料，它的劣化被认为是由于酸雨侵入涂膜使架桥点被分离、切断，使碱性的三聚氰胺树脂溶出而留下斑痕。被酸渗透进去的涂膜，会在化学结构最脆弱的部分被逐步切断。涂膜中化学结构的稳定性，一般按照以下顺序排列，酯＜以太＜聚氨酯、尿素、酰胺＜亚甲基。由于像那些以三聚氰胺树脂为架桥剂的丙烯树脂涂料一样的架桥构造，与以太结合相比容易遇水分解，所以耐酸性较差。相比之下，由羧基、环氧基、OH 基形成的架桥系是遇水不容易分解的结构，所以耐酸性有大幅度的提高。

现在的颜色趋势是越来越重视深色系。深色系的涂料颜色容易使人看到由划伤引起的不规则反射。前面介绍的可以吸收外力的涂膜结构可以解决这个问题。通过这些对策，洗车过程中造成的划伤几乎都不起眼了。

但是由于市场对质量的要求非常高，在性能上还需要更大的提升。

（ii）涂布效率（成品率）提高技术

一般都是在中涂和面漆涂料的喷涂上使用涂布效率出色的铃型静电涂装机，而在面漆的基础涂层喷涂上使用涂布效率比较低的空气雾化涂装机。这是因为在调整金属基础涂层中铝的定向时，铃型静电涂装机不太适合，会导致色彩不良。作为这个问题的对策，金属用铃型静电涂装机得到开发并开始实际使用了。它通过增强空气压力提高了粒子涂布速度，这样涂布后铝的定向可以得到和空气雾化静电涂装同样的效果。如果提升整形空气压力，喷雾形状就会变窄，所以将出风口做成螺旋式，可确保能够得到和以前工艺同样的喷雾形状。表 3-5 是和以前做法的比较结果。除此以外，也在开发在改变颜色时尽量减少软管内涂料浪费的稀释剂压出方式和多管路方式等方法。在提高涂装效率或者提高成品率方面，事实上在以往的各类涂装机中，也还有可以通过最优化涂料流量、空气压力、喷枪距离等进行改善的余地。

表 3-5　金属喷涂用碟型喷涂和以前喷涂机的比较

		气体雾化静电喷枪	以前的碟型喷涂	新型碟型喷涂（适用于金属）
微粒化机构		涂料雾化气体／模式气流 雾化气压 0.2～0.35MPa 模式气压 0.25～0.35MPa	整形气体 整形气压（通常） 0.05～0.15MPa 25000～35000r/min	整形气体 整形气压 0.25～0.4MPa 10000～15000r/min

(续)

		气体雾化静电喷枪	以前的碟型喷涂		新型碟型喷涂（适用于金属）
涂装的概念		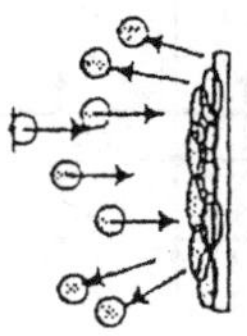 由于粒子速度高，涂装面很平滑，但是反弹回的部分多，涂装效率不好	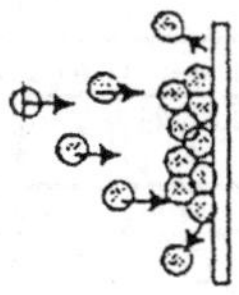 由于粒子速度低，涂装面的圆度大，不过反弹回的部分少，涂装效率高		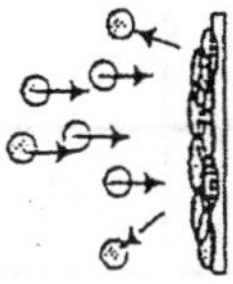 气体喷枪和以前的碟型喷涂的折中
			通常条件（0.05MPa）	高压条件（0.25MPa）	
特性值	微粒化/μm	19.1	33.6	31.5	24.9
	粒子飞行速度（通常）/(m/s)	10	0~2	11	5
	喷涂范围/mm	300~400	300~400	150	300~400
	喷涂效率实验值	65	90	75	80
质量	NID 值	0.95	0.5~0.6	0.8	0.8~0.9
	IV 值（色味）	200~210	115	190（有些不均匀）	190

g. 烤漆

目前使用的烤漆设备有红外炉和热风循环炉的组合及余热回收型除味装置，山形炉等。不过这些技术中有烤炉出入口部的树脂下垂、热效率差等问题存在。同时，电泳也是令人烦恼的事情。图3-24中是最新的烤漆流程图和应用的新技术。

3.3.2 排气、废液处理的先进技术

a. 排气处理

涂装工厂排气中需要解决的问题有喷漆房的喷雾、臭气、挥发性有机化合物（VOC）以及从烤漆房排出的丙烯醛等甲醛类有害气体及其臭味。

对于烤漆房的排气，之前广泛使用直燃式焚烧装置，基本没有什么问题。另外在汽车工厂中，对于漆雾，喷漆房几乎都装有排气清洗装置，对于臭气，由于排气量很大，通过排气稀释之后也就不是什么问题了。

需要解决的问题是VOC。在美国、欧洲，都设有限制指标，各汽车厂商都在进行着削减VOC的应对措施。不过，如图3-25所示，日本的VOC与美国、欧洲相比，绝对量很少，而且以GDP比及人口比来看也是非常少的。因此在日本，如埼玉县、大阪府的条例中有部分指标规定，在国家层面没有设定指标。但是光化学污染在关东、关西的部分区域已经发生了，臭氧浓度超过目标值的事情也有，所以从健康方面来考虑，减少有害大气污染物质，减少VOC还是需要实实在在地去努力。关于实施对策，在涂料上采取的对策是使用水性涂料和硬质漆。在设备上采取的对策有处理烤漆房排放VOC使

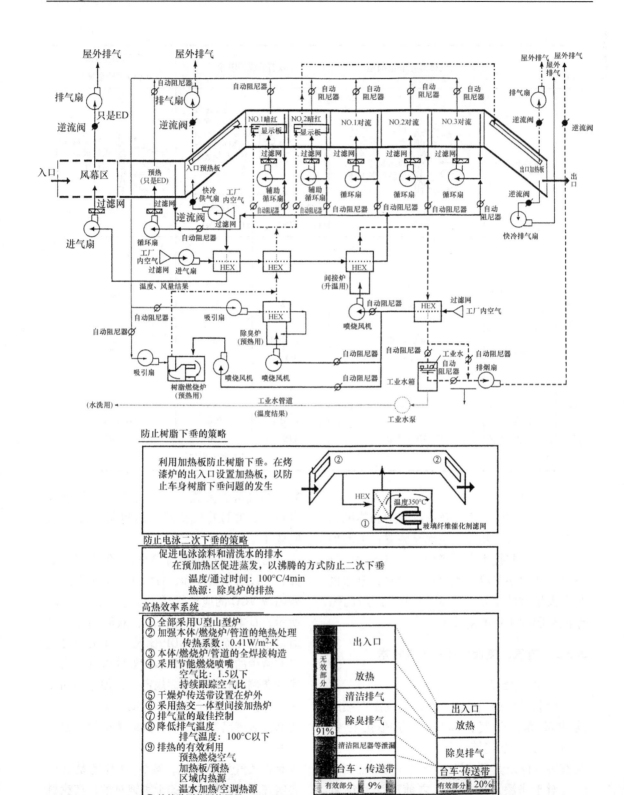

图 3-24 涂装工厂最新的烤漆生产流程图

3 热处理、表面处理技术

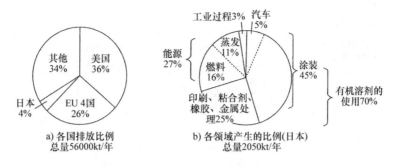

a) 各国排放比例
总量56000kt/年

b) 各领域产生的比例(日本)
总量2050kt/年

图 3-25　VOC 的排放实况

用的焚烧装置、清洗稀释剂的回收再循环设备、炉内排气的活性炭吸附和催化燃烧、直接燃烧方式。另外，喷漆设备的对策是提高涂布效率对 VOC 削减有很大的效果。不过，在这些对策中，有一些需要大量能源（即排放大量的 CO_2），所以需要进行综合平衡的判断。

图 3-26 所示为水性底漆用面漆喷涂区域配置图。因为水性底漆和溶剂系涂料相比汽化潜热较大，所以在清洗涂装前需要设置加热干燥的工位。图 3-27 是水性喷涂用喷枪的概念图。因为水性底漆涂料的导电性比较高，一般的静电喷涂枪中，从电极以涂料为介质发生泄漏的电流较多，所以不能外加高电压。因此，需要考虑使用有防止漏电机构的喷枪。

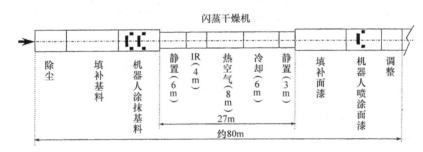

图 3-26　水性底漆用面漆涂装车间的配置图

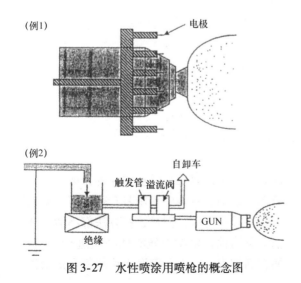

图 3-27　水性喷涂用喷枪的概念图

在进行车间内排气设备改良的时候，应该好好考虑每种 VOC 措施所带来的能源消耗（使 CO_2 排放增大）后再进行选择。车间排气燃烧处理设备的生产流程图如图 3-28 所示。作者们都认为，具体地说通过清洗稀释剂的回收和提升涂布效率这些对策，很有可能就达到欧洲的目标值了。图 3-29 所示为与涂装相关的地球环境问题的时间尺度、距离尺度的相关性，图 3-30 所示为包含植被在内的地球规模的 VOC 产生比例，仅供参考。

89

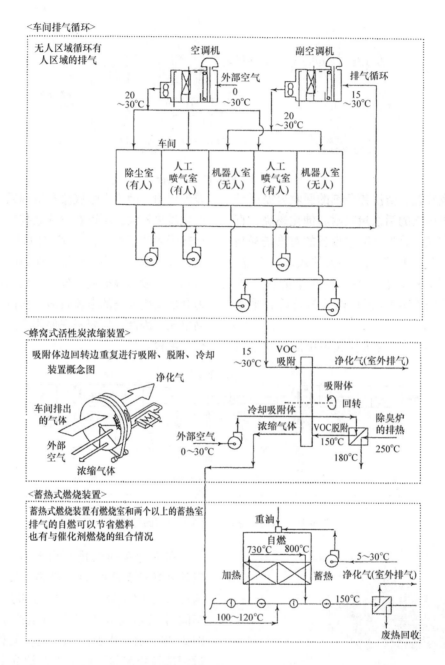

图 3-28 车间排气燃烧处理设备的生产流程图

b. 排水处理

汽车组装工厂的排水负荷中涂装工厂部分占 80%，其构成如图 3-31 所示。不过在这里面占 10% 的喷漆室循环水的处理一直都是令人头痛的根源。图 3-32 是以前的沉淀式、浮上式以及最近被关注的分散式的示意图。以前的技术中利用螯合剂进行沉淀或者使之浮到上面，但是这些方法都不能完全消除黏附性，要除去残渣就必须进行清扫。而在新技术中，由于膨润土型的螯合剂增强了不黏附性，使残渣的含水率降到 25%，再通过离心分离就可以自动排出，清扫的周期也大幅延长了。图 3-33 是整个系统图。

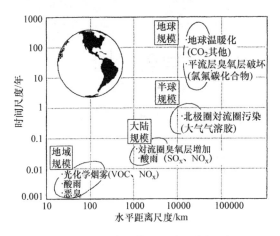

图 3-29　汽车涂装与地球环境问题

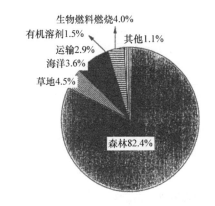

图 3-30　地球规模的 VOC 产生比例
（合计：1.0×10^{12} kg/年）

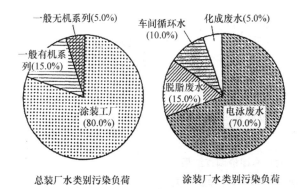

图 3-31　汽车工厂的排污负荷

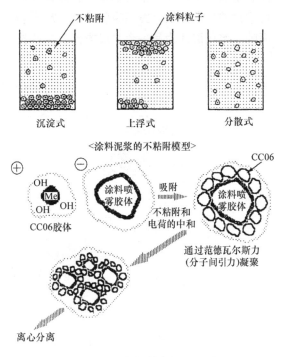

图 3-32　车间排水的概念图

3.3.3　今后的产品要求和涂装技术课题

a. 产品要求

图 3-34 所示是北美地区一年内新车用户寄来的不良评价的构成内容。从这些评价中可以看出，碎裂、划痕的问题很多，美国车也大体上是同样的状况。这些问题今后也应该作为世界共同的课题对待。

同时，期待出现不容易被污染的涂料等具有新功能涂料。随着涂膜耐候性技术的提升，以前没有被当作问题的污染性被放大了。这个背景是，在以往的材料中，随着涂层表面的树脂劣化，从表面除去的由碳粒子、Al、Si、Fe 等金属氧化物组成的污染物质，由于涂膜的耐久性提高，这些物质在涂层表面以污垢的形式容易残留。并且酸雨那样的使地球环境变得越来越严峻的问题也是一个原因吧。现在，为了提高抗污染性，各种对策都在探索中。在建材涂料领域中，为了防止建筑物垂直面上附着黑色筋状的污染、雨滴下垂污染，正在积极进行着提高抗污染性的技术开发，提高涂膜硬度、涂层表面的亲水化被认为是一个发展方向。这些技术被应用到汽车用涂料的日子也不会遥远了。

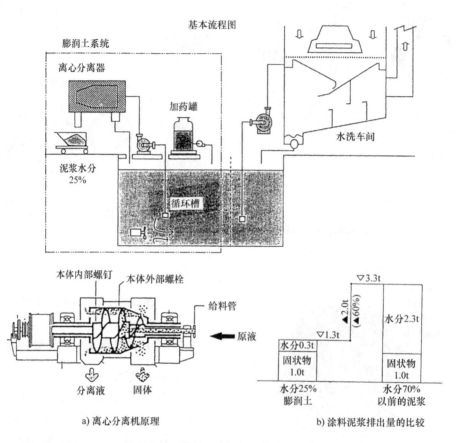

a) 离心分离机原理　　b) 涂料泥浆排出量的比较

图 3-33　膨润土涂料的泥浆处理系统

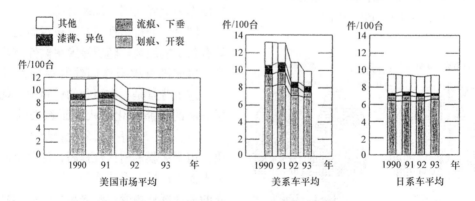

图 3-34　关于涂装品质的顾客评价调查结果
（JD. Power IQS（Initial Quality Survey）涂装相关）

b. 涂装技术的课题

在考虑汽车涂装技术的课题时,与地球环境的关系成为最重要的内容。表3-6列出的是现在能够想到的课题清单。今后也会有更加深刻的关联,如图3-35所示。这些都是降低成本相关的方向,当然这个成本换成能源也可以。减少能源(成本)消耗,就是减少 CO_2 排放、提高直接材料的利用率、设备的小型化以及减少重金属、有害物质等。图3-36是汽车工厂各工序排出 CO_2 构成、涂装工厂每台设备的排放比率。涂装工厂的排放占汽车厂 CO_2 排放的20%,涂装厂中喷漆室和烤漆室各占约40%。这些能源消耗如何减少是个课题。

表3-6 环保法规的现状和今后的动向

	项目	内容	动向
固定产生源	VOC	VOC排放限制(大气中)	德:(TA – LUFT) 美:(NSPS) 英:(FIRST DRAFTS 制定,预计2003年) 日:根据各自治体的条令、指导
	氟	清洗剂使用限制(树脂涂装用脱脂)	蒙特利尔协议书提前实现(1995年废除),全球都有提前实现的倾向
	氯化有机溶剂	清洗剂使用限制(涂装用脱脂)	蒙特利尔协议书提前实现(1995年废除),各自治体制定条令(三氯乙烷,四氯化碳)
	碳素气体	化石燃料使用限制(涂装烤漆)	推进派:欧洲等 消极派:日、美、发展中国家等
报废车时产生源	有害物质	PVC限制(U/C,涂装密封)	澳大利亚立法(PVC单体 10^{-6} 以下)
		Pb限制(电泳涂料)	在美国铅中毒降低法(LERA)再次提出。在法律颁布5年以内确定铅的含量。3年后,禁止进口生产加工该含量以上的涂装物
		有害物质越境移动限制	计划批准巴塞尔条约(产生国处分原则)
	再循环	树脂部件的循环利用(涂装是循环利用的障碍)	欧洲厂家:建设循环再利用工厂 日本厂家:一部分再循环利用
移动产生源	碳酸气体	油耗限制(CAFÉ)轻量化对应	在美国已提出法律方案

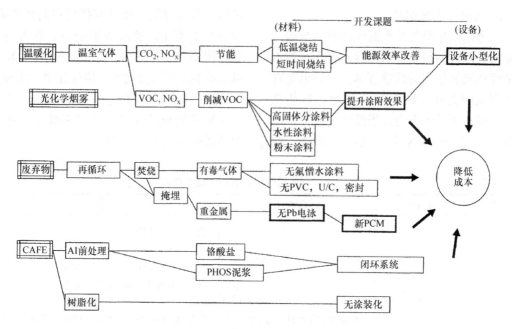

图 3-35 地球环境相关的涂装技术发展方向

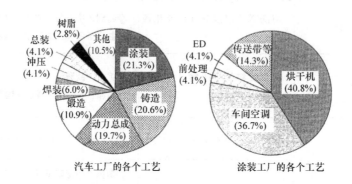

图 3-36 不同工艺的 CO_2 产生比例

同时烤漆室生产负荷变动时的柔性提升（低负荷作业时的固定费用增加）也是一个课题，因此降低设备投资的紧凑型工厂的建设是关键。

另一方面，在之前的面漆工序的涂料利用率部分也略微说明了一些，中涂、上面漆时的涂料利用率很低，有效涂膜的比例更低。由于这样的损失比较多，为了弥补这个损失需要重复喷涂以及收集飞溅的涂料需要设置很长的水洗室。而且为了处理混有损失掉的涂料的排水，就需要有前面所述的排水处理。因此通过高效率涂装的技术开发，将会使生产车间的小型化、排水的少量化成为可能，可以达到节省能源和降低成本的目的。

3.3.4 涂装技术的将来动向和新技术

在考虑涂装技术所要求的内容时，今后也就是要考虑尽可能实现与地球环境相协调。在涂装厂中，首先对恶臭、重金属排水、丙烯醛等以及从烤漆室排出的有毒气体等公害依次实施对策。在美国作为光化学雾霾对策的 VOC 限制、在欧洲出于环境保护运动的 VOC 限制以及 VOC 指标削减的制定等正在开展。近年来,削减地球温室气体CO_2的全球规范的制定也在推进中。另一方面,从产业经济方面来看,被称为价格破坏的价格革命正在进行中。因此在将来,那些能够不断降低价格,同时也能够和地球环境相协调的技术是所要求的。【保科和宏】

参 考 文 献

1) VOC 排出実態の分野別発生比率(日本);「気候変動枠組条約国別報告書について」,環境庁地球環境対策案より(1994.3)

2) P. Warneck：Chemistry of the Natural Atmosphere, Acadmic Press, N. Y. (1988)

4 组装、装配技术

4.1 部件组装技术

4.1.1 组装的自动化和设备的先进技术

组装元件有发动机、动力传递装置、底盘装置等。动力总成如图 4-1 所示，由气缸盖总成、气缸体总成、变速器总成构成。

发动机包括：
○ 往复式发动机
○ 旋转式发动机

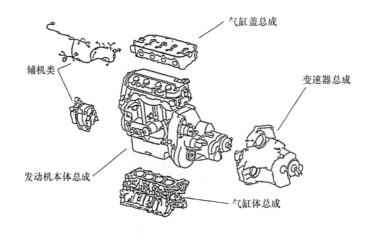

图 4-1 动力总成的构成（本田工程公司）

变速器包括：
○ 自动变速器
○ 手动变速器
○ 无级变速器

a. 装配工序和生产线构成

以发动机组装为例，一般都由图 4-2 所示的工序组成，都采用流水作业方式的传送带组成的主装配线及其附带的副装配线、二级副装配线组成的分割组装方式。

在副装配线中，将气缸盖总成、气缸体总成组装成一个大模块（功能模块），然后在主装配生产线中将它和变速器总成进行组装。

在主装配线上完成组装的动力总成，经过由燃油驱动或外部驱动源（例如电动机）

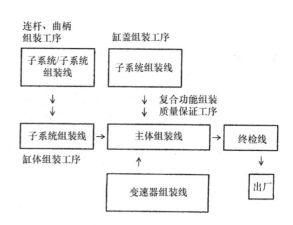

图 4-2 动力总成组装线概要（本田工程公司）

的电动回转试验等确认检查后，再运送到总

装线。

在这种采取分割组装线方式的情况下,各生产线可以综合组装得到质量保证的部件,并且能够容易避免停线等故障,因此这种生产线有着运行效率好的优点。

b. 组装的自动化

1913年,美国福特公司采用传送带方式开始大量生产汽车,从那时开始,汽车成为容易买得起的便利的移动工具而飞速发展至今。

在汽车的发展历史中,汽车生产也经过了"福特汽车生产方式""沃尔沃方式""看板方式""准时方式""精益方式"等的变迁,随之的推进生产技术也发生了巨大变革。以人工作业为主体的总装线,在追求"高质量""低价格""快交货期"的过程中一直在努力实现生产自动化,现在也已经有自动化率超过70%的总装线,不过由于还有各种各样的问题,一般自动化率都在30%~40%这个水平。

在最新的自动化总装线中,以机器人化为基础的定位技术、能够应对多品种混流生产的灵活性高的生产线的构建技术、配套组装自动化的产品设计技术,这三个方面的技术进步很明显。

以约700个零部件构成的发动机为例,取出、安装(装配、组装)、紧固、压入、铆接、刻印、注入/涂敷、调整/检查(包含测量/确认)、焊接/粘合、选择/嵌合、接线/配管、分解、移动/反转,组装工作大约有12个作业项目。

图4-3是自动化率为40%左右的各个作业项目的自动化状况,可以看到还有相当部分没有实现自动化作业。

为了进一步推进自动化,需要加快进行各组装项目的技术开发。

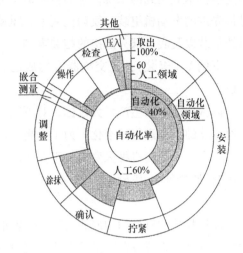

图4-3 各工艺的自动化状况(本田工程公司)

c. 设备的先进技术

自动组装是从最初产业革命后的欧洲开始的,它将简单的手工作业转化为夹具化、装置化,并在之后的美国汽车的大量生产技术中开花,到20世纪40年代开始可以制造出各种专用的自动组装机。

日本从1960年左右开始导入自动组装机,开始时学习欧洲,随着日本经济的发展,一步一步扩大了这方面的成绩。

之后进入20世纪80年代时,在生产量已经达到顶峰的同时,也迎来了用户需求多样化的时代,车种、车型的增加及其引起的工时增加、工时差增加、车型换代期间缩短、快速投产、生产量变动等方面,要求建立能够应对这些变化的具有丰富柔性的装配系统。

作为能够应对这种变类型和变数量生产的非常有效的手段(工具)和技术,具有高功能、高通用性、高弹性等特征的机器人或伺服技术受到关注,在生产现场得到了快速普及。

以上的技术中,传感器、计算机等关联技术的飞速发展也做出了很大贡献。以下介绍这些技术应用到的系统，它们目前被认为是最先进的发动机组装、发动机调整、驱动系统组装以及底盘部分焊接的相关事例。

事例1（组装）：正交机器人构成的基础机。

以构建稳定的生产线为目标，对不断追求通用化的设备进行标准化，为了提高灵活性，开发对于不同机种只变换与工件接触部分的标准构件（基础机：组装机器人单元）。

以这些基础机排列构成的生产线，就能够构建既可以降低投资，又具有能提高设备可靠性等优点的大生产线。

图4-4所示是正交门型机器人构成的基础机，以及从可维修性等方面考虑的梭动单元分离式准备作业用的机器。图4-5是由这些基础机构成的生产线例子。

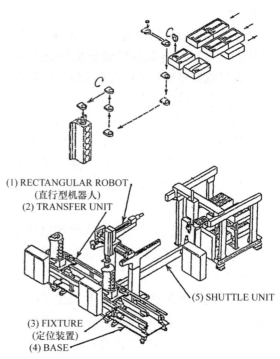

图4-4 主组装用机床和准备用机器（丰田汽车）

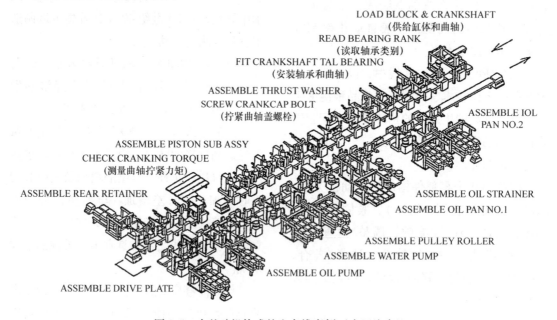

图4-5 由基础机构成的生产线事例（丰田汽车）

该系统的最大特点就是通过标准化及组装部分与准备部分的分离，在要求天天完成、瞬时完成的装配线中防止因为故障造成的设备停止、生产线停止，导致生产停止的事情发生。其对防止这样的事故起到很大作用。

另一方面，零件一体化、零件数削减等规格改善虽然没有进展，但是不受这方面影响的可靠性高的零部件供应系统今后将如何构建，是自动化和引进设备时重要的基本条件。

事例2（组装）：双臂（多臂）组装机器人。

在零件形状和装配方向比较简单的组装线中很早就引进了机器人，有效地推动了自动化发展。

相对来看，驱动系部件的组装中，由于有各种各样的多个构件，也有齿轮等比较复杂的形状，并具有避免零件和夹具等干涉边进行组装的特征，因此自动化的进展比较慢。

就像差速器的内部组装那样，要求能够熟练操作的工序中，需要像人可以双手操作的机器人，也就是双臂（多臂）组装机器人。

在这样的背景下，以像熟练工一样可以将很难装配的部件高效率地完成为目标而开发出来的，如图4-6中的1轴平移、5轴旋转型双臂型组装机器人。图4-7是差速器内部组装的应用事例，其自动化率也达到了90%以上。

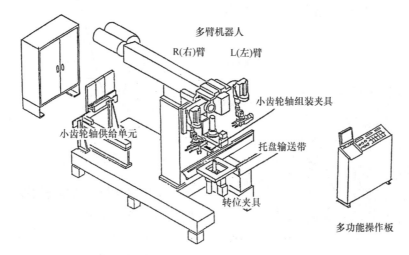

图4-6 双臂（多臂）组装机器人（丰田汽车）

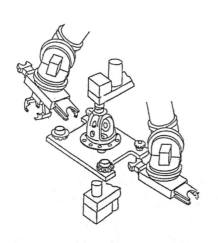

图4-7 差速器内部组装（丰田汽车）

虽然已经证明机器人系统今后会更加智能化、高功能化，并且会在双臂协调的自动化基础上有很大的进步。

事例3（调整）：挺杆间隙（TPCL）自动调节。

为了保持适当的气门开闭时间，防止温热时挺杆声音的降低，以及防止低温时气门顶出等，在发动机气门端和六摇臂的挺杆调节螺钉（升降型是升降器端面部和凸轮轴的基圆部）的接触部设定一定的间隙称为TPCL调节。

为了使该间隙不用调节还能够保持一定，可采用装有液压调节器的油压挺杆方式，也有采用这种气门的发动机。

虽然未来会慢慢向无调节方式转变，但从得到稳定质量的同时，成本会增加的情况来看，现在一般都采用调节方式。

如果这种调节作业需要人工操作，需要用塞尺和压力计进行调整间隙，而在自动调节的情况下，采用机械性感知并进行调整的方法。

这个方案中，如图 4-8 所示的气缸处于压缩上止点状态，发动机气门从完全关闭的状态开始，在调节螺杆正转时，发动机气门开始打开，这个瞬间的点一般叫作 O 点，这个点用半导体压力传感器进行高精度检测。

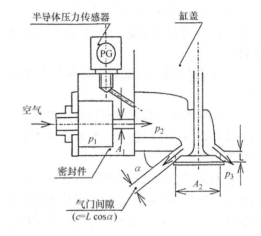

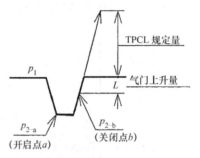

图 4-9 半导体压力传感器原理（本田工程）

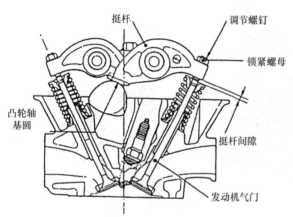

图 4-8 挺杆式气门调节（本田工程）

如图 4-9 所示，发动机气门的端面用密封单元进行密封，供给 p_1 的空气压力。

由于发动机气门打开会产生压差 p_{2-b}，检测出气门关闭点 b，将这个点设定为发动机气门关闭基准 O 点（气门升程 L）。

在点 b 的基础上，根据 TPCL 规定量 + 气门升程量 L 进行 TPCL 设定。

然后将歧管密封单元端部的半导体压力信号传感器接入计算机，通过主数据与读取的数据进行比较运算，来进行 TPCL 的调整。

这个方案本身不是什么新奇的技术，但是由于传感器技术的显著发展，使之比以前的技术产生了飞跃。

未来的关键技术是传感器技术，这样说应该也不会过分。

事例 4（焊接）：万向节（CVJ）保护套装配焊接。

CVJ 如图 4-10 所示，其接头部分用橡皮套套在上面，并且用不锈钢制的型套缠绕着以固定橡皮套。

型套在橡皮套的四周进行缠绕，利用杠杆原理拧紧后，使橡皮套在直径方向上具有规定量的压缩量并具有密封性。

这些型套的自动组装尝试，以前是用电磁勒紧法等，但是由于可靠性、灵活性等方面的原因，还没有达到能够满意的水平。

这个方案是将成型加工的扁钢带变更为 7mm 宽的不锈钢箍材，直接以规定的拧紧量进行缠绕后，再将叠加部分用激光焊接进

4 组装、装配技术

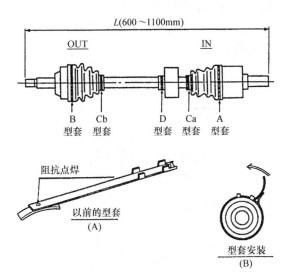

图4-10 CVJ产品和型套（本田工程）

行固定。

为了防止熔化的金属和橡皮套直接接触，如图4-11所示，在橡胶与钢带之间设置铬铜制的背面板，焊接结束后再拔掉这个背面板。

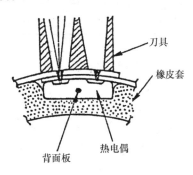

图4-11 背面板（本田工程）

焊接采用的碳酸气体激光器，输出形式是连续振荡焊接，焊接时不使用导向气体。另外被焊接材料用的是 SUS304 不锈钢材料。

通过这种方式，CVJ 全自动化、提高可靠性、大幅降低成本、富有柔性的高速组装都得到了实现。

以上是通过改变规格就能产生新的构思和立意的事例。

动力部件的可靠性在逐年提高，虽然还有许多未知的部分，但在将来螺栓连接、焊接及粘接等组装方案将会得到广泛的应用。

4.1.2 动力总成组装线的先进技术

以前装配线是流水线作业方式，在传送带的两侧配置人或设备，生产的同时，引进各种各样的生产系统，以提高品质和节省人力。

现在由精益生产方式进行的合理化生产，生产出消费者满意的商品，但是其结果，是构建了一个灵活性小且庞大的生产线。

保证提供的商品能够在规定的品质下，廉价地进行生产、供给，也就是说向具有更高的灵活性，能够应对随机应变的最优生产方式转变是必需的，同时将这些工作相关的信息如何进行处理变得越来越重要。

生产管理的计算机化（Electoric Data Processing，EDP）和工厂的自动化（Factory Automation，FA）、计算机整合生产（Computer Integrated Manufacturing，CIM）的网络（Local Area Network，LAN）构建等，虽然也有一些汽车厂商已经引进了，通过开发、生产、销售一体化使之面向21世纪得到更加积极的开展非常重要。

在装配生产线中控制生产管理、品质管理、设备管理这三类信息，生产调度信息、生产现场信息等都由各主机进行管理。

图4-12是组装线中一般的各信息管理项目以及信息流。

在构建这些信息的基础上，远程 ID（I-dentification）、无人运送车（Automated Guided Vehicle，AGV）是其基本的生产线技术。

a. 远程 ID

远程 ID 是生产线控制系统的基础，是

101

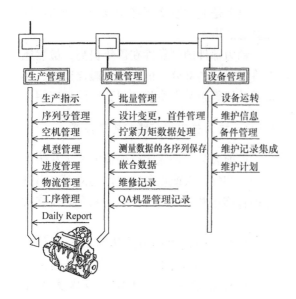

图 4-12 组装信息项目事例（本田工程）

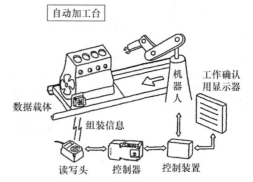

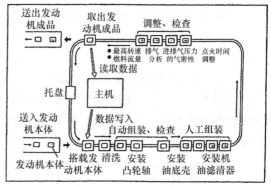

图 4-13 远程 ID 系统

车产业后，由于计算机的飞速发展、普及，现在已经在几乎所有的汽车制造商中得到广泛应用。

将物和信息一体化的手段。在移动物上装有应答器（也称为数据载体、ID 卡、ID 代码），通过固定的询问器进行写入、读取。

一般来说，发动机是放在一种叫托盘的搬运用夹具进行搬运的。

以前，部件自身的信息传达是困难的事情，所以用被称为"看板"的信息板，也使用过条形码，还有将被称为"旗标"的装有多个针形接头的元件配置于机体托盘上，这些接头的数量和组合通过外部传感器向设备进行信息（基本是设备编号等）传达。

但是在多样化的生产过程中，信息不仅仅是单纯的接收，能够向发动机方面提供、进行相互对话成为必要的事情，再加上要处理大量的信息，所以远程 ID 系统被采用了。

在考虑到这种物和信息分散系统能够实现多品种、变种变量生产系统的情况时，使物体带有信息，就可以实现对所有物体拥有命令权的生产，这样就可以实现混流生产，实时生产也就成为可能。

图 4-13 就是远程 ID 系统。这个 ID 系统在 1980 年从宝马汽车公司开始被导入汽

另外，例如在牧场中给牛安装上带有 ID 标签的项圈，在养牛场设置的 ID 读取装置上进行识别后对饲料进行控制，还有将超小型化标签放入动物的体内，或者由于安全因素等，在各个方面得到广泛的应用。

在装配领域中，将来不是用发动机号码管理，而是通过将 ID 标签等固定或者植入在发动机本体，向一体化的管理方向发展会是以后的趋势。

b. AGV

表 4-1 是组装线上所采用的不同搬运方式的特征比较，一般性的非同步直行式的自由移动型占据了主流。

4 组装、装配技术

表 4-1 搬运方式的特征

	连续回转式	间歇回转式	同步直行式	非同步直行式	单一工位式	非同步非直行式
价格	△	○	×	×	◎	×
生产速度	◎	○	○	△	×	△
运转率	○	△	△	◎	×	◎
柔性	×	×	○	○	×	☆
产品的大小	×	×	○	○	×	◎
产品复杂性	×	△	○	○	×	◎
维修性	×	×	△	○	△	◎

但是在当今这个要求商品多样化以及变种变量的生产线，就可以这样发展下去吗？

近年来，以电动机业界等为中心开始摸索能够适合变种变量时代的生产方式，其中之一就是否定原来的流水作业方式生产中将工序分散、1 人负责 1 个工序的方式，建立起 1 个人承担所有过程的多能工、万能工化的生产系统。

通过采用这种方式，就可以在批量生产进行过程中进行有效的人员配置，在订单生产中也能灵活对应，使不勉强、不均匀、不浪费的生产成为可能，并且通过效率提升使生产能力上升，最终达到降低成本、提升人的工作积极性的目的。

虽然工序数量相差非常大，但在汽车部件组装领域今后也需要相应的系统。

在家电业界的事例中，是人围着部件进行工作的系统，但是在汽车部件装配领域，会要求具有产品自由转动、人和产品一起移动或者能够完成既定生产的集群资源管理器（pacemaker）那样的系统。

作为能够应对这些要求的手段，AGV 成为搬运方式得到应用。

图 4-14 是采用 AGV 的装配线示意图。AGV 本身有各种各样的方式，作为物流的自动化手段来运送零件从以前开始就在生产现场被采用了，但是在装配系统（组装传送带、夹具等）中被采用还是最近的事情。

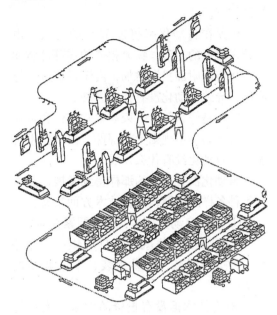

图 4-14 使用 AGV 的组装线（丰田汽车）

现在在装配领域，AGV 在车辆组装自动化生产线上被采用的例子很多，还是以前的直行式移动形态。因为自动化还没有太大进展，所以还是以人为中心从事生产，今后即使是自动化发展的情况下也会是人和设备能够共同作业，能够将人的效率最大限度提高的系统如何构建会成为主要的问题。

今后，从这样的主要装配线（复合功能生产线）怎么去建设的观点出发，通过采用对流水作业柔性大的 AGV，相对于人的效率的提高，工序追加、删除、搬送的路线等变化具有很大自由度的系统构建应该作为有前途的手段而不断发展。

4.1.3 今后的产品要求和动力总成组装技术的课题

在组装的自动化部分已经说明，由于各种各样的问题，汽车各厂商的自动化率一般都在 40% 左右。

自动化从技术难度低并有投资效果的拧紧工序开始，成本是随着投资增加而相应地下降，也就是说自动化带来的效果得到了很好的体现。

但是在自动化率超过30%的时候，由于技术难度的上升，物流相关的零部件装卸自动化等的附加投资增加，由于投资过大等原因，导致自动化没有什么进展。

特别是像软管、线束等柔软零件和发动机悬置支架等不规则形状部件，由于技术难度高，自动化没有什么发展。

自动化没有想象的那样得到发展，其中有各种各样的问题，但从技术方面来看：

① 没有自动化技术：装配要素技术。

② 不改善规格就没法自动化：零部件数、种类的削减，容易组装、不用调整的构造。

③ 有技术但没有投资的效果。廉价的能够进行自动化的装备，低价格自动化技术。

大体可以分为以上三种，也可以说组装技术开发和设备开发或者产品式样的改变必不可少。

a. 今后的产品要求

像前面所述的那样，产品规格是阻碍自动化的最大障碍之一。

对于产品要求的式样改善/改革中：

① 将组装零件点数减少。

○ 合理、深入地考虑功能，使其简单化，如一体化、紧固螺栓的数量削减等。

② 减少零部件的种类。

○ 统一化、考虑多公司采购、老零部件互换性，如发动机种类、派生件的削减，零部件的通用化、零件的长寿命化等。

③ 设计容易组装的结构。

○ 重新修订设计标准，如削减工时，降低成本，削减自动化投资，质量的稳定等。

有以下三个观点。

能够简单组装的情况下可以减少人员，减少设备，也就是生产工序变短，就可以变成没有阻塞的流畅的组装线。

零部件基准的设置、导向装置的考虑，以及设计成无调整规格、一次调节化、黑匣子化、型内处理化、直线组装，通过将零部件总成进行固化（功能模块化）等产品规格化之后，会有各种各样的好处。

但是现实中从商品开发方面要求的规格和生产技术方面要求的规格有很大的差别。今后怎样将这些差异缩到最小，相互理解彼此的领域是非常重要的。并且什么时候由生产技术主导商品开发，是我们生产技术人员的使命，也是梦想。

b. 部件装配技术的课题

在汽车生产过程中，车身焊接工序等自动化在不断发展，但是像上述一样机体组装的自动化还是处于没有很大进展的状况。

向市场及时提供便宜而又好的商品，虽然现在劳动人口富余，"省人"的必要性还不是很高的要求，但是将来会由于熟练工人不足和人口老龄化的进展，组装作业的自动化今后一定也是一个大课题。

展望汽车装配线的将来发展，完全自动化（无人化）的必要性另当别论，完全自动化是相当远的事，所以生产线上还是有人在从事作业。

从上述情况可以看到，除了技术、规格的课题以外，从脱离制造业的现象等方面看，许多人也不愿意去从事这些工作，或者对于从事现在生产的人，还需要解决各种各样的课题。

从以上这些情况出发，对人来说：

○ 对做的事能够感到喜悦和骄傲。

○ 对人无害。

从维持生产活动方面：

○ 经济性的考量。

从市场需求的多元化：

○ 多种类、多数量。

○ 生产变动应对。

快速的加工准备时间（新车型切换的快速实现）的生产系统应该说是必要的。

另外，装配生产线和人的关系，是劳动力的质量和生活方式的变化、人和设备共存等，以人为中心的"舒适"的观点贯穿于生产线建设中也非常重要。

实现这些的理想状态：

① 对人来说优越的工作环境——舒适性。

② 对人舒适的自动化——自动化。

③ 对人容易的手工作业——轻负荷化。

因此，"安全，能够让工作人员觉得有魅力和乐趣的生产系统"的实现成为一个重大的课题。

如前面所述，如果考虑和人相关的问题、技术上的问题、收益等方面的情况，越想就会越觉得自动化变得更难了。

在自动化的进程中，和以往一样，不能只是"鲁莽"追求技术，而是在技术开发、规格改善和改革的同时也要对人的前面所述的三个方面进行充分考虑后再实施才是理想的。

作为今后的课题，在自动化没有实施的工序中，进行以下三个方面工作：

○ 帮助人更加容易地进行工作——动力辅助。

○ 部分、阶段性地实施自动化——阶段投资。

○ 工序完全自动化——不进行设备间还有人工操作的自动化。

对于需要更进一步进行自动化的工序：

○ 配套作业和检查工序的自动化。

○ 设备可靠性的提高。

○ 利用信息网络将自动化的孤岛有机地结合起来。

此外，在工作区域、自动装配区等，注意构建没有人与自动化混杂的生产线的想法也非常重要。

4.1.4 动力总成组装技术的将来动向和新技术

在前面也有说明，柔性和复杂形状的零部件，需要熟练、单纯重复的装配工作，也是应该将人解放出来的3K（困难、肮脏、危险）领域的工作。

另外，也有"依赖于人的五感"难度的工作，这方面需要：

○ 如果不是由人来操作就极其难以进行的领域的工作。

○ 与人操作非常相近的作业。

这样的操作需要用眼睛看着进行确认，用眼睛看着进行判断，需要进行力量的增减的双手操作，即是需要视觉、力觉、双臂协调技术的领域。

现在的机体，它的整体性相当高，今后不太会有大的变化，就像电动机那样，马上变成其他方式的可能性不大。所以现在的课题和以前一样，为应对生产技术的发展，智能化（或高功能化）的机器人技术将会是需求的方向。

从工程分析来看智能化机器人技术，以下四条将会成为市场需求的技术。

○ 能够同时组装的双臂（多臂）机器人。

○ 能够在狭窄空间作业的多关节、单关节机器人。

○ 具有移动功能的机器人。

○ 拥有柔软胳膊的力量控制机器人。

从以上的情况看，在组装时智能化的基本技术应该是视觉、力觉等的传感技术及其控制技术，还有机器人技术。

作为新一代技术的智能化技术开发，不只是一个个的单独技术开发，如图4-15所示。

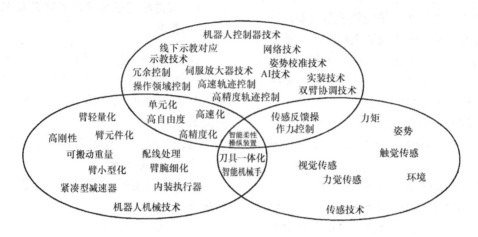

图 4-15 技术领域的关联（本田工程）

传感技术、机器人机械系统技术、机器人控制器技术等综合能力的整体提高将是不可或缺的。

横跨各个领域的先进机器人和采用多自由手指、机器人的系统现在也在开发中。以下介绍的是通产省工业技术院的大型项目，作为现在尖端技术之一的已经完成的极限作业机器人的事例。

这个机器人是以能够在放射作业环境的核发电所内，对机器进行检查、修理为目的而开发的机器人，所以这个机器人可以用眼睛看路行走，可以实施用扳手这样的工具来拧紧螺母等事情，是以更接近人类的概念出发而开发出来的。

图 4-16 所示的 4 根手指的多指手掌机器人中，应用了多个尖端技术。

○ 使用双眼立体视觉的立体监视器及视觉信息处理系统。

○ 激光空间传输通信系统。

○ 故障修复控制器。

○ 相当于人手指的多指手掌。

○ 双腕机械手。

○ 四足步行机构。

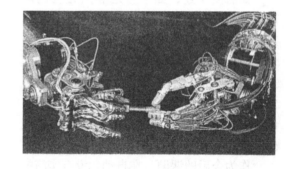

图 4-16 有 4 根手指的多指机械手（三菱重工）

该项目由 2 个团体、18 家公司所组成的研究开发共同体进行推进开发，原子能机器人是由 10 家公司共同开发，从 1983 年开始历时 8 年，该研究结果于 1992 年 12 月完成。

项目组由那些拥有日本最尖端技术的企业体构成，在开发出各种各样的基础技术基础上诞生出应用技术，再使技术变成实实在在的新商品。

装配领域中以手为中心的作业，是否需要脚等，是否需要引进更新的技术，或者是否应该特定于组装（最适合组装的独特性）技术的方向去开展，是否在以前的技术水平上推进充分自动化的方向发展，都会被今后机体（发动机等）功能开发的方向所左右。

另外，组装作业自动化的关键技术除机器人等的设备技术以外，还有前面提到的部分规格的问题和相关技术（特别是与物流的关系）、与人的关系等很多事情。

由于在装配方面设备高强度技术的历史不长，在技术还没有充分成熟的情况下就担负起自动化的核心技术，从一开始就被赋予过高的使命，因此这类技术上发生的问题很多。

因此，提高可靠性技术是无法避免的问题。表4-2是关于发动机组装设备智能化技术的具体期待的项目示例。

表 4-2　对发动机装配设备智能化的期待项目

（1）操作人员的友好性
　①充实操作指南的功能
　②能够实时提供设备运转状况的信息
　③提供设备故障时的自我诊断以及恢复方法的信息
　④提供设备故障预知信息
　⑤自动感知和规避危险的设备
　⑥能够和人共存的机器人
　⑦能够根据状况自动控制生产线速度
　⑧适应天气、作业状况控制空调和照明
（2）提升设备运转率
　①具有学习功能的设备故障时自动复原功能
　②提供设备故障时的事故自我诊断以及恢复方法的信息
　③提供设备故障预警的信息
　④提供安全信息
　⑤检查装置的自动校核
（3）自动化相关
　①利用3D系统进行模拟仿真
　②可以利用音声编程的机器人
　③高速/高精度的图像处理装置
　④能够和机器人等自动机器进行对话的图像处理装置

（续）

　⑤构建各装置间的网络，建立信息一元化管理的生产管理系统
　⑥能够从上述生产系统的实时数据建立今后预测的生产线模拟装置
　⑦噪声/振动等主观评价的自学习功能
（4）工人的感官、技能的活用
　①依赖主观的操作/判断的数值化
　②看过工人的动作后能够记住的机器人
　③利用工人手的动作就能够编程的装置
　④将工人的知识反映到专家系统中
（5）质量关联
　①在多种应对生产线中的组装指令进行CRT音声化
　②通过质量网络系统进行质量管理中的质量问题早期发现以及水平展开，防止再发
　③通过3D图像处理等进行发动机外观检查

以上虽然说了很多，但在这几年中机体规格应该不会有什么大的变革，因此目前的课题和以前一样。为了解决这些问题，应该进行认为必要的组装技术开发，为了能够随时行动起来，将所需的东西都提前准备好非常重要。

【吉冈辉雄】

参考文献

1) 松本　微ほか：ここまできた組み立ての自動化，日経メカニカル，p.31（1992.6.29）
2) 牧野　洋：世界における自動組立の現状，精密工学会誌，Vol.57, No.2, p.10-12（1991）
3) 真鍋研一ほか：エンジンショートブロックの自動組立，自動車技術会学術講演会前刷集911，p.87-90（1991.5）
4) 永松茂隆：複腕型組付ロボットの実用化開発，機械設計，p.11-20（1992.11）
5) 加藤由人：自動車生産の無人化，p.1-15
6) IMSセンター：標準化研究開発に関する研究成果報告書（普及版），国際ロボット・FA技術センター及びIMSセンター，p.10（1992.3）
7) エーアイエム・ジャパン：データキャリア—現状と将来—，データキャリア分科会報告書，エーアイエム・ジャパン事務局，p.103（1994.6）
8) 橋本　寛：自動組立の周辺技術，東京総研，p.141（1983）
9) 生産加工部門委員会ワーキンググループ：人にやさしい次世代の自動車生産ライン，自動車技術会，p.28-51（1993）
10) 宮谷孝夫：自動車組立工程におけるロボット化の現状と展

望, オートメーション, Vol.36, No.6, p.18-23 (1991)
11) 林 哲司: 通産省工業技術院・大型プロジェクト「極限作業ロボット」及び実用原子力発電施設作業ロボットの技術・機構・制御, 機械設計, p.100-108 (1992.11)
12) 加固博敬: 自動車組立ラインの新しい方向, 日本機械学会第71期通常総会講演論文集, p.588 (1994.3)
13) 三菱重工業株式会社神戸造船所: 情報・電子機械部の概要 (カタログ), p.8 (1994)

4.2 车身组装技术

4.2.1 车身组装线的先进技术

a. 车身生产总线

车身焊装线的核心——主焊装线中，拥有车身骨架焊接集成的骨架焊装工序是车身焊装线的特征。

车身主焊装线如图4-17所示，由各局部装配零件定位、焊接集成的骨架焊装工序、焊接补焊工序构成。本章节中将对车身主焊装线中近年来的最重要课题骨架焊装工序的柔性化先进技术进行概述。

车身主焊装线的柔性化是指，不管是在很多车型的混流线还是在单车型的专用线，对下列项目都能够有着灵活的应对。

1) 对车型改款可以柔性应对。
2) 对生产车型种类、生产量的变动可以柔性应对。
3) 对生产车型的工厂间转移、生产线间的相互补充调节可以柔性应对。

以前的骨架焊接工序中，将车身运送到几个工序设置的固定夹具之间，在各夹具台上进行定位焊，然后组装主车身的"back line"方式，或者将装有车身侧总成的夹具托盘，与装有车身底板的夹具托盘相结合之后进行定位焊的"gate line"方式是主流。另外，在这些方式中对于产品更新换代的应对方式有，在生产线改造期间，停止生产进行车型切换的"scrap build"方式，或者在现生产车型的生产线以外的地方铺设生产

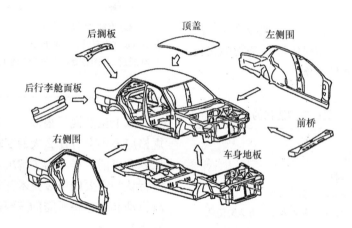

图4-17 车身骨架工序的集成部件

线。这种重复的"休耕方式"是一般的情况。但是各公司都以自己独自的方式实现了骨架工序的柔性化。

（i）夹具托盘（pallet）方式　图4-18所示的是夹具托盘方式[也称作夹具托架（tray）方式或者夹具台车方式]的骨架焊装工序。夹具托盘方式是对通过夹具的替换/追加能够容易地应对新车投入的gate line方式的优点进行发展的一种方式。夹具托盘方式是将主要的车身底部、左右的车身侧围、车顶、底板、行李舱面板等子总成分别固定在不同的夹具托盘上，在骨架焊接工序中将这些夹具托盘进行集合约束，再对其进行焊接集成的方式。夹具托盘的构成如图4-19所示。各夹具托盘在定位焊接后，通

过各自的搬送装置传送返回，这样形成一个闭合的循环。而且这也是将车型特有的夹具部分，和任何车型都能共同使用的通用设备部分进行彻底的分离并提高其灵活性的一套系统。

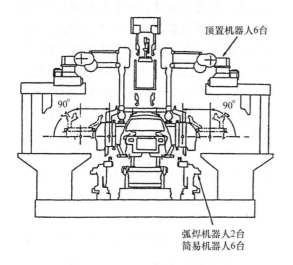

图 4-18　夹具托盘方式的骨架工序

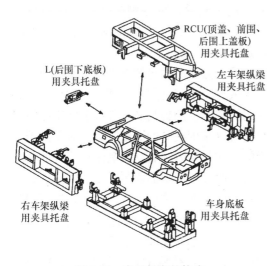

图 4-19　夹具托盘的构成

通过对各夹具托盘的要素进行标准化，可以使新车型投入时的固定装置及搬送装置的改造处于最小限度，只要变换夹具托盘就能够使车型切换成为可能。夹具托盘方式的基础技术是多数量/多种类的夹具托盘在制造上的精度确保和夹具托盘在维修保养上的精度保持，因此以下的技术很重要。

1) 低成本、轻量、高刚性的夹具托盘设计技术。

2) 高精度夹具托盘的加工/组装技术。

3) 向夹具托盘上的零件定位机构供电/供气耦合器的可靠性确保技术。

4) 夹具托盘上搭载的程序逻辑控制器（PLC）的耐振动和耐冲击力确保技术。

5) 夹具托盘的精度测量和保持技术。

夹具托盘系统是通过这些技术的开发而发展起来的。

(ii) NC 定位方式　NC 定位方式是在新车型投入时各工序都用一个夹具，以具有容易保持车身精度优点的背向移动方式作为基本型而发展起来的一种方式。图 4-20 是 NC 定位方式的冲压工艺的概要。

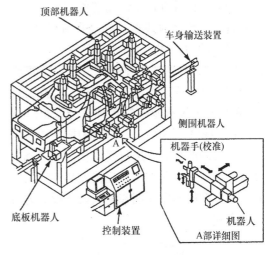

图 4-20　NC 定位方式的冲压工艺

如图 4-20 所示的 NC 定位方式，是运用 NC 控制技术，根据生产车型通过夹具定位销的转换、移动，使本来是车型专用的夹具定位装置具有高的自由度、通用性的一种方式。一般来说，在冲压工艺中每一种车型需要有 50~60 个夹具定位销。因此设备构成、定位销和夹具单元共需要 250 轴以上的伺服轴，将这些都进行 NC 控制的控制系统变得很庞大。NC 定位方式的课题是定位销的承载面形状根据车型而不同。在车型之间断面形状比较相似的地方,并使用定位销的情况下,可以设定为共同的承载面。不过车型之间形状相差很大的部位,就需要将多个承载面形状进行高密度的集约配置,再切换使用。实际上,通过将 6～8 种定位装置紧凑地集中配置,进行定位销之间的切换,这种 NC 定位方式已经实用化了。

作为支撑 NC 定位方式的技术,需要庞大轴数的 NC 控制技术、机械/电子控制技术、夹具的制造技术等。NC 定位方式是由这些技术的研究开发而发展的。

(ⅲ) 旋转式夹具方式　旋转式夹具方式与上述的 NC 定位方式一样,也是以具有容易保持车身精度优点的背向移动方式作为基本型而发展起来的一种方式。

旋转式夹具方式是预先准备好车型专用的夹具,然后将这些夹具固定在旋转体上,通过需要的时候进行转动以实现生产柔性化。图 4-21 中,对 2 种侧围进行焊接集成的旋转夹具方式以支持车身底板的支撑夹具(这种情况下具有能够对 2 种车身底板进行切换的装置)为中心,支持侧围的夹具分别由各自的滑动装置进行模块化,可以减少夹具的增加、变更工作。旋转夹具方式是以缩短新车型的开发周期和削减设备投资为目标的方式。

b. 侧围生产线

在车身装配生产线上有侧围生产线(也叫车身侧围线、侧围车身线或侧围总成线),因为在每一个新车型的车身侧围的形状都不一样,所以在车型更新时需要大量地更换生产设备和夹具。对于多车型混流的生产线,从降低投资的观点出发,需要在不停止生产线的情况下进行车型换代和追加。因此与车身焊装总线一样,采用夹具托盘方式、NC 定位器的夹具切换方式、旋转夹具方式等,根据与前后生产线形态的关系进行选择使用。

最近,以削减冲压模具数来降低投资、提高侧围结构的精度等为目的,侧围外板和侧围内板一体成型的车型越来越多。因此在侧围焊装线中,以前是将前柱部、中柱部、后侧围部分别在辅助线焊装完成后,再将这些部件焊装到侧围外板上。现在,将侧围外板总成和侧围内板总成分别在辅助线上焊接完成后,再将侧围外板和内板总成焊接到一起,这种方式的应用比例在不断增加。

另一方面,通过侧围外板和侧围内板的一体成型,车门开关部的精度得到稳定,且车门安装精度的提高和零部件装配工序的集中也可以减少夹具的数量。以前对于侧围面板的一体化,因为有材料利用率不好的情况和由于面板厚度薄而需要设置加强部件,从成本方面考虑有许多不利的条件。然而现在可以将厚度不同的构件通过激光进行焊接,以及冲压技术的发展,面板一体化的课题得到解决,车身结构的简化取得了很好的进展。同时随着零部件的大型化、零部件装配作业的自动化的推进,使用搬运机器人的焊接线在不断增加。

c. 车身底部生产线

车身底部生产线由发动机室部(也叫车身前部或前端)、前地板部、后地板部的辅助焊装工序,以及将这些在辅助焊装完成

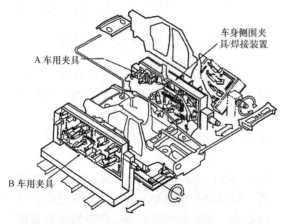

图 4-21　旋转夹具方式的骨架工序

的总成再作为车身底部总成进行焊装的工序构成。

由于车身底部部件的基本形状比较简单,在几款车型间共用零件的情况比较多,因此,虽然有装备零部件种类的对应类别区分,但是在车型换代的时候进行生产线大改的情况很少。另外,因为外板影响的种类很少,以前就有的定位转换方式的生产线是主流。

在其中的发动机室部中,有前照灯支架和前翼子板支架的安装部位。前翼子板和前照灯支架在车型换代的时候,是形状容易发生变化的部位,所以夹具的通用化很难,而且发动机室部的零件结构是立体的,所以夹具的结构也变得很复杂。因此,许多生产线中,有几个工序里设置不同车型的专用线,只有很少一部分生产线采用夹具托盘方式和NC定位方式。

在前地板辅助焊装工序中,由于要在面积很大的前地板的外部和内部焊装零部件,因此这个工序的通用化也很难,用车型专用夹具应对的生产线比较多。对此,在前地板辅助焊装线上采用了夹具托盘的循环方式,使其具有灵活性的例子如图4-22所示。

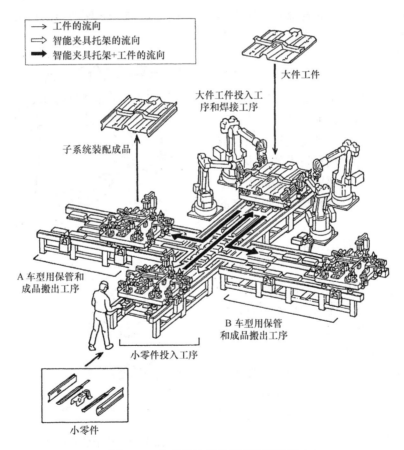

图4-22 车身前地板的子系统装配线

后地板辅助焊装工序中,由于后悬架的类型和轴距不同,以及行李舱的形状差异等原因,后地板种类很多,也是多种混流线难以实现的工序。

另外,在将辅助工序中焊装完成的发动机舱、前地板部、后地板部的部件进行集成焊装的车身底部焊装线中，因为点焊焊接时需要焊接部位留有比较大的空间，电焊枪比较大，所以夹具部位的空间限制和加压时的响应性也会对工作速度产生影响。因此，在周期时间短的焊装线中，为了提高加压时的响应性，替代以前使用的空气气缸加压的伺服电动机驱动加压焊枪正在开发推进。

在车身底板生产线上，采用定位切换方式的生产线较多，不过在这种方式中为了确保焊枪空间，各夹具需要留出比较大的回避区域，所以对应的车型数量会有一定的限制。对此，通过将部件的承载部位与车身主体进行配合后，如前所述的图4-19那样，采用以车身底板部用的夹具托盘将其搬运到车身主焊装线的循环方式的焊接系统，也有以此提升柔性化的生产线。

d. 加工、装配线

在车身装配生产线中，加工、装配作业大多依赖于工作人员的经验和悟性，从自动化技术的难度来看，是自动化进行比较晚的工序。但是近年来随着汽车技术的进步，为了改善加工工序的作业环境以及装配工序中重物的处理方式等，自动化也得到一定的发展。

在车身装配线的加工作业中，钎焊部的加工需要工人对工作特别熟练。因此在轻型汽车和大众化级别的车上，从降低成本的观点出发，侧围外板向一体成型而不再有钎焊部的车身结构的趋势发展。另一方面，在高级车中还有造型优先的思路，所以现在需要钎焊加工车身结构还是主流。因此，加工部位的在线测量技术的开发和加工工具的开发等工作在开展，在一部分生产线上实施了自动化的例子也有报道。

另一方面，为了实现装配自动化，确保车身主体的精度、螺栓和螺母的供给等连接部规格技术的确立很重要。同时像门那样在上面安装零部件其重量就会增加，白车身的装配精度和成品车精度会发生变化的零部

件，就需要根据它的变化量事先预估好变化量进行精度管理。另外，送到安装工序中的车身主体，因为搬送方法的制约，以车身底板部分为基准进行定位。因此距离车身底板基准位置比较远的门和行李舱盖开口部的尺寸偏差很大。于是在以车身底板部为基准安装门和行李舱盖时，偏差很大，开口部不能很好地配合好间隙，因此也有如图4-23所示，以车身侧围上设定的基准孔作为安装基准，使用CCD相机等在线测量基准孔位置，根据偏差进行修正后再安装的情况。另外，对于行李舱盖安装后的间隙/面差的测量，也有如图4-24所示，利用激光相机等进行测量，以确保装配质量的情况。

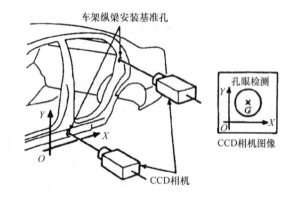

图4-23 侧围基准定位孔的测量方法

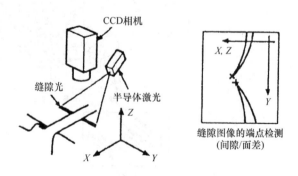

图4-24 行李舱盖间隙/面差的测量方法

自动化安装的部件有前门、后门、行李舱盖、发动机舱盖、翼子板等比较大的零部件。自动化安装不仅可以提高装配质量，而且也可以达到节省人力的效果。但是在多车

型混流生产线中，这些部件的安装都实现自动化的地方还很少。另外，以加油口盖为代表的小零件的自动装配，因为不能期待有节省人力的效果，所以只是很少一部分实现了自动化。

在自动装配线上使用机器人将车门、行李舱盖、发动机舱盖等安装到车身上的系统很多，但是由于螺栓和螺母的紧固问题导致生产线停止的情况很多。因此不仅是车身精度，提高螺栓和螺母的供给以及拧紧设备的可靠性，再加上减少包括设备/机器在内的故障，提高质量以及设备的可靠性和稳定化是维持生产线工作率的必要条件。

4.2.2 车身组装方法的先进技术

a. 生产准备

为了应对多种车型的混流生产，车身装配工序的焊接设备的通用化和机器人化得到了发展。然而另一方面，新车型投入时的机器人引进研究，机器人的教示作业，对于每一个新车型也需要做新的生产准备，设计和制作专用的装配夹具需要很长的生产准备时间和庞大的投资。因此，下面介绍一些在新车型开发阶段就将车身形状数据作为车身装配设备的设计/制作数据，进行夹具的自动设计、以机器人模拟进行的机器人应用讨论和教示数据制作等降低生产准备费用和缩短生产准备时间的事例。

（i）夹具装置的自动设计 夹具装置由车身形状决定的定位器和夹具单元构成，基本上是一个车型一种。因此在提高夹具装置的设计作业效率方面，只通过夹具装置的标准化和CAD系统编辑设计的合理化，不能期望有很大的效果。所以，在过去，除个别设计的夹具装置的结构式样的修正和体系化外，通过输入基本的高度、夹紧力、铰链位置等参数（设计条件），就能够得出针对每一个结构式样所要的夹具自动设计系统正在开发中。由自动设计系统制作的夹具装置实

例如图4-25所示。同时夹具装置需要进行工件的位置限制和应对几种不同的车型，大多都使用连杆机构。因此增加连接机构的模拟仿真功能后，可以实现夹具装置的连续轨迹显示和最佳支点位置的确定，它的效果也在显现。并且将夹具设备数据和焊接打点数据输入到机器人模拟系统中，也可以实现焊枪、夹具、工件、机器人等相互干涉的确认。

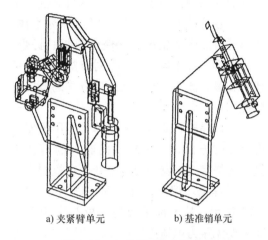

a) 夹紧臂单元　　b) 基准销单元

图 4-25　自动设计的夹紧装置

（ii）机器人模拟和离线程序设计　随着车身装配工序中机器人数量的不断增加，用于投入新车型时的应用讨论和机器人动作的教示，还有在新设置机器人情况下的机器人安装位置及其互相联锁的讨论等新工作会增加，所以在生产准备工作中这些工作的合理化是重要课题。

在机器人模拟的领域，随着计算机应用技术的发展，就连机器人的加减速特性和机器人动作时手臂的挠曲也考虑到了。通过不断开发机器人模拟软件，机器人模拟仿真也逐渐变成了现实的情况。

另外，作为机器人离线教示，将仿真软件制作的机器人的位置数据等转换成各机器人用的格式，再传输给现场的机器人，教示工作变得在线外就可以进行了。以前用模拟软件做成的教示数据传输到现场的机器人

后，在机器人现场进行位置调整的误差修正还需要花费很多时间。不过通过前述的机器人加减速特性和机器人的手臂挠曲修正之后，现场的修正量就少多了，所以适用范围也在逐渐增加。

b. 焊接方法

目前量产的轿车车身大部分都由钢板冲压成型的零部件组合成了一个无骨架式车身，这些钢板厚度在 0.7~2.3mm 之间。同时冲压成型钢板的接合方面，从可靠性、量产性、经济性的观点出发，以点焊为主体，在不适合点焊的情况下，使用弧焊、钎焊、粘接点焊、激光焊等。下面对点焊相关的新技术和最近被关注的激光焊接方法的概要进行说明。

（i）焊枪和变压器的一体化　用机器人进行点焊方面，为了减轻机器人的搭载重量，将焊接变压器和焊枪分开，在机器人上只装了焊枪。但是，在这种方式中，如图4-26所示，从上部吊装的焊枪与变压器之间需要无斥力电缆进行连接，所以在成本方面、技术方面有问题。因此在焊接电流小的情况下，通过机器人的搭载重量大型化，在单相交流式也能将焊枪和焊接变压器实施一体化，从而省略掉无斥力电缆。在焊枪很大的情况和焊接电流大的情况下，焊接变压器也会变得很大，这种情况下的单相交流式中，焊枪和焊接变压器的一体化并不实用，但由于在控制频率高的逆变器控制中，变压器的重量和控制的电流具有成反比的关系，变压器的小型化也成为可能。现在在大型焊枪的情况下，焊枪和变压器一体化的焊接机变得多了起来。

（ii）点焊的质量　为了保证电阻点焊质量的稳定，在基本焊接条件（焊接电流、焊接时间、加压力）之外，还采用了与焊接点数成正比对焊接电流进行控制的升级焊接电流控制，以减少电极管理的频度。但是严格的焊接条件设定很难，升级电流的设定

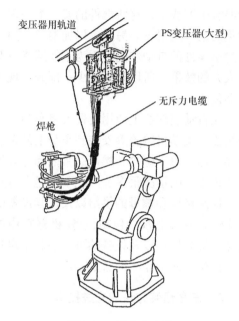

图4-26　无斥力电缆

大多情况下预估的余量比较大。因此在车身焊装过程中出现很多的火花（飞溅）。另一方面，焊接强度最高，能源消耗最小的最优化焊接条件是在火花发生之前的焊接条件，因此在焊接现场，焊接的火花是焊接质量保证的一个标识，是作为品监控的一个手段。但是火花散落使焊接现场的作业环境显著恶化，因此从很早开始就研讨各种降低火花产生的方法。作为其中一例，通过测量焊嘴之间电阻就可以自动控制焊接电流，附加这种自动步进控制功能的焊机也得到实用化了。焊接时焊嘴间电阻的变化如图4-27所示，火花没有发生的时候电阻值的变化曲线很光滑，火花发生时电阻值急剧下降，可以以此判断火花的产生。

以这种方法进行焊接电流控制时，焊接电流不需要事先设定一定的余量，通过焊接电流的最佳值控制，对节约电力有贡献。

（iii）激光焊接　在车体组装工序中，主要在机舱盖和门等所谓的盖状部件的内板和外板包边后的焊接中（后包边接合）应用激光焊接。以前发动机舱等的内板部件通

4 组装、装配技术

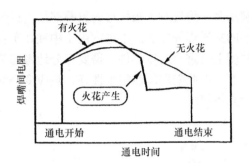

图 4-27 火花检测方法的概念

过包边方法压在一起后再进行焊接，为了不留下点焊的压痕，采用单面点焊方式。单面点焊方法在加热热量控制方面以及部件的包边形状要做到产品设计形状方面很难，所以留有许多需要加工的工作。于是采用图 4-28 所示的 CO_2 和 YAG 激光焊接包边部位的情况变得越来越多了。YAG 激光焊接和 CO_2 激光焊接相比，机器人和激光振荡器之间数据由光纤传输，并且用脉冲波形能够容易地对输入热进行控制等。包边部位利用 YAG 激光机械焊接的例子如图 4-29 所示。

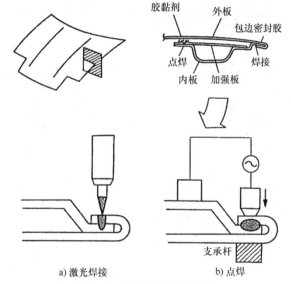

图 4-28 机舱盖的包边接合

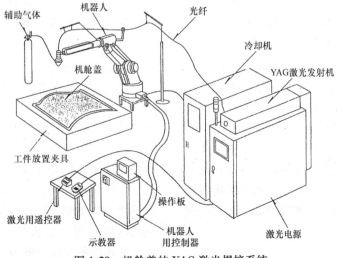

图 4-29 机舱盖的 YAG 激光焊接系统

115

另一方面，为了将车门开口部做得大一些，去除点焊需要的凸缘而在中柱上采用CO_2激光焊接的实例如图4-30所示。为了去除点焊的凸缘，可以考虑利用电弧焊和等离子焊接在端面部分进行焊接的角焊法以及利用激光焊接对3张板材的重叠部位进行焊接的穿透焊等方法。不过，由于中柱在车身精度上是重要的零部件，需要充分地考虑热应变，因此采用了热集中性好、热应变小的激光焊接法。

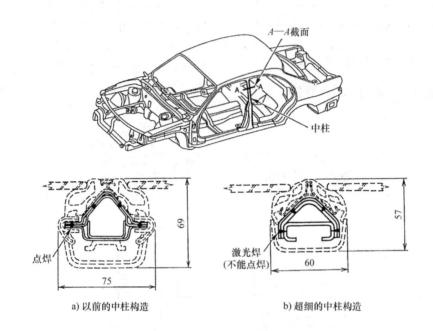

图4-30　中柱的激光焊接

c. 激光打孔法

在车身装配生产线上，以激光为热源的方法不只在焊接，而且在打孔上也广泛使用。激光打孔法是根据车身装配生产线上所生产车型的需要进行打孔。相对于以前通过冲压模具的制作来应对的打孔方法，激光打孔法通过机器人的教示修正就可以实现，是可以降低冲压模具制作费用的方法。

孔加工时用的激光按照种类有YAG激光和CO_2激光等，不过作为车身装配线上的激光打孔装置，具有高峰值和容易得到脉冲能量，并且能够在机器人和激光振荡器之间通过光纤进行激光传输的YAG激光应用较多。

d. 点焊机器人

为了降低点焊成本，提高焊接品质，改善作业环境等，从20世纪70年代后期开始利用机器人进行点焊的自动化得到了快速发展。最初的机器人，从它的可搬动重量等考虑，液压驱动方式是主流，但是由于机器人控制技术的进步和维护工时的削减等，现在电动机器人成为主体。另外焊接机器人的种类可以分为垂直多关节类型的机器人和正交类型的机器人。以下以已经开发出来的汽车车身装配作业专用的机器人为例进行介绍。

(i) 双臂型点焊机器人　以前，在车身底板支柱部位的焊接工序中，如图4-31所示，在车身下侧放置了背垫金属电极的专用多用途点焊装置，导致设备尺寸比较大、下侧的电极不变，上部的专用机替换成机器人，使用这种焊接设备进行应对。但是两者都使是专用的夹具和电极，每次车型的更新换代都需要设备的更新。因此采用可以定位下侧电极位置紧凑型机器人臂和能够进行加压动作的上部机器人臂的复合动作的机器人，这种用来进行点焊的机器人也得到了实际应用。这个实例如图4-32所示。

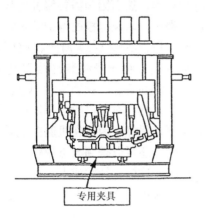

图4-31　使用专用多功能焊接机对中柱进行焊接

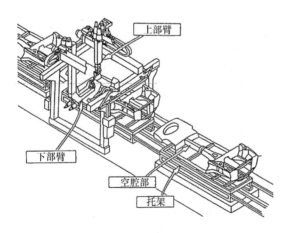

图4-32　双臂型焊接机器人

（ii）省空间型的点焊机器人　在应用以前的机器人进行点焊的工序中，由于机器人相互干涉的制约，在1个工序中机器人设置限制在4台。将机器人重新设计成适合汽车车身装配线的构造后，1个工序可以集中配置8台机器人的开发示例如图4-33所示。这种机器人是将下部的第1轴（旋转轴）作为上部的第3轴，以此缩小了机器人的后部空间。通过这种方法，使机器人的相互干涉降低，通过机器人的集中配置减少了生产线工序数量。

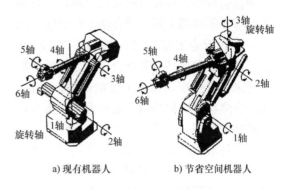

a) 现有机器人　　b) 节省空间机器人

图4-33　节省空间型机器人

（iii）焊枪的机器人化　在一部分车型中，车轮轮罩内板和车身后底板进行焊接时，有超大型焊枪的2台机器人和几台简易机器人共计大约3道工序的机器人进行焊接。因此开发了拥有伺服轴的大型臂构造的机器人，从后窗开口部和行李舱开口部进行点焊的机器人的开发示例如图4-34所示。

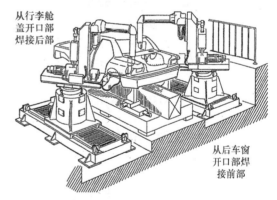

图4-34　围边部分的焊接机器人

e. 包边法、后包边法

这两种方法是盖状物的零部件在生产上的固有技术，包边（也叫咬接）和包边后的涂装电泳干燥炉之间，为了保持工件的姿态，后包边法可以作为一种方法。以下对包边法和后包边法的最近发展动向进行说明。

（i）包边加工法　包边加工法是在事先

弯曲90°左右的外板凸缘内侧放入内板，然后将凸缘进一步弯曲，最终内板夹在里面的一种接合方法，在发动机舱盖、车门、行李舱盖等零部件都采用这种方法。包边法中除了一般的折合方法以外，如图4-35所示，为了使门盖类部件与其配合部件之间的缝隙看起来显得狭窄，也为了增加部件的刚性，采用有盒状包边的构造，还有大半径折合角的索状结构等。另外在包边加工方法中，根据零部件形状做成的下模胎和弯曲刃都是不可或缺的，不过这就需要对每一个改款车型都制作一个新的模胎。这种情况下，只要制作新的下模胎，弯曲刃由机器人来进行的滚边方法也可以得到应用。其概要如图4-36所示。

（ii）后包边加工法　后包边加工法是为了将包边后的工件姿态保持到涂装电泳干燥炉，在干燥炉内使黏合剂能够得到硬化，防止外板发生错位的预固定方法。

以前，对于具有一定刚性的车门，包边后再进行点焊，然而因为需要修补外板表面的焊痕和裂纹，以及电极的维护管理需要花很多工时，所以如图4-37所示，使用专用的包边黏合剂，将车身组装（凝胶化）起来以保持一定的姿态。预固法对刚性比较好的车门有效，然而对于机舱盖等刚性不足的面板效果不是很好。因此在机舱盖上采用比点焊变形少，还可以得到与点焊强度相当的激光焊接法。这样，针状或点状焊接的激光焊接法得到采用。

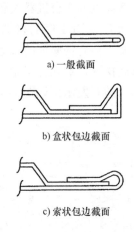

图4-35　包边截面图
a) 一般截面
b) 盒状包边截面
c) 索状包边截面

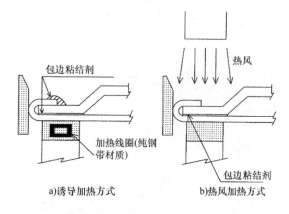

图4-37　预固法（包边部截面）
a) 诱导加热方式　　b) 热风加热方式

另一方面，对于行李舱，虽然它的刚性在车门和机舱盖之间，但是由于行李舱的构造不同，其输入状态也会改变，需要根据车型组合以上的方法来保持部件姿态。

f. 车身部件搬运系统

关于车身部件的搬送，由于零部件的大小、搬运距离、生产线的周期不同等，导致搬运装置的种类很多。车身装配生产线的搬运装置中，升降机方式（也叫循环往复方式）成为主流，不过用夹具托盘的循环方式也在增加。另外在最近，以前主要用于轻物的高速搬运的磁悬浮搬送方式也被用于搬

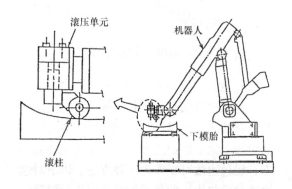

图4-36　滚边方法

运车身了。前述的图 4-22 就是采用了十字形磁悬浮系统的例子，主线和横线在空台上形成正交构造，装载着工件。图 4-38 是磁悬浮搬运电动机和夹具托盘台车以及轨道的配置图。

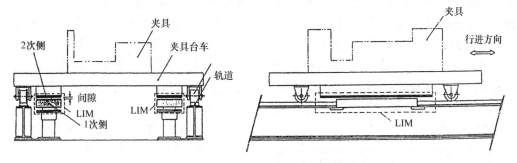

图 4-38　磁悬浮电动机和夹具台车

磁悬浮电动机可在非接触情况下得到动力，具有高加减速性能、低噪声、构造简单等特点，并能够缩短生产周期，可动部分的台车不需要输电线，部件数量少并且很少发生故障，期待今后能够得到更广泛的应用。

另一方面，作为超大钣金件的取出和搬送方法，传统的 overhead 类型的搬运设备是主流。不过随着机器人性能的提高和搬运夹具拆装周边机器的开发，增加了从机器人到机器人边焊接边搬运的方法。特别是地板和侧围内板这样的轻而不稳定的零部件，利用升降方式运送时会产生工件错位的问题，所以用搬运夹具将工件固定后再用机器人搬运也已得到应用。根据部件状况可使用不同的搬运方式。

【藤井秀嗣】

参 考 文 献

1) トヨタ自動車：自動車ボデーの統合型フレキシブル溶接組立システムの開発と実用化，第 37 回大河内賞受賞業績報告書，p.91 (1990)
2) 飛田ほか：自動車ボデーのフレキシブル溶接組立システムの開発，自動車技術，Vol.45, No.1, p.87 (1991)
3) 日産自動車：インテリジェント車体組立システムの開発，第 38 回大河内賞受賞業績報告書，p.152 (1992)
4) 高砂ほか：板厚の異なるプレス用素材のレーザ溶接工法の開発，トヨタテクニカルレビュー，Vol.43, 臨時増刊号, July, p.70 (1993)
5) 酒井ほか：ボデー自動組付ラインの開発，トヨタテクニカルレビュー，Vol.44, No.1, p.55 (1994)
6) 山本ほか：車体組付治具への CAD/CAM 一貫処理システムの導入，マツダ技報，No.82, p.174 (1994)
7) 井原：ロボットオフラインプログラミングの現状と今後，自動車技術会生産加工部門委員会・技術交流会発表資料 (1994.9.8)
8) 鈴木ほか：抵抗スポット溶接における散り抑制制御，溶接学会・軽構造接合加工研究委員会資料，MP-150-95 (1995)
9) 高橋：自動車産業におけるレーザ加工の適用，溶接技術，Vol.42, No.11, p.69 (1994)
10) 田野倉：用途広がる YAG レーザ加工，日経メカニカル，No.401, p.14 (1993)
11) 高橋ほか：乗用車ボデーへのレーザ溶接工法実用化，三菱自動車テクニカルレビュー，No.5, p.129 (1993)
12) 久保ほか：双腕型溶接ロボットの開発と自動車への適用，溶接学会・軽構造接合加工研究委員会資料，MP-25-95 (1989)
13) 柴田：溶接技術この 10 年の歩みと今後の展望（自動車），溶接技術，Vol.37, No.11, p.83 (1989)
14) 桜井：当社における最近のロボット適用事例，日本ロボット工業会，第 55 回ロボット利用技術講習会予稿集，p.16 (1994)
15) 辻井：自動車 Body 生産ラインにおける接合加工システム，溶接学会・軽構造接合加工研究委員会資料，MP-130-94 (1994)
16) 西山ほか：自動車生産ラインにおけるリニアモータ搬送システム，自動車技術，Vol.44, No.5, p.92 (1990)

4.3　车辆组装技术

4.3.1　车辆组装工序中人的因素

a. 装配生产线发展的历史和现状

从 20 世纪 50 年代到现在，车辆的生产数量、生产车型数量的变化，组装线的课题,以及为了应对这些课题而开展的主要项目如图4-39所示。但是大部分的装配工艺都经过了30年的时间,同一个工厂不断在解决那些随着时代不断变化的课题,其结果导致出现了各种各样的问题。这些问题包括年轻人逃离制造业、青年男子劳动力的减少、劳动时间的缩短、女性进入职场和老龄化对策等。为了解决这些问题,从20世纪80年代后期开始,不断有新组装工艺的提案和实用化报道。

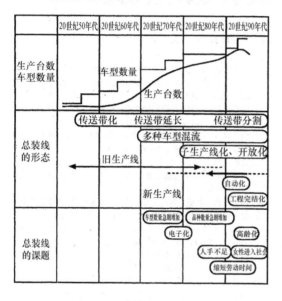

图4-39 总装线的发展状况

b. 总装线的特征

现在的总装生产线和其他的汽车制造工艺相比具有以下的特征。

1) 处理的零件数量非常多。每个车型需要组装具有各种功能的零部件2000～3000种。

在多车型的混流生产情况下,每一条生产线上大约有9000种零部件。

2) 以人力为主体的劳动密集型。一般来说250～500人/1条线/1班。

作业的大部分是人工作业。

作业的种类多且复杂。

3) 利用传送带的流水作业是生产主流。用传送带方式以人工为中心的流水作业(部分也以小集团的岛作业方式)。

在一些限定部位也实施了自动化(部件模块化、自动化区域设定)。

4) 决定相关零部件工厂的生产速度。总装线的停止对相关工厂有很大的影响。

从以上特征可以看出,总装线必须是针对生产量、零部件、车型的时刻变化,不降低效率而快速应对的生产线。同时它也是依赖于人的能力的工程,从车辆结构、投资额、可靠性等方面考虑,完全的自动化非常难,因此怎样构建"以人为主体的总装线"变得很重要。

c. 装配工艺设计的思路

基本的设计思路与其他的制造工艺相同,但是由于总装工艺中人的作用较大,在最新发表的工艺设计思路中有以下4个项目。

1) 构建有工作意义的总装线——工人的动力。

2) 作业负担少的总装线——任何人都能工作的工艺。

3) 能够与作业人员共存的自动化(参照4.3.2项a)——线上自动机器。

4) 工作环境的改善——对应时代的变化。

在这里对1)项进行说明。

现在日本国内的总装生产线是大约30年前建成的,那时候是车辆结构极为简单的时代,当时学习欧美的布局,采用了连续的传送带方式。此后,如图4-39所示,随着在同一个总装线上的多车型投入,车辆的多样化、电子化、产生了装配零部件的数量和零部件功能的增加等课题。为配合这个客户需求,对于多类车的装配,将增加的零部件放在能够组装的工序中来应对。因此,组装零件相互的功能关系变得很难把握,使工人对"自己的工作"功能意义的理解变得越来越困难。另外,同一条流水线中作业的人数也在增加，职场环境变得越来越复杂。

另一方面，作为应对这些课题的装配线的思路，被称为"新工匠主义"的小集团岛作业方式在西欧得到试行。但是这种形式因为其生产效率较低、在短期内学习熟悉多种作业的难度较大，还有作业辅助装置的空间限制造成的作业负担重等问题存在，所以没有得到广泛应用。

在日本国内以新工厂为中心，实施将复杂化的总装线回归到以前简单的状态，并且以适应时代发展的作业环境为目标构建新的生产线。

将一个工作小组内的作业内容以车辆功能进行划分使之简单易懂，使各工作小组的运营容易具有自律性的新的工艺设计已有发表。这个例子如图4-40所示。

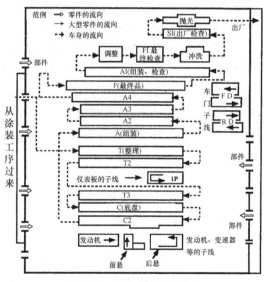

图4-40 新总装线的布置

在这个新工艺中有以下这些方面，可以提升工人劳动的动力。

1）使工人明确自己在汽车制造过程中起到什么作用，在做什么样的工作。

→增进工作激情以及成就感，以此扩大改善活动的幅度。

2）小组长对部下工作内容的说明和指导容易化。

→掌握的知识、技能、管理方法的明确化。

3）品质提升、作业改善等在小组内进行研究讨论。

→以小组为单位迅速地改善提案。

4）适合专业知识掌握程度的业务变更。

→结合个人技能的技能学习的职业生涯规划。

同时，这样的成果不仅在已有工程的改善上得到应用，而且这个想法在新工厂建设等方面也具有非常广的可应用性。

4.3.2 自动组装设备

a. 自动化的目的

在汽车装配过程中，自动化以提高生产效率、提升品质并减轻工作人员的负担等为目的得到实施。近年来，特别是在日本，作为工人高龄化和女性进入制造现场的应对，自动化作为减轻作业负担的一种手段得到有力推进。

b. 装配工厂的变迁和自动化

总装过程的自动化与生产方式的历史无法分开。生产方式的历史，如果从自动化程度和工人的动力促进方面进行分类，如图4-41所示。从福特开始的传送带式大量生产方式，随着近年来劳动环境的变化，向可以实现兼顾减轻工作负担和提升工作动力、以人为中心的新生产方式不断转变。

c. 自动化方式和最新系统

总装工艺中自动化的方式可以大致分为固定方式和流水线同步方式，这两种方式分别都在最新的总装线上实现了。在这两种方式中，在近年的实施例中可以看出，都是将重点放在对减轻工作负担和提升工作激情有贡献的设备设置上，但是它们的实现形式也有各自的特征。以下对这两种方式的最新系统特征进行说明。

（i）固定方式 固定方式的最新技术是

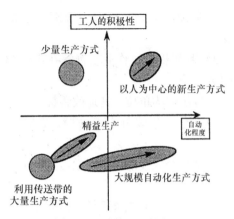

图 4-41　总装工厂的变迁

将自动机器集中在自动区域形成生产线的技术。它的主要目的如下所述。

＊确保车身定位精度（车身的绝对位置定位）。

＊避免设备造成作业生产线的分断。

＊化解对组装作业人员的压迫感。

＊设备试运行的容易性。

＊设备集中设置可以减少设备的搬运成本，节省空间。

＊通过与手工作业线路的缓冲连接，确保稳定运转。

这种方式主要由高速移动车身的间歇搬运装置、搬运后的车身定位装置以及零部件的组装装置构成。在这种方式中，因为零部件组装的一连串作业都需要自动化，所以使用机器人和视觉传感器等高科技产品的高度自动化设备也大量地得到应用。因为将工作人员与生产线进行了隔离，所以大量使用了大型的通用机器人。

但是在高科技设备里，如视觉传感器，在车辆组装的应用中，也有一些可靠性不足的报道事例，近年来，也看到对这些高科技设备的使用进行重新修正。

（ii）流水线同步方式　这种方式是在车身被连续搬运的手工作业线上配置同步式自动装置，是设备和作业者共存的一种方式，其主要目的如下。

＊使作业者感到工作有意义，遵守最合适的作业顺序。

＊通过组装作业人员参加设备管理和改善，扩展提高作业者能力的领域。

＊消除对设备的服务、被指使的感觉。

＊提高现有工厂适用性的小空间化。

＊低成本化。

因为在这种方式中，如果设备发生故障会导致停线、停工，所以必须充分地确保设备的可靠性。另外设备在手工作业线中能够很好地与人协调工作，所以对工作人员来说必须是能够改善、容易理解的构造。为了应对这些要求，可以看到在这种方式中做了以下努力。

人与机器的作业分担，也就是负担重的作业要素由机械进行，负担轻的和自动化后可靠性降低的工作，根据作业性质也有以人工作业为主的辅助装置来实施的例子。这样就可以提高设备的可靠性。

对于移动车身装配设备的定位机构等，结构的主体是组装线的工作人员容易理解的机械系统。这种方式使工作人员对设备容易理解，组装作业人员实现对设备管理的同时，扩大了工人的改善活动领域，以此使其能力得到提高。

d. 自动装配设备的事例

总装工艺中自动化的主要方式，固定式、同步式的自动装置的例子如下所示。

1）发动机、底盘搭载：将发动机和底盘部件以总成的状态从车辆下方置于车身内部并用螺栓进行紧固的作业。图 4-42 是固定式，图 4-43 是同步式的例子。

2）车轮安装：将车轮放入轮毂，拧紧轮毂螺母的作业。图 4-44 是固定式，图 4-45是同步式的例子。

3）仪表板安装：将仪表板搭载到驾驶舱内，再进行固定的作业。图 4-46、图 4-47是固定式，图 4-48 是同步式的例子。图4-46是从前风窗玻璃开口部安装，图4-47、图 4-48 是从前门开口部进行仪表板的安装。

图 4-42　固定式发动机/底盘的搭载

图 4-45　同步式轮毂的安装

图 4-43　同步式发动机/底盘的搭载

图 4-46　固定式仪表板的安装

图 4-44　固定式轮毂的安装

图 4-47　固定式仪表板的安装

4）车窗玻璃安装：将涂有黏合剂的风窗玻璃安装在车身上的作业，要求必须有与车身开口部能够正确进行定位的技术。图 4-49 是利用固定式的视觉传感器进行定位的例子。图 4-50 是同步式作业辅助装置的例子。

图 4-48　同步式仪表板的搭载

图 4-51　固定式制动/离合器液的注入

图 4-49　固定式前风窗玻璃的安装

图 4-52　同步式制动/离合器液的注入

图 4-50　同步式前风窗玻璃的安装

5）液体注入：对已完成装配车辆注入油和冷却液的作业。图 4-51 是固定式的制动/离合器液的注入，图 4-52 是同步式冷却液的注入示意图。同步式的例子中，人工操作的只是将注液枪放置好的半自动装备。

6）转向柱装配：将转向柱放入驾驶舱内，用螺栓进行紧固的作业。图 4-53 是同步式作业辅助装置的例子。这个设备的目的是重量辅助和作业姿态改善。

图 4-53　同步式转向柱装配

7）座椅搭载：固定式的座椅装载装置

如图4-54所示。

图4-54 固定式座椅装载

8）车门安装：在最近的总装工艺中，为了使驾驶舱内安装作业和门的安装作业容易化，在总装线的先头工序中卸下车门，在最后的工序中再组装。固定式的门安装装置如图4-55所示。

图4-55 固定式门安装装置

e. 总结

总装线的自动化历史还很短，由于要安装的零部件和相应技术领域非常广泛，相对于其他工艺，现在的自动化水平还是非常落后。因此各公司根据自己最合适的形式变化推进相对应的自动化，被认为是汽车企业发展的关键。

4.3.3 搬运设备

a. 传统的搬运设备

以往搬运车身一般使用的是链传送方法。很久以前开始，在基础框架两端的链轮上安装链条，利用将车身放置于其上进行搬运的滑动式传送机和将车身固定的托架进行匀速搬运的吊运式传送机等搬运设备。以下对近年来使用较多的平板输送机和动力传送索与自由传送索组成的复合输送机进行说明。

（i）平板输送机 这种输送机是在链条上连续安装铜制的平板，将车辆从下面固定着进行输送。近年来，为了减轻作业者的走动负担，平板扩展了作业领域，有一些设置在平板输送机的中央部位。另外，一些辅助装置，如可以根据作业的容易性调节车身高度的装置也得到开发及应用。

（ii）复合输送机 这种输送机是由推进托架的动力线和保持托架运行的自由线构成的输送机。其功能可是根据不同的输送距离、输送速度，能够将生产线的分流与合流进行自由组合。并且，因为可以进行托架的暂停和储存，所以可以设置升降机等附属装置，使输送物的自动装载以及向自动工序中进行高速输送成为可能。

一般情况下，这种输送机使用的是托架悬挂方式，但是也可以使用将机构翻转过来在地面上输送的方式。

b. 最近的搬运设备

车辆的搬运装置都是一旦铺设好后基本上要持续使用20多年。因此在很长时期内要有很高的可靠性、耐久性，而且还需要能够根据车辆构造和作业人员的变化柔性应对的生产线。综上所述，搬运装置必须满足以下条件。

1）搬运状态的可变化——工程运营的柔性。

2）高精度的定位——自动化。

3）作业性提升——高龄化、女性化。

4）无冲击——工作环境改善。

5）降低噪声水平——工作环境改善。

考虑了以上因素并实用化的最新搬运装置的实例将在下面进行说明。另外，还列举了图4-56所示近年来链条方式的代表事例，以及最近的输送设备事例。

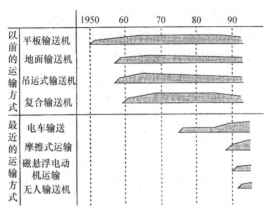

图 4-56　最新输送设备事例

（i）无人输送机（AGV）　无人输送机是一种没有行走用的轨道，通过自动转向来输送车辆的方式。这种系统可以使输送线路和工程长度的变更容易实现，通过输送线路和通道的共用可以使工厂的空间得到有效利用，以此为目的作为生产线的构成要素导入进来。图 4-57 中是铺设电磁自动导引装置的 AGV。

图 4-57　使用 AGV 的总装线

另外，AGV 不是为了输送车辆，而是用来输送车身组装零部件的输送系统。

（ii）轨道式自行台车　轨道式自行台车是在台车上装载驱动源、外部电源供电、在专用的轨道上行走的方式。下面以单轨电车输送台车（以下简称电车输送）作为代表事例对此进行说明。

这个系统由固定轨道和托架构成，有托架悬吊在轨道上的类型和托架跨坐在轨道上的类型。在总装工艺中，前者是工序间的输送在头顶上作业，后者适用于地上作业。

托架的输送动力源使用逆变器控制的通用感应电动机和伺服电动机，为了防止与追随的托架冲撞，装有接近传感器。托架的行走控制是通过搭载在托架上的控制单元和地上设置的控制单元之间的通信来进行的，可根据行走条件进行控制。

图 4-58、图 4-59 是适用于地上作业的电车输送系统的事例。在这个事例中，车身的高度是可以变化的，同时在地面下的洞中装有供电设备，由于工人的脚下是平坦的地面，因此提高了作业性。

图 4-58　电车输送一

图 4-59　电车输送二

在自动化工艺中，将车身高速地输送到作业位置，停止、实施自动组装后再次高速地输送到下一工序，基本上都是这样进行输送。图 4-60 是自动化工艺中电车输送的事例。

图 4-60 自动化工艺的电车输送

电车输送系统具有能够将托架进行匀低速输送，可以设计出多种多样的行走条件，也可以实现高精度的定位，还可以降低噪声，因此得到了广泛采用。特别是在欧洲的汽车制造商中，出现了以减轻作业负担为目的而废止头顶上方作业的势头，开始采用装有可以将车辆横向转动、垂直方向上下移动的托架机构。

（iii）轨道式他动台车　这种方式的代表是摩擦输送，下面对摩擦输送进行说明。这种方式的概要如图 4-61 所示。

搬运驾驶人员向主线上供给台车（托架），控制台车的主驾驶用摩擦驱动托架的方式，形成整体的生产线。制动驾驶给予主驾驶逆向回转，将托架送出。这种方式在地面作业和头顶上方作业中都有导入。图 4-62 是生产线的构成概要。

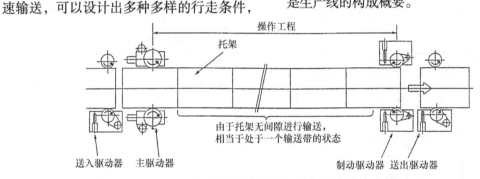

图 4-61 摩擦输送的机构概念图

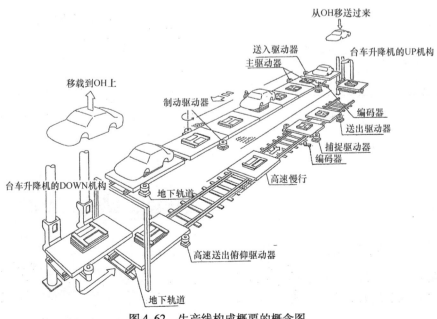

图 4-62 生产线构成概要的概念图

为了使作业高度达到最优化，可以在托架上装有升降机构。另外，对于卸掉车身的空托架，在地下空间内被高速地输送出去，这样就可以达到减少台车运行数量的目的。驱动方法有高速摩擦驱动和磁悬浮电动机驱动等方法。

以上对汽车总装过程中应用的输送装置的技术动态做了说明。然而这些最新装置是否能够经得住总装线上长年累月的使用还是问题，还必须对此进行关注。

4.3.4 今后的产品要求和车辆组装技术的课题

a. 今后的产品要求

今后的车辆产品所面对的环境将会发生以下变化。

1）顾客的要求＝需求更加多样化。
2）社会的要求＝环境/安全的顾虑。
3）生产现场的要求＝高龄化/女性化的应对。

根据上述背景，今后的车辆有如下要求。

1）多车型少量化生产（图4-63）。

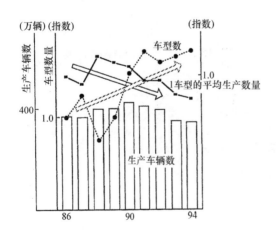

图4-63 生产车辆数和车型数量的变化

2）随着装备（特别是电子部件）的充实，组装的零部件数量增加（图4-64、图4-65）。

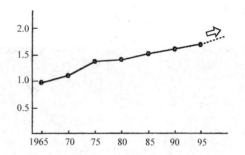

图4-64 一辆车的平均部件数的变化

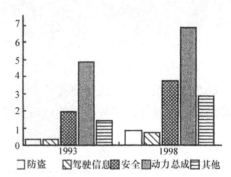

图4-65 车载电子部件的需求变化预测

3）车辆分解/再利用性的提升（表4-3、图4-66）。

表4-3 EC的限制动向

对于所有的车辆，最晚到2002年以后，根据新车重量，废弃物（掩埋或者不能进行能源回收的焚烧）的重量比必须在15%以下
对于2002年以后新车废弃物必须在10%以下
所有车辆最晚从2015年开始，废弃物必须在5%以下
从1995年开始，在粉碎前进行无害化处理，形成的粉末不能为有害废弃物

图4-66 车辆再循环工厂例

4）采用容易安装的构造。

b. 车辆装配技术的课题

为了应对上述1）~4）这些对车辆的要求，各技术领域的课题见表4-4。

表4-4 组装技术的课题

主要领域	产品要求	多车型少量生产	部件数量增加	分解/再循环	组装容易化	课题
设备技术	输送设备	◎			◎	为了实现多车型能够混流的通用化以及改善操作姿势的车身支持/上下移动/旋转移动/旋转机构，车身和组装设备的同步方式
设备技术	组装设备	◎	○			机器的可靠性提升和高性能化（自动紧固/感知），更小、更通用、更安全的设备，容易操作/维护的人机界面，不定型/刚性低的部件的搬运技术
生产线计划	工艺编制	◎	◎	○	◎	依据生产车型/数量的变化能够在短时间应对的柔性化工程技术（CIM的工程模拟/系统扩充等）
生产线计划	部件供给	○	◎		◎	为了实现多车型、多数量的主生产线供应方式（构成单位/顺序设定/物流和准备的流程）
车辆构造	部件&车身构造		○	◎	◎	具有效果平衡（成本&性能/操作改善/再循环对应）的子组件化/模块化方式，车型间的构造统一性（组装单位&顺序/定位基准&方式/结合方式/车身支持/材质选择）
车辆构造	结合技术	◎	○	◎	◎	适合于轻操作化&自动化/解体容易化的方式（方法选择/工具/部件材料），使组装和质量保证能够容易进行的配线和管路结合（特别是子组件之间）

c. 车辆装配技术的将来趋势和新技术（总结）

车辆总装工艺和其他工艺不同，它是对人的能力依赖程度非常高的工艺。因此，将来总装工艺中输送机和自动机械、信息通信等设备技术的中心课题，要从对主角"人"的支持来考虑。同时在推进使装配容易化的部件总成化、模块化时，可能也要考虑提高再循环利用的部件可分解性，以此形式推进发展（图4-67中是该事例的展示）。汽车作为商品，不只是具有功能性，只要还有其他需求，车型改款和生产量的变动就不可避免。为了能够柔性地应对这些变化，工艺设计等工程方面的机动性也越来越重要。支撑这些的软件技术也是不可或缺的技术。以如何使作业负担得到减轻，发挥人的能力为命题不断发展车辆总装技术，满足高度化产品的要求。以"人"为主角的考虑方式，在今后也不会有什么变化，因此如果不考虑人因素，就没有将来。

【飞田英明】

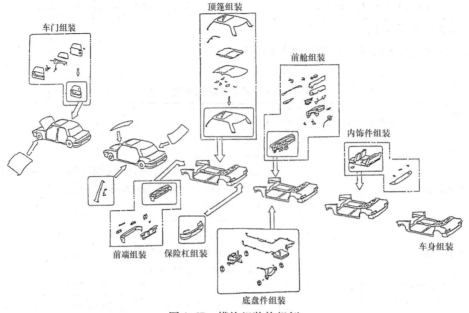

图 4-67 模块组装构想例

参 考 文 献

1) 加固博敬：自動車組立ラインの新しい方向，日本機械学会第 71 期通常総会講演論文集（1994）
2) 千葉秀己：作業者と共存する自動組立設備，精密工学会自動組立専門委員会第 75 回研究発表会前刷集（1995）
3) Automotive Industries（1994.12）
4) 荒井ほか：人に優しい次世代の自動車組立ライン，自動車技術会シンポジウム，No.9310（1993）

4.4 FA–CIM 技术

4.4.1 工厂的自动化/生产管理和 FA–CIM 的作用

a. 生产所处环境的变化

经营如果用一句话来概括是"对变化的迅速应对"。从过去到现在，汽车产业生产所处环境的变化非常快，各公司都将这些作为生死存亡的问题来应对这些变化。图 4-68 是生产所处环境的变化及其应对的 FA–CIM 系统的目的。

b. 术语的概念

FA–CIM 术语所具有的概念几乎可以认为都渗透到世界各个角落了。

FA 术语是日本新发明的名词，是 Factory Automation（工厂自动化）的简称。在欧美一般称为 Flexible Automation（柔性自动

图 4-68 生产所处环境的变化

化）。其意思是说将生产过程中相关的人力劳动以机器人等机电一体化的机械来代替，因此为了应对多样化的市场需求，是主要应对制造产品的柔性自动化 FMS（Flexible Manufacturing）概念的延伸。

CIM（Computer Integrated Manufacturing）是指经营、财务、营业、研究开发、设计、工艺设计、生产管理、生产的所有业务通过计算机支援和计算机通信网获得自动化、合理化，使企业的全体活动实现速度提升和低成本化，这是它的一般性概念。

这个术语的发祥地是美国，从计算机集成（Integrated）这一前提进行从上到下、控治、计算机网络手段先行的印象提得太过了，与日本从下至上、自我约束大于外部约

束、比起计算机和机器人等机械基本上以人为中心构建生产系统的概念有许多不同。虽然被误解的地方也有，但是将它作为提升企业速度、实现低成本化的一个时代性的方法、观点也挺好。

同样，最近成为热门话题的 CALS 也是同样的方法。也就是生产系统、经营系统应该怎样去解读，怎样去抓住、应对时代的变化而建立。1995 年时的共同认识应该是地球环境应对、全球化、企业速度提升、低成本化。在 CIM 的发祥地美国，最受欢迎的 CASA/SME（计算机自动化系统协会/制造技术者学会）做出的概念图如图 4-69 所示，随着时代变化而变迁的 CALS 术语定义见表 4-5。

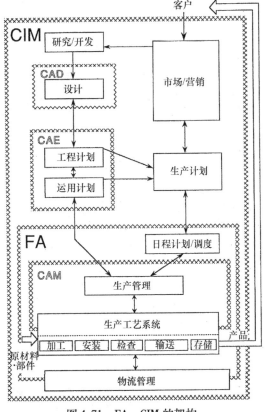

图 4-70 生产系统的自动化/合理化的变化

单独系统向覆盖整个工厂乃至整个企业进行整合化的 FA-CIM 的结构如图 4-71 所示。这是将岩田一明（大阪大学名誉教授）提出的 FA-CIM 一般性架构进行了部分改变，转换成面向汽车产业的生产系统的架构图。

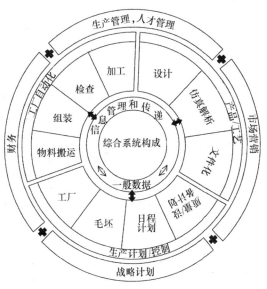

图 4-69 由 CASA/SME 构成的 CIM 的轮（古川勇二译）

表 4-5 CALS 意思的变化

Changes in the Meaning of "CALS"
Computer Aided Logistic Supports
Computer aided Acquisition and Logistic Supports
Continuous Acquisition and Life cycle Supports
Commerce At Light Speed

c. FA-CIM 的架构

生产系统一直在追求将人的工作由机器来代替的自动化。近年来，一直致力于体力劳动由 NC、机器人、AGV（Automatic Guided Vehicle）和脑力劳动由 CAD、CAM、CAE 来代替，如图 4-70 所示。将这些个别、

图 4-71 FA-CIM 的架构

d. 汽车生产过程中的 CIM 全景图

将一般的图 4-71 所示的架构图转换成面向汽车产业生产系统的全景图，如图 4-72

所示。图 4-73 所示是为了使人们对这个全景图更容易懂，以工厂的生产系统为中心的一份图解说明。如图 4-72、图 4-73 所示，汽车产业的 CIM 称为"生产采购一体型的 CIM"，是"在投标-生产-入库的一系列生产活动中对系统进行有效的运用/管理/控制"，这与中标之后从设计开始的造船产业的 CIM 是不同的类型。但是近年来，随着市场的成熟，对商品的竞争力要求更高，因此也要求商品企划更加充实、商品开发周期进一步缩短，基于这些要求已经开始了新的探索。

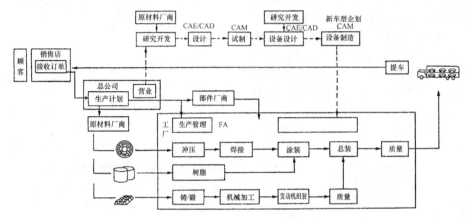

图 4-72　CIM 的整体构成

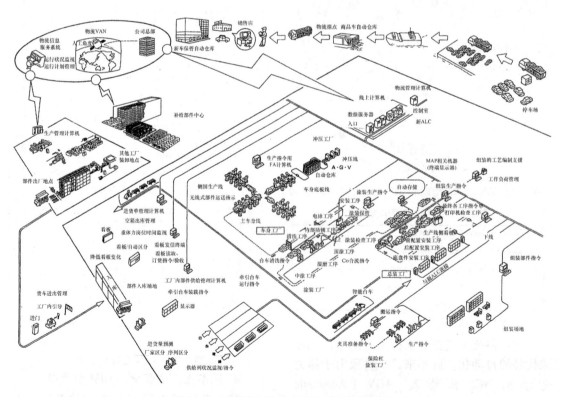

图 4-73　以整车厂为中心的生产/物流系统

e. 工厂的自动化/生产管理

在工厂中，应该迅速地应对图 4-68 所示的生产环境变化，虽然以人为中心夜以继日地在努力，但是如果没有最新的技术支援，运用起来也很困难。这些技术不只是机器人和计算机那样的技术，还有人与机械的作用分担。为了让工人具有使命感、成就感，做成什么样的工艺好，构建成什么样的系统好，考虑这些方面的系统结构、内容等技术，比那些机器人和计算机的专用技术更重要。

以机械代替工厂中的体力劳动为目标的自动化和对工厂运营进行管理的计算机化也是根据时代的要求、伴随着技术进步的步调不断得到实施。其中，由于环境激烈变化和计算机、通信、网络技术的飞跃发展，对生产管理方面的要求也变得越来越高、越来越多样化，尤其是在最近，如生产管理要求、短交付期/交期遵守/顾客规格应对、成品车的发送/零部件调配的迅速化以及相应事物处理的迅速化。

工厂在生产管理方面重点放在什么上面，都是随着那个时代的市场（顾客）要求而变化。在生产全球化发展的今天、要在世界各地市场成熟度不同的区域建造工厂进行生产活动的时候，必须准确把握好这些要求。如果将日本最先进的工厂管理方式运用到市场要求数量的区域就会沦为效率低、昂贵的管理系统。图 4-74 所示是生产管理的重点变化图。

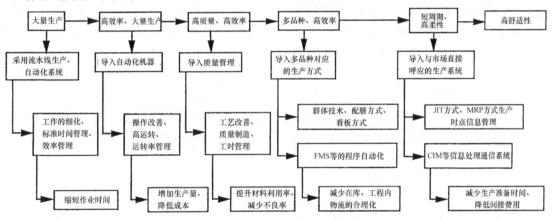

图 4-74　生产管理的重点变化

在造出来就能卖掉的多量生产时代，为了缩短作业时间的标准时间管理和效率管理，在进入到自动化/机械化时代的设备运转管理，多样化时代的错装缺件对策管理、调配部件的物流管理，最近，为了应对全球化以及为了吸引、留住成熟市场的顾客而进行的订单生产方式，从接到订单到出货的生产时间缩短及其相应间接人员的裁减等，都是生产管理所要求的。

工厂的自动化/生产管理，在丰田生产方式中，由"单人旁"的"自働化"和 Just In Time（JIT）两个支柱来支撑。也就是各工序内做好质量和以省人化/少人化为目标的自动化"Autonomation Including Automation"，以及标准化和以后工序的需要为基础，在需要的时刻只做需要的东西为目标的 JIT，为了实现减少库存并缩短生产时间不断推进生产的合理化。这个方式如图4-75 所示。

f. FA-CIM 的作用

现在/将来的汽车生产系统，如前面所述的那样会变得复杂化，处理的信息量也会变得越来越庞大。而且日本的汽车产业也处于不得不在世界范围内进行生产的状况。现

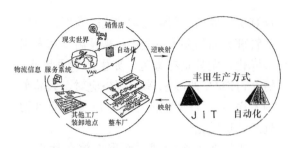

图 4-75　丰田生产方式的两个支柱

在有许多具有激情的生产技术人员，在现场和日夜奋战的人们以人海战术的方式解决了许多问题，但是为了应对在 1995 年达到峰值的生产人口（15 岁到 65 岁之间的人口）数量趋于减少的劳动环境和世界各地的民族/文化/宗教的壁垒进行开放式的生产，生产系统的体系化早晚都需要进行。FA – CIM 化不只是眼前的合理化，通过 FA – CIM 将那些需要明示化的义务和那些以往都在"默契"的状态下进行的事情，能够在体系化中体现出来。和生产过程本身一样，生产系统的构建过程（生产准备）也同样要"看得见懂得了"，需要"可视化管理"（Visible Management），我们期待以此为基础的生产系统的"进化"。

对于人来说，肉眼看到能够知道的尺度是有限度的。在面对世界规模的广袤区域，为了控制供给多种多样商品的庞大信息数据，如果没有以计算机为基础的信息系统，不可能实现这些生产活动。发挥人类的智慧，支持人类不擅长的领域，构建更加合理的生产系统，这是对 FA – CIM 有效发挥其作用的期待。

4.4.2　FA – CIM 先进系统/技术的现状

前面对汽车产业生产系统所处的环境及 FA – CIM 发挥作用解决所需问题的期待进行了阐述，如果说先进的技术就是那些正在开发中还没有完成的技术，本节中，基本上以与信息相关的技术为焦点进行说明。FA 重要技术的可编程逻辑控制器（PLC）、数控装置（NC）、机器人、无人输送车（AGV）、无人仓库和信息相关的网络系统等说明，由于在《汽车技术手册》上都有，此书省略。同时关于 CAD、CAM、CAE，也在最新出版的穗坂卫和佐田登志夫合著的《统合化 CAD/CAM》中有详细说明，此书也省略。还有关于 FA – CIM 构建和运用时的重要技术之仿真技术也在汽车技术学会另外编辑的一本书中有介绍，此书也不做说明。

a. FA – CIM 技术体系

以构建系统的核心技术为中心，FA – CIM 技术的体系构成如图 4-76 所示。以什么样的考虑方式进行系统构建的概念设计和

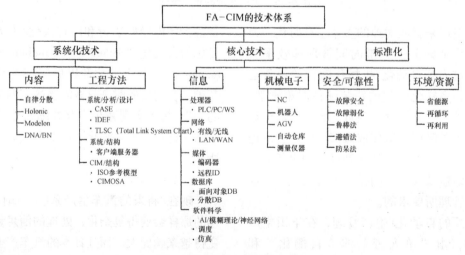

图 4-76　FA – CIM 的技术体系

实施计划/设计时所用到的工程技术方法等称为系统化技术，为了强调其重要性，特意将其与机器人和计算机等技术分开进行说明。

图 4-76 中所列出的课题每一个都是很重要的题目，在此只对其中非常有限的与信息/系统理论相关的内容。

b. "活的系统"

为了应对快速变化的环境，生产系统必须是"活的系统"。汽车生产系统以人为中心，人和机械共生/共存，在生产线中工作的人，进行生产系统构建的人，都能够感受到工作的乐趣，创造出自我实现的平台，也就是说如何创造出"活的系统"是企业存亡的关键。表 4-6 中列举了"活的系统"的关键词。

表 4-6　"活的系统"的关键词

自我组织化 Self-orgnaization	共生 Symbiosis
自我增殖 Self-proliferation	共存 Co-existence
自我恢复 Self-recovery	耗散结构 Dissipative structure
自我创造性 Aotupoiesis	大变化 Catastrophe
新陈代谢 Metabolism	波动 Fluctuation
相互进化 Co-evolution	自我变质 Metamorphic
共创 Co-creation	自我变异 Genetic mutations
智能共鸣 Intelligent resonance	协同 Synergism

c. 生产系统的条件

从上述"活的系统"派生出的生产系统中应该具备的条件列举在表 4-7 中。以人为中心的生产系统，首先必须保证工作场所中的安全，同时伴随 FA 化、CIM 化的不断发展，在导入先进设备的时候，必须考虑设备应具备精神上容易接近的特性（接近性），即亲切感（亲和性）、容易维护、能够发挥创意、激发员工的工作激情、成就感等因素。如果系统只是实现了高度自动化，会使在其中工作的人产生疏远感，就需要许多维护人员，最终对为什么要进行自动化、系统化而产生困惑。扩缩性不仅要考虑产品的使用寿命变短、市场增幅扩大而具有的可扩张性，而且要考虑在市场缩小的时候，也能够以转用、流用、再构成、再形成等形式进行规模缩小，也就是意味着具有两者功能的高度柔性化。

图 4-77 所示是将设备再构成使之容易操作的系统事例。

表 4-7　生产系统的具备条件

安全性	维护性
扩缩性	亲和性
改良性	可达性
发展性	舒适性

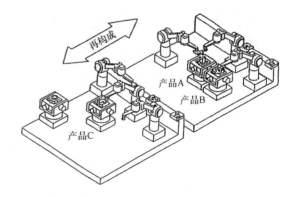

图 4-77　设备再构成的概念

d. "活的系统"的评价指数

表 4-8 是"有生命的系统"的评价指数。根据进行评价的时代不同，各项指数的比重也在变化。在市场需求量变化幅度较大

的时候，如海外生产转移等状况下，转用性、搬运性、移动性、再构成性、再形成性、再利用性、转换性等，对生产量的变动，能够迅速、柔性应对的指数的优先级变得越来越高。图4-78所示是柔性发动机组装线。

图4-79所示是另外一个事例，是对自控分散和集中系统等各种系统的评价，是以可协调性、控制性这两个维度进行评价的结果。

e. 系统化技术

（i）概念　在构建系统的过程中，以什么样的概念进行系统化非常重要。一般来说，系统可以定义为"由若干相互作用的组成部分结合而成，为了实现一个特定目的而工作的有机整体"。

丰田汽车将"丰田生产方式"作为构建生产系统的基本概念。如前面所述的那样，将自动化和JIT作为系统构建的两根支柱。丰田生产方式是思想与哲学，而不是手法，其随着时代的发展而进步。信息系统也以"自律神经"机构的构建为目标。其他公司、其他产业也差不多以那样的概念来构建系统。

最近的动向是生物型生产系统的提案比较多。冲野教郎（京都大学）在他的著作[11]中提到"作为新的生产系统，我感觉到下一个产生的应该是生物型系统"。为了应对发生激变的环境，"学习生物的漫长历史、柔韧性"的说法是各种生物型系统提案的共同点。表4-6中"活的系统"的关键词有好多都来自于同样的想法。

表4-8　"有生命的系统"的评价指数

可接受性	有益性
接近性	可达性
责任	可读性
适应性	再配置性
亲和性	缩小性
舒适性	冗长性
协同性	可靠性
自创性	再生性
可利用性	修理性
能力	重复性
可变性	可替代性
一致性	冲韧性
复杂度	重构性
一贯性/相容性	再利用性
可控性	转换性
连通性	稳健性
可合作度	安全
可协调性	可测量性
可靠性	保密性
发展性	自增殖性
识别性	自给性
可转性	自我更新
耐久性	自更换性
进化性	自修复性
扩张性	自恢复性
柔性	分离性
改良性	有用性
互换性	类似性
互用性	简单性
可读性	安定性
维修性	适合性
可操作性	可支援性
可动性	冗余度
运转性	可追踪性
操作准备度	训练性
包装性	搬运性
可搬性	透明性
实用性	可使用性

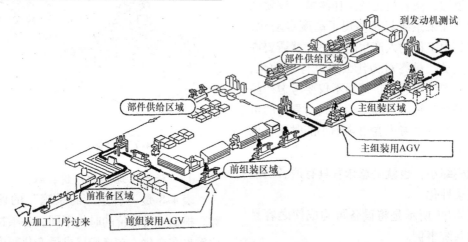

图4-78　柔性发动机组装线

4 组装、装配技术

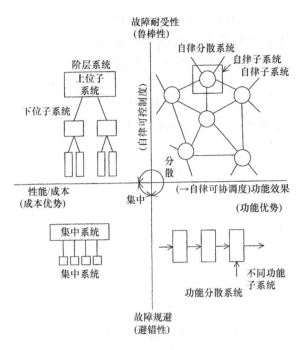

图 4-79 系统的评价

（ii）自律分散系统　术语的定义是"系统中的每个单元都相互独立，各单元按照各自的特定规则运行，并与其他单元相互协调，以实现各自目的的有机整体"。自律分散系统的概念在学会上由石井威望（东京大学名誉教授）等人提出，伊藤正美（名古屋大学）等通过文部省的特别研究项目进行研究。目前该课题还处在研究中，没有形成体系化。因此不同人和组织对概念的认识有一定的差异。为了避免造成误解，特别是为了强调与其他单元之间是协调还是调和，在丰田汽车公司称为"调和型自律分散"，在富士通公司称为"协调型自律分散"，但是所要达成的目的一样。

同样的系统，有冲野教郎（京都大学）的"MODELON"、上田完治（神户大学）的"DNA/BN 型系统"，在通产省主导的 IMS（Inteligent Manufacturing System）项目中，有以亚瑟·库斯勒提出的"HOLON"概念为基础的"HOLONIC System"。这些都在图 4-80 中有说明。

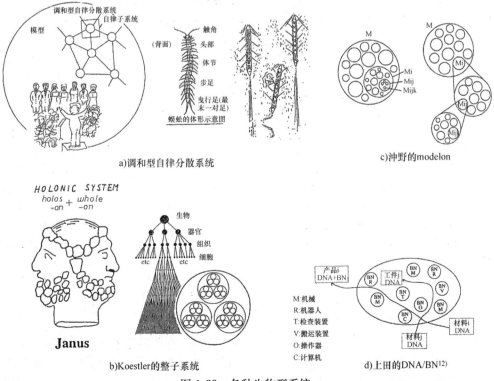

图 4-80　各种生物型系统

这些系统都具有表4-6所列出的特征。

（iii）FA-CIM的途径　CIM术语的发源地是从上至下、管理体系很强的美国，是在主机的集中管理时代被提出。然而现在CIM的集中管理思想已经很难适应激烈的环境变化，所以分散系统成为当今的主流，在日本型生产系统中，现场主导的从下至上型居多。因此今后系统构建的途径，应该是图4-81所示阶段性地推进为好。作为指导思想有从他律向自律、从集中向分散、从由上至下向由下至上的转变。

- ◆ 二律相背时的协调
- ◆ 相反事项的融合和统一
- ◆ 整体与分子一体化
- ◆ 调和和冲突的研究

自律 ←——→ 他律
分散 ←——→ 集中
目的 ←——→ 手段
归纳 ←——→ 演绎
从下至上 ←——→ 从上至下

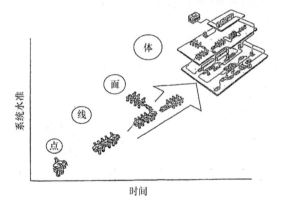

图4-81　向FA-CIM的趋近

（iv）工程技术　在对复杂的系统进行企划、设计、制作、运用的过程中，需要集结许多人的智慧。自律分散等系统的概念和"可视化、明确化、轻巧、精小"等口号一起，也需要许多能够检查系统的作用和构造的一些工具。

与前面所述的CALS等的动向相关的国际标准的系统表述法、开发方法论、工具也在发展，以下对现阶段的动向进行介绍。

1）目标指向技术：以Object-Oriented X命名的工具，最近不断地被采用，而且实践中的使用事例也在不断增加。X指的是MT（Modeling Technic）、DB（Database）、P（Programing）等各种方法。图4-82所示是系统开发方法论的转变图。

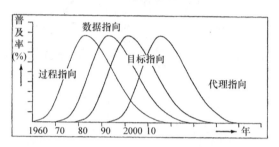

图4-82　系统开发方法论的转变

目标指向的发展途径（OOA）也不是像突然变异那样一下子蹦出来的东西，可以认为它是以过程指向（POA）、数据指向（DOA）为基础进化而来的。作为新一代方法论得到关注的智能体指向也是OOA进一步进化的结果。

目标指向是注重作为对象的物体，将"数据"和对数据进行操作的"手续群"进行一体化，以此目标为中心进行思考的方法论与自律分散思考方式比较接近。在以往的方法中，"手续"和"数据"是分离的，将数据传递给手续，是以"手续为中心"的。对于那些实际中不写程序的一般使用者来说是容易理解的概念，所以应该会成为今后EUC（End User Computing）推进的工具。

2）IDEF/TLSC：作为系统模型化的手法，在CALS中作为标准并成为国际标准，因此（ICAM Definition = Integrated method）得到关注。1977年在美国空军的研究项目中作为提案的方法，从0到17，是记述组织中所有业务的流程和相互关系的方法。记述过程次序和关系的IDEF0由于有在计算机上可以进行日语编辑的软件出售，所以使用者在不断增加。这虽然是非常出色的一种方法，但是因为其记号比较抽象化，对汽车生产工序和构成要素难以进行具体的图像化，所以也有独自对这种记述方法进行设计并且进行系统企划、评价的企业。丰田汽车的 Total Link System Chart（TLSC）就是其中一例。图 4-83 是以 IDEF0 和 TLSC 记述的事例。TLSC 的特征就是任何人都可以理解的那样，将 CIM 的 6 层次以功能性划分为工程管理、工程、控制、计算机 4 个层次，将标示记号变成比较容易理解的符号。

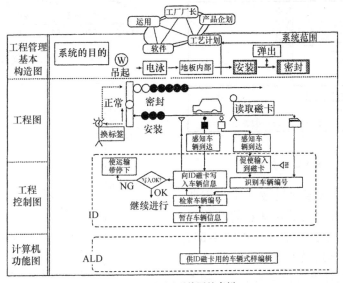

Total Link 系统图的事例

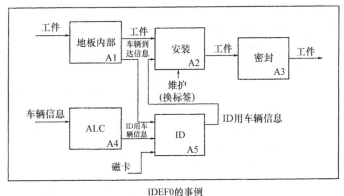

IDEF0 的事例

图 4-83　TLSC 和 IDEF0 的例子

3）SGML（Standard Generalized Markup Language）：是处理以文档再利用、文档交换为目的的电子文档的计算机语言国际标准。

它以 1969 年 IBM 的 Charles Goldfarb 开发的软件 GML（Generalized Markup Language）为基础，1986 年成为国际标准，1992 年以 JIS X 4151-1992 成为国内标准。由于是 CALS 标准，SGML 最近也得到普遍关注，事例如图 4-84 所示。

f. 关键技术

在本章节中，对与信息相关的最新的关键技术，如发展非常快的处理器和现场级的网络，以及物体识别技术，包括具体的二维码和远程 ID（Identification）、生产计划进行介绍。

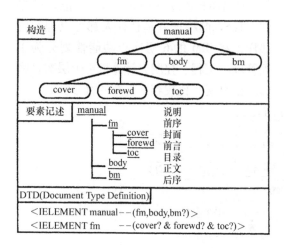

图 4-84　SGML 的事例

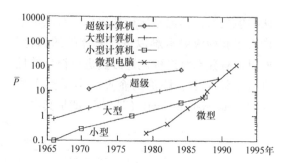

图 4-85　CPU 性能提升变迁图

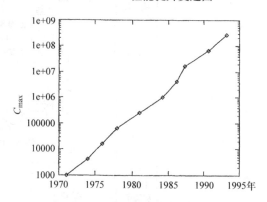

图 4-86　RAM 集成度提升变迁图

（i）处理器　根据中川徹（丰田工业大学）提供的材料，关于处理器的性能提升、储存器的集成度提升的变迁如图 4-85、图 4-86 所示。近年来微处理器的性能已经提升到可以与超级计算机相当的水平。随着价格的降低，从主机到工作站（WS），计算机、处理器的体积缩小得非常快。在客户机－服务器的分散系统型中也得到普及。

图 4-87 所示是没有使用主机而以工作站为主体构建的日产汽车公司部件（发动机）工厂的事例。

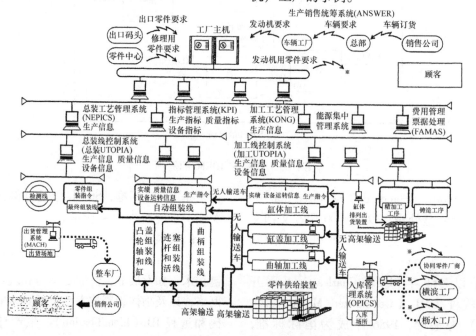

图 4-87　日产汽车 IWAKI 工厂的系统例

(ii) 网络 在现阶段,对现场级网络的标准化关注度很高,有 AB 公司提出的传感器级的 DEVICE – NET 和以丰田汽车公司主导推进的设备级的 ME – NET。

各种 FA 网络的地位与 CIM 模型的对应情况如图 4-88 所示。

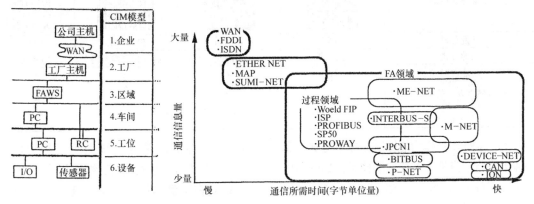

图 4-88 各种 FA 网络的作用

(iii) 媒体 在自律分散系统的构建过程中,需要物体和信息的一体化。如果一个一个去查找的话,自律化就别指望了。生产/物流系统中,物体和信息保持一致可以让我们随时能够把握"在什么地方/什么事情/现在是什么情况",可以进行快速处理。

物体和信息的一体化技术,能够承载物体和信息的信息媒体有条形码、IC 卡、远程 ID。

1) 条形码:由于信息量增加、包装上 IC 印字的高密度化、追加污损对策的错误订正符号的冗长化、用纸量的削减等要求,二维码已面世。信息媒体所处位置如图4-89 所示,最近发表的二维码如图 4-90 所示,有代表性的二维码的特点如表 4-9 所示。电装公司的 QR 码,在角上标上记号是它的特征。

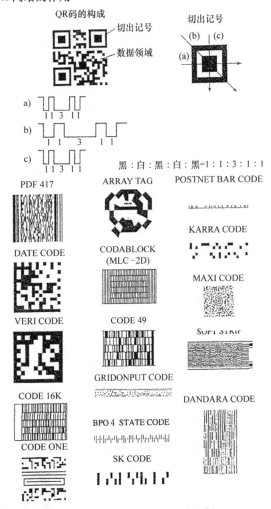

图 4-90 最近发表的二维码例

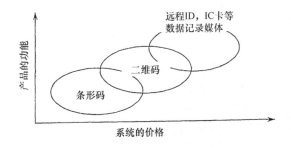

图 4-89 信息媒体的所处位置

141

表 4-9 代表性二维码的特征

二维码名称	QR 码	数据码	PDF417	MAXI 码
二维码的标识				
开发公司	电装	I. D. Matrix	SYMBOL	UPS
码的方式	矩阵式	矩阵式	层排式二维条码	矩阵式
高速读取	○	×	×	△
全方向读取	○	○	×	○
印刷精度要求的降低	○	○	×	○
记录密度	○	○	△	×
记录容量/B	1045	2000	1108	69

2）远程 ID：作为能够以非接触方式在移动体上进行信息输入和读取的技术，如图 4-91 所示，远程 ID 技术以开始应用于总装线上进行生产指令为代表，现在已经应用于各个领域。它不但从生产领域扩展至物流领域，而且安装于车上，在车辆的综合交通管理系统等社会系统的应用等方面也都在构想中。

对构建柔性而简单的系统做出了很大的贡献。在生产过程中的加工/组装指令、质量/制造/装在车辆本体上、嵌入工具里等许多地方得到应用。

根据标签的储存容量、读取速度、读取距离、电源供给方式（电池式、微波外部供电等）、耐环境性（热、振动等）的不同，远程 ID 分不同的类型在使用。

现在的主要问题是电池式远程 ID 的耐热性、更换成本。

② 物流领域的应用：已经开始应用在工厂内部，从部件的接收到生产线旁的部件供给，部件输送管理/控制等物流系统以及同一家公司工厂之间的物流，输送部件的货车运行管理等物流系统上。

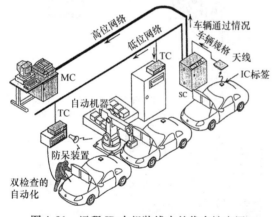

图 4-91 远程 ID 在组装线中的代表性应用

① FA 领域的应用：远程 ID 可以促进物体和信息一体化系统的自律化，其结果是

远程 ID 技术还在发展过程中，其方式和供应商有很多，从与国内国外有广泛接触的《物流和物流管理技术的标准化》报告中，远程 ID 在物流领域的应用见表 4-10。图 4-92 是在货车的入门管理等应用中的标

表 4-10 在物流领域的用途

	标签对象	使用目的
集装箱	海运集装箱 铁路运输集装箱 航运集装箱	在集装箱场地的装载分类管理 在集装箱站的装载分类管理 在货物航站楼的装卸分类管理
汽车	水泥罐车 油罐车 药品运输车，散装货车 运车货车 一般货物运输货车	水泥厂的回厂车辆确认，装载指令 装载油的种类/装载量的自动识别 装载药品的种类/装载量的自动识别 装载车辆的种类/配送地的管理 厂家编号/车辆号/进门可否的自动识别 装载物的内容/数量/进货场地的自动识别
其他	托盘 小型集装箱	装载物的内容/数量/配送地的管理 厂家/品名/数量/进货方的管理

签安装问题。图4-93是在部件运输货车装载的托架上的安装情况。

图4-94是远程ID在社会系统中的应用

推广情况。从给供应商发订单到接收部件的运输车辆管理系统也与社会基础建设一起成为我们身边的一部分。

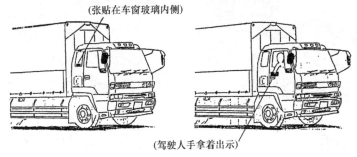

图4-92　标签的安装位置

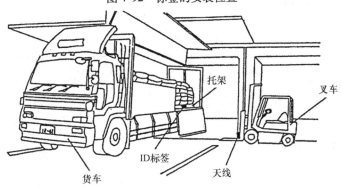

图4-93　在托架上的安装

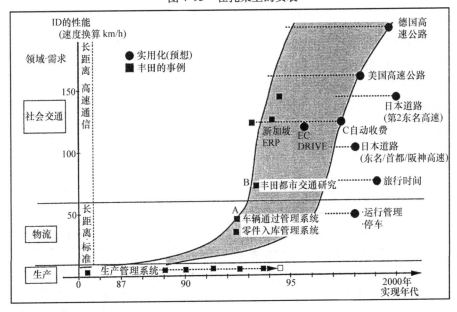

图4-94　远程ID应用范围的扩大

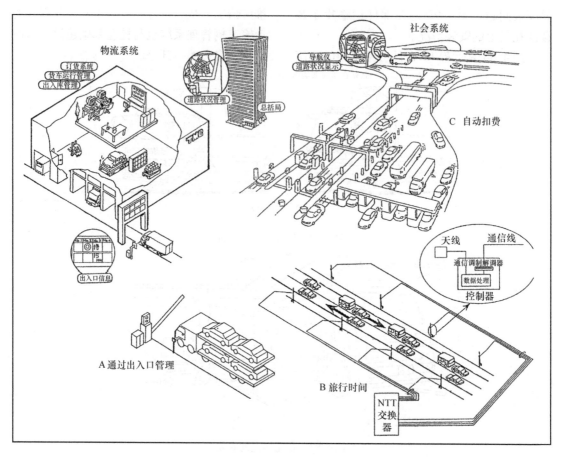

图 4-94 远程 ID 应用范围的扩大（续）

(iv) 生产计划　为了达到适应产品多样化、生产量的变化幅度大，产品使用寿命期短等的系统柔性化，以及为了应对交货期缩短/交货期遵守/顾客定制式样，对构建复杂生产计划的要求在不断提升。

在生产现场，由于存在表 4-11 所示的扰乱生产节奏的干扰因素，会产生图 4-95 所示的负荷变动。这些变动越来越严重，然而这些问题都由现场的管理人员和作业人员进行应对。构建可以支援他们脑力劳动的生产计划不仅是汽车产业界的要求，其他业界也都有这样的需求。因此相应的技术研究也取得了很大的进步。表 4-12 汇总了以日本机械学会为主的各学会主办的"生产计划/研究发表会"上发表的内容。对两年间的 74 份论文进行分类后，可以看到研究领域以多种小批量生产、手法以遗传算法居多。

表 4-11　生产现场的外来影响

订货影响（短进货时间、插队订单等）
采购影响（延迟、个数不足等）
材料影响（材质不良、规格弄错等）
机械影响（故障、停机等）
设备影响（停电、空调不良等）
夹工具影响（损耗、破损等）
工件影响（破裂缺口、尺寸不良）
设变影响（设计变更、设计错误）
操作者影响（负伤生病、过失等）
管理者影响（指令失误、决断延误）

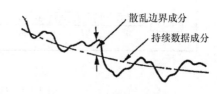

图 4-95　负荷变动

表 4-12 根据生产调度手法的分类

途径方法	手法例
A. OR 的途径 应用目标函数和约束公式获得最佳解	
1. 静态的 & 单一的目标函数	
1.1 构成的运算法则	约翰逊算法
1.2 问题分块优化法	
1.3 解空间缩小法	WW 法
1.4 古典的发现手法	最低招标单价法 最低总成本法 位置权重设定法 最大要素时间法 生产比倒数法 目标追踪法 拉格朗日缓和法
1.5 小规模优化法	整数计划法 分支界限法 动态规划法
1.6 现代的发现手法	遗传算法 Tab search 模拟退火算法 神经网络（霍普菲尔德模型）
2. 动态的 & 多目标函数	
2.1 实时调度 根据现场情况进行应对	
2.2 动态调度 将计划外的变化进行处理	应用优先规则的模拟调度
B. AI 的途径：利用人类拥有的知识	
1. 约束诱导理论	
1.1 约束库	
1.2 制约驱动	
2. 规则库	
3. 神经网络（反向传播法） 回避知识瓶颈的方法	
C. 人机系统途径	
1. 阶层型：阶层分散型的调度	
2. 对话型：利用最新的信息技术	
D. 其他	
1. 混合型 利用两个以上的探索算法	
2. 事例基础型	

图4-96是生产调度程序在丰田汽车公司的导入事例，表4-13是将它们以目的/性能/手法不同进行分类的结果。其特征是以生产线上发生的各种现象为导火索进行随时处理。在问题处理方面，对于确定事项用数理计划、随机事项用模拟仿真、现场专有技术用AI（人工智能）进行解决。

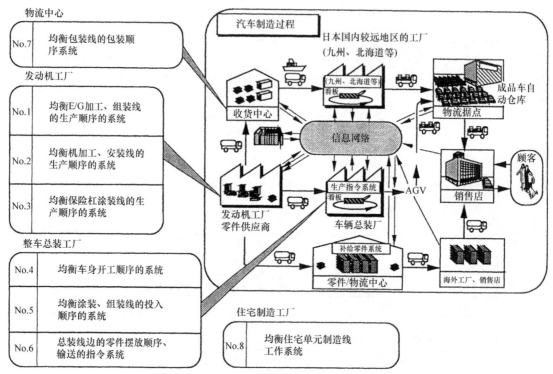

图4-96　导入系统的事例总结

表4-13　调度事例的总结

			自动存储	R加工指令	多种变量生产计划方案	基于模拟的生产指令	车辆平行的批量化	部件供给
			事例 No.5	事例 No.3	事例 No.1	事例 No.2	事例 No.5	事例 No.6
功能	平准化	自工序的工作 前工序的零件使用量	○ ○	○	○	○ ○		○
	设备制约	夹具（工具）防止缺件 提高运转率 降低涂装材料费（涂料） 部件送货路径数		○ ○	○	○ ○	○	○
	遵守进货期	后工序的产品缺件 从前工序的部件缺件		○	○	○		○
	降低库存	后工序的产品库存 从前工序的产品库存		○				
	工序间搬运负荷	满载化						

(续)

			自动存储	R加工指令	多种变量生产计划方案	基于模拟的生产指令	车辆平行的批量化	部件供给
			事例 No.5	事例 No.3	事例 No.1	事例 No.2	事例 No.5	事例 No.6
性能	计算处理时间 调度量（每次） 约束式的数量		5s 1台 20	5s 1条 10	30min 2-3周 10	1天 3	5s 1台 2	30min 17套 8
	启动方法	定时 定周期 操作规则 活动	○	○	○ ○	○ ○	○	○
手法	确定事件决策	OR手法 目标追踪法	○			○		○
	概率事件决策	统计的手法 多元回归 数量化						
		仿真 GPSS等 Petri net				○		
	人的决策	AI 规则 框架	○	○	○ ○		○	
		模糊神经						

4.4.3 FA-CIM 的将来动向

对于生产系统的变化方向，以古川（东京都立大学）、岩田（大阪大学名誉教授）的资料为基础，结合最近的动向做了一些改动，内容如图4-97所示。

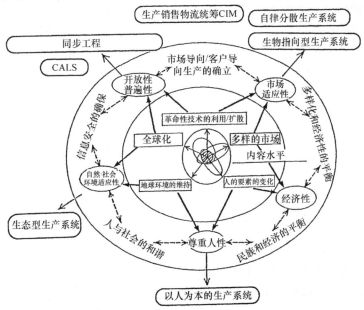

图 4-97 生产系统的变化方向和代表性事例

随着国内市场成熟期的到来以及日元升值等因素导致生产向海外转移的汽车产业

界，应该在考虑地球环境、与社会相融合的基础上，以决定企业兴衰的危机感，快速变革生产系统。

如图4-98所示，既要应对多样化又要追求低成本化的发展路径，在CALS等的动向中可以看到，以信息的标准化/系统开发/业务过程革新作为判断企业在世界范围内进行开放型活动的基准。将物美价廉的物品快速地从世界各地自由地入手，使从订货到发货、售后服务等一系列活动都能够顺利进行，各企业都应该以这种理念为追求开展活动。

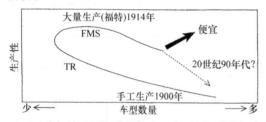

图4-98 多样化和低成本化的方向

开放型经营的支撑环境有以下3个方面：
1）构建开放的产业信息网络。
2）数据交换的标准化。
3）构建数据共享技术。
这些构成如图4-99所示。

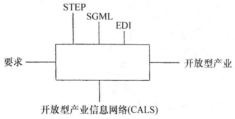

图4-99 支撑开放型产业的环境

在日本，汽车产业界开始采用EDI（电子数据交换）的动向也出现了。虽然起步较晚，但也开始了对STEP（Product model数据交换）的研究。

在美国提出了供应商链的概念，这个概念如图4-100所示。这是一套能够与供应商平行地进行交换，商品交易/物流管理用EDI、各种文件交换用SGML来实施，以提高开发/商品交易速度的系统。这是一个通过数据交换的标准化、构建开放的信息网络以及数据共享，在国内就可以和世界各地的供应商、工厂进行共同工作，可以开展超越日本国内企业活动的系统。日本的汽车产业界也处于不得不在世界范围内开展企业活动的状况，所以需要密切关注这个动向并且进行相应的对策。相关的代表性标准见表4-14。

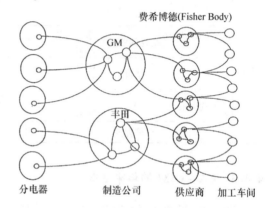

图4-100 供应商链

表4-14 信息的技术标准

信息技术	国际标准 IEC/ISO	CALS 标准
SGML	8879	MIL – M – 28001
DB 语言	9075	MIL – STD0 – 1388
SQLSTEP	ISO/DIS 10303	
EDI	UN/ECE/WP4 EDIFACT	Transaction Set 841

【黑须则明】

参考文献

1）佐田登志夫：自動車技術ハンドブック，4. 生産・品質・整備編，自動車技術会，p.194（1991）
2）古川勇二：CIM 総論(1)製造業の課題と対応，計測と制御，Vol.30, No.12, p.1052（1991）
3）岩田一明：最近におけるFA・CIMの動き，1993年精密工学会秋季大会シンポジウム講演集，p.30（1993）
4）三枝行雄：自動車生産システムにおけるORへのアプローチ，オペレーションズ・リサーチ，Vol.37, No.10, p.481（1992）
5）福田好郎：CIMにみる生産管理の動向，応用機械工学，No.4, p.120（1991）

6) 荻野康一ほか：自動車技術ハンドブック，4. 生産・品質・整備編，自動車技術会，p.180-193（1991）
7) 穂坂 衛ほか：統合化CAD/CAMシステム，オーム社（1994）
8) 松本義雄：未来の生産技術における知能ロボットシステム，電気学会誌，Vol.113, No.6, p.454（1993）
9) 堀 秀樹ほか：自動車構成ユニット混合組付システムの開発，1993年度精密工学会秋季大会学術講演論文集 E83, p.865（1993）
10) 森 欣司：自律分散システム，電子通信学会誌，Vol.69, No.3, p.226-230（1986）
11) 沖野教郎：生物型生産システム，朝倉書店，p.17（1993）
12) 上田完次：生産指向型生産システムの概念，応用機械工学，No.7, p.109-113（1991）
13) A．ケストラー：The Goast in the Machine, London, Hutchinson & CO (1967) 日高敏隆・長野 敬（訳）：機械の中の幽霊，ぺりかん社，p.86（1969）
14) Arthur Koestler：JANUS, London, Hutchinson & CO (1978) 田中三彦・吉岡佳子訳：ホロン革命，工作舎，p.57, p.64（1983）
15) 油谷 泉：CASEツールとビジネス・プロセスエンジニアリング（BPR），日経コンピューター，p.136-138（1994.12.12）
16) 研野和人ほか：仕事の流れの記述法 IDEF（上），日経メカニカル，p.78-82（1994.6.13）
17) 鈴木浩佳ほか：企画の充実によるシステム開発の効率化と信頼性の向上，自動車技術，Vol.48, No.8, p.81-86（1994）
18) 東洋エンジニアリング：ボトムアップエンジニアリングから生まれたユニット生産のモデル工場，FAN, No.22, p.11（1994）
19) IMSセンター：IMS国際共同研究プログラム「物流と物流管理技術の標準化」研究成果報告書，p.67（1993）
20) IMSセンター：IMS国際共同研究プログラム「物流と物流管理技術の標準化」研究成果報告書，p.66-69（1994）
21) 山口俊之：やさしい現場情報化のすすめ，日本工業出版，p.21-22（1993）
22) 黒田 充：生産スケジューリング研究の課題と展望，日本OR学会第32回シンポジウム「生産スケジューリング・シンポジウム'94」講演論文集，p.1-13（1994）
23) 黒須則明ほか：トヨタにおける生産スケジューリングの試み，日本機械学会［No.740-83］講演会教材［1994.12.9名古屋，FA/CIMにおける生産スケジューリング］
24) 岸波建史：Virtual EnterpriseにおけるSTEPの役割，IMSセンター，IMS Forum'95予稿集，p.71（1995）
25) J. Martin Tenenbaum：The Integrated Enterprise, AUTOFACT'91 IMS Special Session 予稿集

5 工厂环境技术

5.1 节能技术

5.1.1 节能的先进技术

汽车生产由许多工序组成，能源的使用方式也是多种多样。因此节省能源的技术也有许多，千篇一律地推进节能很难。所以在此我们以汽车生产的各工艺为单位，对节省能源的先进技术进行说明。

a. 能源消费的现状和特征

整个汽车产业界的能源消费量是日本全国的1%左右。能源消费的动向是随着汽车生产数量的增加而年年增加，但是受到最近减产的影响，能源消费也呈现出减少的趋势（图5-1）。从消费能源的种类区分来看，电和重油的使用量较大是这个行业的特征，近年来重油的使用量在减少，城市燃气等使用量在增加（图5-2、图5-3）。另外，电的自给率（自己发电的比例），汽车产业与钢铁、石油等其他产业相比较，只有它们的3%左右，自给率非常低也是一个特征。

b. 生产设备和原动力的先进技术

作为节能的对策，一般应用7种方法（表5-1）。这些方法可以分为两大组。

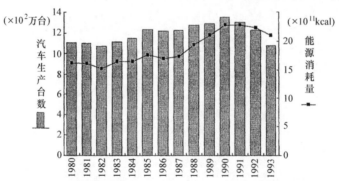

图5-1 能源消耗量和汽车生产台数（日本汽车工业协会调查）

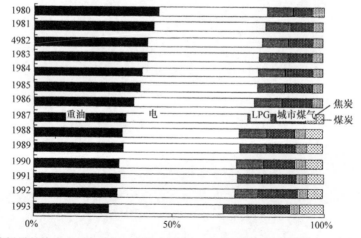

图5-2 能源消耗量的构成（日本汽车工业协会调查），各能源通过热量换算，电力是860kcal/kW·h

5 工厂环境技术

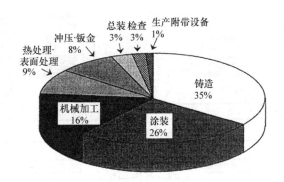

图 5-3 不同工艺的能源消耗量（日本汽车工业协会调查，1993）

表 5-1 基于 STEP 方法的节能措施（丰田）

手法	STEP	内容（例）	投资	推进的难易度
管理技术开发	关闭	撤掉不需要的设备（点灯间隔拉长，削减工序）	小	易
	修理	修理发生故障的地方（漏气，保温材料的破裂）		
	停止	在不工作时的关停运转（间歇运转）		
	降低	降低压力/温度等（降低压缩器压力，降低炉内设定温度）		
	回收	能量回收（排热/温水能量的再利用）		
	改变	转换到低成本/低碳能源，转换到新方式/新系统		
	提升	提升综合效率（热电联供），高速化，提升原料利用率	大	难

"关闭""修理""停止""降低"：这些是在初期能够容易处理的方法，以管理为主。

"回收""改变""提升"：这些是需要复杂地应对，通过技术开发才能解决的问题。在此对各工艺，以"回收""改变"以及"提升"这几个方法为切入点，对现在的先进技术进行介绍。

（i）铸造工艺中的节能技术　在汽车制造过程中，能源使用量最多的是铸造工艺，占总体的1/3。这是因为在铸造工艺中，为了熔化金属而需要使用大量的能源，以下对此进行介绍。

低频感应电炉的操作管理系统：在熔炼设备中，低频感应电炉是比较容易实现高质量和高效率的设备。然而多数的低频感应电炉，因为需要有操作熟练和经验以匹配后工序的操作，所以使用计算机进行操作管理辅助为有效的手段。因此，将以前由操作者进行的各电炉投入材料的选择和需要投入电量的设定实施了自动化，使运转状态能够实时显示，也使操作者能够容易对操作状态进行改善。也就是可以根据显示屏上显示的熔化进度状况和熔融金属所需要的时间，来投入熔炼材料以防止放热损失。使用这个系统，可以使多重任务型计算机和感应电炉通过序列式网络进行通信，实现实时显示（图5-4），以此可以降低熔炼用能源使用量4%。

高效率热处理炉：汽车用铝合金缸盖，为了在铸造时做出产品内部的中空部分，使用了树脂凝固砂做的壳形砂芯。这种砂芯在工序完成后可以除去大部分，而剩余的部分需要在热处理炉中，将树脂通过燃烧进行去除。所以需要将炉内环境（O_2比例）保持在比较高的程度，这不利于节能。

以往的热处理炉，是将淬火炉和回火炉叠在一起的二层结构，以此实现了减少散热

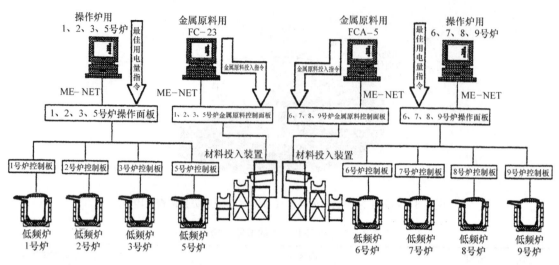

图 5-4 低频炉的操作管理系统

和有效利用排气的功能（图 5-5）。但是其问题是，由于在淬火炉内对树脂进行燃烧，使用的辐射管式燃烧室使炉内环境的 O_2 比例高。因此与直接加热式燃烧室相比，它的热效率大约低了 10%，而且炉体的放散热也增加了 20% 左右。为了提高热处理炉的热效率，实施了以下措施。首先，将以往的辐射管式燃烧室改为直接加热型，同时也分区域对每个区域的 O_2 比例实施了控制（图 5-6）。也就是在加热区将 O_2 比例降低以提升原材料的升温能力，在均热区将 O_2 比例提高，以提升树脂的燃烧效果。这样实施后的结果，使淬火炉的单位能耗比原来提高了 7%。另外，为了减少从炉壁的散热量，通过实施托盘的二层装载，单位能耗比原来提高了 10%。通过上述的改善，热收支改善如图 5-7 所示，使单位能耗提高了 17%。

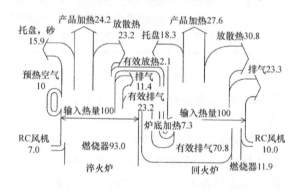

图 5-5 以前的热处理炉的热收支

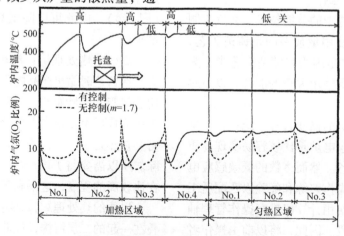

图 5-6 炉内温度和炉内气氛 O_2 比例

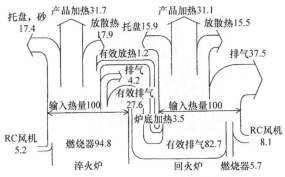

图 5-7 改善后的热处理炉的热收支

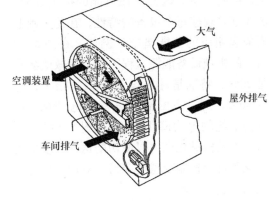

图 5-8 全热交换器的外观

(ii) 涂装工艺中的节能技术　铸造工艺之后能源使用量最多的是涂装工艺,占总能耗的 1/4。特别是在涂装车间,消耗了一半以上的能源。这是因为为了维持涂装质量和电泳功能,需要吸入大量的外部空气,以将温度和湿度常年控制在一定的水平。因此为了推进节省能源,在涂装车间做工作很重要,下面对这些事例进行介绍。

全热交换器：在涂装车间,外部空气经过调温后送入喷涂室,同时还要进行排气。将这些排气中所含的温度(显热)和湿度(潜热)的热能回收到供气侧的装置是全热交换器(图 5-8)。这种装置使用了经过特殊处理的耐蚀性铝合金转子,通过从排气侧向供气侧的旋转,将转子表面上的显热/潜热在供气侧进行放热。全热交换器的回收效率随着外部空气调节的变化在一年中变动很大,但是年均的能源回收效率可达 45% 左右。

空调机的最小能耗控制：以前,由于要将车间内的温度/湿度控制到管理幅度的中心值附近在微调整上需要消耗很大的能源。因此,如果根据外面空气的条件将设定值在必要的管理范围内进行调整,就可以使控制空调一直都能处在最少消耗能源的状态下运行。

这种控制在昼夜温度变动较大的时期特别有效,在外面气温比较低的早晨/傍晚/夜间会变成加热模式,可以在低的设定温度范围内进行控制,在温度比较高的白天时间,可以在高的设定温度范围内进行自动控制(图 5-9)。在实际的生产线上从 5 月到 11 月上旬,已经确认了这种方式的有效性,空调机的年耗能量可以降低大约 10%。今后,将通过调整涂装条件来探索扩大管理幅度的可能性,以进一步提升其节能效果。

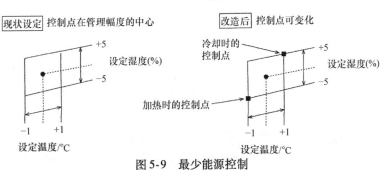

图 5-9 最少能源控制

(iii) 机械加工工艺中的节能技术　铸造、涂装工艺之后消费能源最多的是机械加工工艺。这个工艺是许多以电力为动力源的设备的集合,大部分的机械设备都是几十千瓦程度的容量。因此，在节能的推进方面，需要好好观察每个设备的特性，在此基础上再采取相应的节能措施。例如，在图5-10所示的机械设备能源流程图中，有效能源不足20%，特别是油压设备的损失很大，达到40%。通过实施油压设备的电动化，可以使消耗的电力降低57%（图5-11）。同时，电动机械化也可以使切削送料速度的稳定化和可变控制变得更容易，对加工部件的高精度也有贡献。

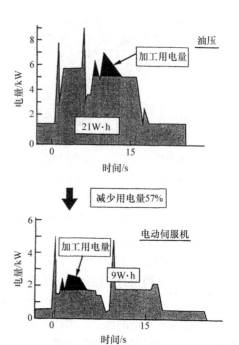

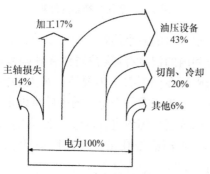

图5-10 加工设备的能源消耗

图5-11 从油压向电动伺服化转变的省电状况（以拉床为例）

（iv）热处理工艺中的节能技术 在机加工之后，耗能多的是热处理工艺，其只有机加工工艺的一半左右。在热处理工艺中，进行热处理而采用的渗碳炉等炉类比较多，炉的效率提升是决定节能的主要手段，以下通过事例来介绍。

连续气体渗碳炉是为了处理汽车部件的齿轮类产品而导入的设备。炉内呈直列形滚柱形状，根据被处理物的前进方向，各处理室之间都用门隔开了（参照图5-12）。以往的渗碳炉电量的95%都是炉内加热用电热器消耗的，其中65%是在加热被处理物的升温期间消耗的。因此，在升温期间使用可以有效利用燃气，同时也能够根据升温期间热量需要进行调节的高效率气体燃烧室（热效率80%）已经得到实际应用。

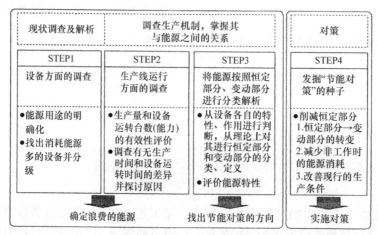

图5-12 新对策的步骤（丰田）

另外渗碳时以前大多使用的是"RX气体+碳氢化合物气体"，由于其需要消耗大量的能源，现在将少量的"碳氢气体+空气"的混合物直接送入炉内形成氛围气体的新渗碳法也得到了应用。通过这些努力，连续气体渗碳炉单位能耗已经可以降到以往的1/2以下了。

(V) 原动力供给的节能技术　市场上电的综合效率一般都是35%左右，工厂方面如果还需要蒸汽等情况下，可以将这些动力结构综合考虑进行组合，构建高效率的原动力供给系统。也就是以工厂接收的一次能源为基础，作为获取电力和蒸汽的热源系统，通过设置热电联产系统，可以有效地生成所需能量。虽然系统根据不同的状况而不同，但是在汽车产业中，向热利用设备上的展开（年复合增长模式的把握）以及生产增减时的应对方法，还有经济性方面，需要进一步考虑和选择的地方还有很多。这些东西导入汽车工厂后，综合效率一般可以达到70%~80%。

5.1.2　今后的社会要求和节能技术的课题

a. 防止地球温暖化

能源使用时会产生二氧化碳（CO_2），由此会导致温室效应已经在各方面都有报道。同时，关于地球温暖化的影响，最终会对人类生活的基础（陆地沉没、气候异常、荒废等）有很多的影响，所以需要综合地、大范围地持续应对。在汽车产业中，今后也需要更加重视节能工作，并重点推进以取得实实在在的成果。在汽车产业界，为了将地球环境方面的工作更加明确化（具体化），公布了自主行动计划。在这个计划里，设定有单位能耗的改善目标，为了达成这一目标，汽车产业界需要举全产业之力共同努力。关于单位能耗的改善，需要在以往的节能活动基础上开拓新思路，寻找新的突破口来开展工作，也就是需要综合地从能源消费、供给、管理等方面开辟新的活动，从根本上对产品制造相关的能源进行重新审视（趋近理想的能源量）和改善。

b. 节能技术的课题

(i) 生产量-能源使用量比例型生产方式　汽车生产量在1990年以后开始大幅度减少，这是以前基本上没有出现过的情况，然而与汽车生产台数的减少相比，能源消耗量却没有成比例地减少（图5-1）。今后，需要开展工作以使生产量和能源消耗量成比例，图5-12所示是一个具体的改善方法的事例。这个基本的考虑方式是从能源消费的末端开始对使用的实际状况进行彻底的调查解析、分层，然后再通过调查，掌握运转中各设备的特性/关联以及生产关系，重新回到浪费/损失的原点进行改善的方式。也就是将能源划分为恒定的部分和变动的部分，以客观的指标寻找改善点并进行应对，最后构建出评价系统的活动。通过这些活动，我们确信会取得切切实实的效果。

(ii) 生产设备/系统的超高效率化等　通过上述的节能活动，可以改善能源消耗量与产量之间的关联性，但是作为另一个突破口，需要开展可以减少能源消耗量绝对值的活动。这个活动就是一直推进的"回收""改变""提升"，今后需要进一步复杂化。例如，在追求生产设备单体、设备系统和控制系统的超高效率化而进行的活动。

(iii) 原动力供给的超高效率化等　相对于上述生产工艺的节能化，原动力方面供给的高效率化也是非常必要的。例如，在追求原动力设备单体、设备系统和控制系统的超高效率化以及原动力供给方法的优化所进行的活动。今后备受瞩目的未利用/新能源的利用技术，需要结合周围的条件进行导入论证。

5.1.3 能源技术的将来动向和新技术

a. 生产设备的将来和新技术

（i）铸造工艺 在铸造工艺中，像熔炼炉那样的在非生产时，以现在的技术没办法停止的炉还有很多，所以和生产不成比例的能耗比率达到九成以上。因此，怎样提高这些炉的使用效率是今后的课题，下面介绍两个事例。

1）中频感应电熔炉的导入：以往的电熔炉由于低频炉在规模和便利性方面的优势而受青睐。然而最近，因为在电源装置中使用了可控硅变频器，使中频炉既具有相当于低频炉的炉容量、搅拌力，又具有相当于高频炉的间歇熔化、迅速熔化能力，所以中频炉已经得到实际使用。这种中频炉由于频率可变，能够立即响应负荷的变化，利用可控硅变频器可以对炉内线圈中的电流、电压进行监控，使共振频率不变而达到高速熔炼成为可能。其结果可以使熔炼的单位能耗比低频炉降低3%～5%。另外，因为在其他方面也有很大的优势，比如可以进行间歇熔化、可以缩短操作时间等，所以今后中频炉的导入估计会不断增加。熔炼炉的比较见表5-2。

表5-2 熔炼炉的比较

		低频熔炼炉	中频熔炼炉
输出调整		通过电压间接调节输出	根据输出的容量进行直接调节输出
		通过电容的自动控制将功率因数调整到1	通过频率的自动控制将功率因数调整到1
高速熔炼		1. 输出 2. 电容的控制范围小 3. 熔炼时间 4. 只能阶段性地提高输出	5. 输出 6. 频率的控制范围大 7. 熔炼时间 8. 初期就基本接近100%的输出
	表面效果	9. 电流的集中程度 10. 频率越高 ① 电流的集中程度高 ② 电流容易集中在材料表面上	

2）铝金属液保温炉的热交换系统展开：该系统是将一对具有蓄热体的燃烧器进行相互交换燃烧，通过这种换热型热交换器达到高效排热回收的系统（图5-13）。缩短交换时间可以提高效率，20～30s的交换时间、温度效率达到90%以上的系统已经开始得到实际应用了。该系统因为需要进行高温预热空气燃烧，所以怎样抑制热氮氧化物（Thermal NO_x）是一个课题，但是通过排气再循环等方法就可以比较容易地克服这个问

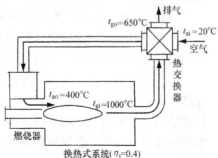 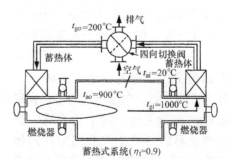

图5-13 换热式系统和蓄热式系统的比较（温度效率）

题。另外，蓄热体单位容积的传热面积很大，需要做成压力损失比较低的结构。将铝金属液保温炉中以前使用的电热器加热系统变更成热交换系统后，能源成本的降低率能够达到81%，还可以将NO_x抑制到55×10^{-6}这样很低的水平（图5-14）。今后，也可以在其他工艺的燃烧和加热设备上推广热交换系统，是将来非常看好的方法之一。

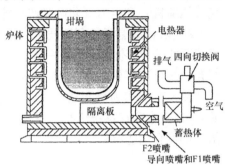
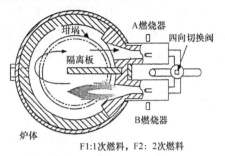

图5-14 铸造工厂的实施例

(ii) 涂装工艺　涂装车间的能耗非常高，不管有没有连续搬入的被涂装物，给排气必须一直保持在一定的量，所以与生产量不成比例的能源消耗比率和铸造工艺一样，达到九成以上。因此，给排气量怎样才能实现最小需要的量，并且使能耗和生产量成正比是今后的课题。以下介绍一些相应的方法。

1）减少车间风量：因为车间的能耗量和给排气风量成正比，所以将车间内的风速进行重新调整会有很大的效果，但是至今一般还没有做过减少风量的尝试。在此介绍一个事例，车间内宽度方向的气流分布如图5-15所示，通过将车间气流和涂装用喷雾空气综合到一起进行气流分析，在提升现有功能的基础上达到节能效果，今后值得期待。

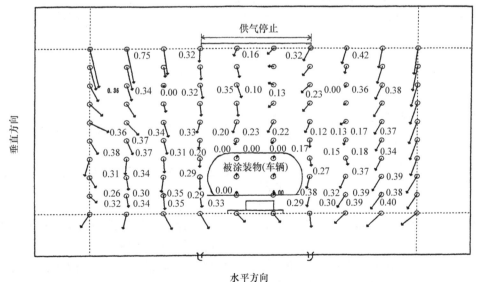

图5-15　供气停止时的车间内气流分布（车间中央部位）

2）车间内可变供气风量控制：只在涂装车间内有被涂装物的情况下供气，随着被涂装物的移动而将供气区域同步移动的可变供气风量控制也是将来值得期待的节能技术。

b. 原动力供给设备等的将来和新技术

关于今后的原动力供给，追求对于不同生产工艺，"将需要的量、向需要的地方、在需要的时间"进行动力供给是非常重要的课题。为此，除了追求原动力设备的高效率化之外，还需要对供给方法和新能源进行探讨，以下介绍一些事例。

1）原动力供给的分散化：以往，汽车制造厂的原动力设备（锅炉、压缩机等）都是集中到一起，以大型化方式提升供给效率，并提高运转操作性，并实施集中管理。然而随着生产工艺节能工作的推进，可以预想到生产变动会引起能源使用量的变动，今后需要从效率方面考虑是集中供给好还是分散化好。探讨对象有蒸汽（锅炉）、压缩空气（压缩机）和电力（热电联产）等。

2）未利用能源的利用技术：作为未利用能源的一个事例，今后有一定前途的产业废弃物的利用事例如图 5-16 所示。这是将可燃性废弃物作为燃料进行利用（创造能源），以热电联产系统进行"发电＋蒸汽供给"的综合性能源系统。

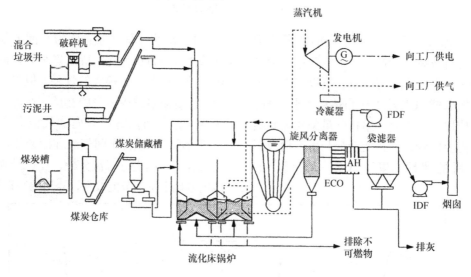

图 5-16　未利用能源的利用事例（产业废弃物）

3）新能源的利用技术：作为未来的新能源，下面的两例很有希望，而且都是值得期待的分散型能源。首先是燃料电池，它是将燃料（化石燃料的氢气）和氧化剂（空气中的氧气）进行化学反应，直接可以得到电的一种直流电源装置，是小型而且清洁的一种能源系统。另一个是太阳能发电，它是利用太阳能电池在有光照时会产生电流现象的发电装置，是一种完全不会产生排气等的清洁能源系统。这些现在都在进行着各种开发研究和试行，我们等待今后的成果。

5.2　降低废弃物和资源再利用技术

5.2.1　降低工厂废弃物和资源再利用的先进技术

就像汽车的制造被称为综合产业那样，各种各样的原材料及其加工工艺交织在一起形成了一种复杂的形态。因此，从工厂排出的废弃物也是各种各样的，减少这些废弃物、资源再利用技术也有许多种。在此，对降低汽车生产中的特有废弃物和资源再利用技术进行说明。

5 工厂环境技术

a. 废弃物的现状和特征

日本国内的产业废弃物产生量在逐年增加，根据厚生省的调查，从1975年到1990年的15年间，产业废弃物的排出量扩大了约1.7倍，随着国内产业的成长，废弃物产生量也在不断扩大（图5-17）。另外，将国内各行业的产业废弃物产生量以产品出货额作为废弃物产生的原单位进行比较的情况下，包含汽车产业在内的运输机械行业的废弃物产生量只是其中占比最大的化学行业的5%（图5-18）。对整个产业界的废弃物以类别来比较，污泥是最多的，占到总体的四成左右，其次是矿渣、灰尘（图5-19）。同样对汽车产业中产生的废弃物以类别来比较，发动机等生产过程中产生的矿渣最多，其次是废油、废塑料。和其他业界相比，矿渣的产生比率高、废塑料的产生比率大是汽车产业的特征（图5-20）。

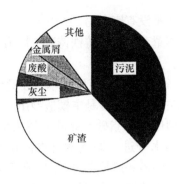

图5-19 不同废弃物种类的构成
（厚生省调查，1993）

图5-20 汽车产业不同类别废弃物的
构成（汽车工业协会调查，1993）

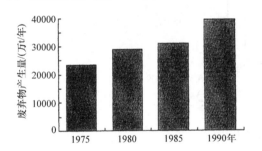

图5-17 废弃物产生量的推移
（厚生省调查）

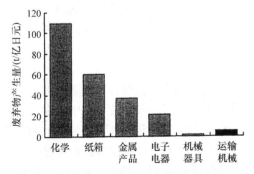

图5-18 以产品出货额为单位的废弃物产生量
（清洁日本78调查）

b. 降低废弃物及资源再利用的先进技术

作为废弃物的对策，一般有以下3种方法被使用。

① Reduce：减少废弃物（减少产生的废弃物本身）。

② Reuse：废弃物再利用（在同一工艺中再度使用）。

③ Recycle：废弃物再循环（超越工艺、业界的利用）。

以这些方法为切入点，对各工艺中现在的降低废弃物、资源再利用技术进行介绍。

（i）铸造工艺中的降低废弃物、资源再利用技术 在汽车生产过程中产生最多的废弃物是矿渣，这些矿渣主要是在铸造过程中产生的，它的产生来源几乎都是铸铁/铝在熔化时产生的炉渣，和使用砂造型过程中产生的积尘、废弃砂。其中，由于铝熔炼炉渣的原料成本很高，一直都得到很好的资源再

159

利用，几乎没有废弃物。

在本章节中，以铸铁铸造工厂为主体进行讲述。

1）铸造砂的再使用技术：在铸铁铸造工厂里主要使用的砂是主模造型用的湿砂和砂芯造型用的树脂砂。湿砂的使用量很大，将黏合和水分进行调整就可以简单地再利用，所以湿砂一般都会再利用。但是对于树脂砂，因为使用了热硬化型树脂，要去除和砂黏在一起的树脂很难，所以几乎都废弃掉了。现在将这些树脂砂放在焙烧炉中进行烘烤，以去除树脂的技术已经在开发，这样就可以使树脂砂的全部再使用成为可能。从圆筒状的再生炉上部将使用后的树脂砂、空壳投入炉内，600~700℃加热使树脂砂壳崩塌下来，同时利用流动烘烤法除去树脂。分离后的树脂由旧砂冷却器冷却后被再利用。另外，由积尘设备等吸出的砂，利用风力分级法等只将颗粒比较大的砂再次投入炉中进行再使用（图5-21）。

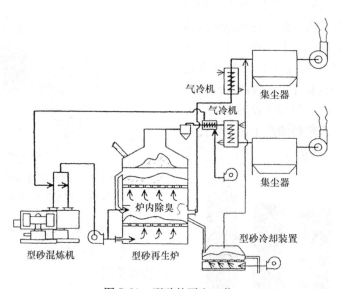

图5-21　型砂的再生工艺

2）降低熔炼炉渣的技术：铸铁熔炼过程中产生的炉渣只是全部熔炼量的2%~3%，而且炉渣的主要成分是二氧化硅、氧化铁、氧化铝。特别是二氧化硅的占比很大，这是因为回炉料中铸造用砂和膨润土造成的（酸性炉衬材料、硅铁未熔化的部分很少）。另外，氧化铝是由硅铁造成的，氧化铁可以认为是熔化材料的氧化物（铁锈）或者是在熔炼时产生的氧化铁。

所以作为降低炉渣产生量的技术，针对上述产生要因制定对策是最有效的。熔化前将回炉材料用轧碎机进行破碎，与砂进行分离，再用喷砂清理方法进行研磨后再熔炼。这个技术使用后可以使废弃物的产生量减少50%左右，同时也会对熔炼能耗有贡献（图5-22）。此外，这种技术导入后产生的炉渣在通过破碎、磁力甄选后，含有的有效铁成分可以作为熔炼原料得到利用，余下的部分被广泛而有效地用在水泥原料和路基材料上。上述技术就可以使98%以上的炉渣得到再利用。

（ii）涂装工艺中的降低废弃物、资源再利用技术　在汽车涂装工艺中，使用高压气体等将涂料进行雾化再喷到工件上的喷涂方式很多。涂料一旦雾化后进行喷涂，会有一部分没有附着到工件上，就成了废弃物。在涂装业界，在喷出的涂料中，附着在工件上的涂料量所占的比例叫作涂装效率，喷涂

5 工厂环境技术

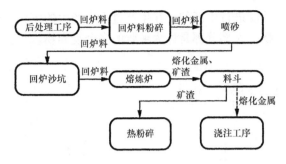

图 5-22 降低矿渣的工艺（一例）

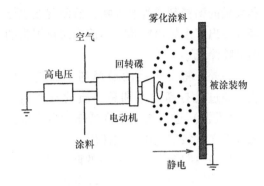

图 5-23 碗形喷涂机的原理

方式中的涂装效率提升，从涂装废弃物和挥发性有机化合物（Volatile Organic Compounds，VOC）的排放量等环境问题改善和节能的观点出发，也是非常重要的课题。

1）涂装效率的提升：喷涂根据微粒子化（雾化）方式进行分类，主要有空气雾化式、非空气雾化式、旋转雾化式这三种（表5-3），另外作为提高涂装效率的手段还有附加静电的方法。

表 5-3 喷涂的分类

微粒化方式	有无静电	涂装效率	微粒化
空气雾化式	无静电	低	优
	有静电	中	优
非空气雾化式	无静电	中	劣
	有静电	高	劣
旋转雾化（盘）式	有静电	高	优

这些方式中，旋转雾化方式的碗形喷涂，利用机械高速旋转的离心力将涂料进行雾化，再给这些雾化了的涂料附加上电荷，使之在静电的作用下被吸附到被涂装物上，这就是非常有效地利用了静电作用进行涂装的静电喷涂机（图 5-23）。因为旋转雾化喷头的形状与碗比较像，所以通常叫作碗形喷涂机。碗形喷涂机和空气雾化式静电喷涂机相比，涂装效率有大幅度提高（40%~80%），使用该设备可以大幅减少废弃物。

然而在喷涂金属光泽涂料等情况时，这种方法的色调比较暗，由于这个问题的存在，该方法还没有在整个涂装工艺中得到应用。为了应对涂装的高品质化、低成本化、高生产率和降低废弃物的要求，研究开发将碗形喷涂机的机械式轴承转换成使用空气式轴承的喷涂机，这种喷涂机也已经得到实际应用。

在这之后，不会产生由碗形喷涂机引起的明度低的问题，而且能够确保高涂装效率的金属光泽涂料用碗形喷涂机也已得到开发。它是通过提高涂料粒子的飞行速度，调整碗形喷涂机的空气喷射角度，形成适合涂装台形状的膜厚分布，均匀的膜厚可以使其达到与空气雾化静电装置同等水平的高品质金属涂装。相对于空气雾化静电喷涂机，这种金属光泽涂料用的碗形喷涂机的涂料使用量降低约40%，可以使涂装废弃物减少60%（表5-4）。

表 5-4 各涂装机的基本性能比较

	金属光泽涂料用碗形喷涂机	一般的碗形涂装机	气体雾化静电枪
涂附效果（%）	65	80	40
涂装宽度/cm	40	60	45
银色金属涂料的色调（明度）	81.4	75.8	81.5

2）降低废稀释剂、再使用：在改善涂装效率的同时，也在努力地去减少汽车面漆喷涂过程中颜色更换时产生的废稀释剂。在以往的色彩替换系统中，容易使管内的涂料

161

和大量的稀释剂成为废弃物，然而现在也已经开发出了多供给回路、不造成涂料损失的碗形喷涂机。

另外，将洗涤后的稀释剂全部进行回收，通过具有高效率和高品质的蒸馏装置（高蒸发器）进行再生，将其作为再生洗涤稀释剂在涂装工艺中再次使用。

（iii）树脂成型工艺中的降低废弃物、资源再利用技术　随着汽车轻量化、高品质化的发展，塑料的使用量在增大，与之相应的废弃物产生量也在增加。因为塑料很轻、而且稳定性好，也是非常有用的物质，所以是车辆部件不可缺少的材料。然而，因为稳定性好而在废弃时很难在自然界中得到分解，因为重量轻而在废弃时单位重量所占的体积很大，所以是导致埋放处理场很快被填满的主要原因。因此，要求在汽车生产过程中尽可能地减少废弃物、对其进行资源再利用。

1）聚氨酯座椅的降低废弃物技术：聚氨酯座椅是以多羟基化合物和异氰酸盐化合物为原料，以水为发泡剂进行混合后投入模具，再从外部边进行加热边发泡而成型的部件（图 5-24）。聚氨酯座椅产品是通过化学反应进行生产的，在生产过程中产生的废弃物，大部分都是称为毛刺的多余废弃物。

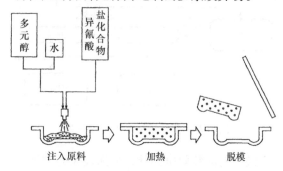

图 5-24　聚氨酯座椅成型工艺

在以往使用了 TDI 系异氰酸盐化合物的热固化方式（模温 120℃）中，投入的原料在往模具内充填时（毛刺产生的时间）的树脂化率为 0%，由于原料黏度太低，而导致产生大量的废弃物毛刺（成品率 92%）。所以树脂化率的提升是防止毛刺产生的根本对策。作为无毛刺的技术之一，现在开发和导入了使用 MDI 系异氰酸盐化合物的冷固化方式（模温 60℃）。由于使用了 MDI 系异氰酸盐化合物，往模具内填充时的树脂化率从 0% 提升到了 95%，提高了原料黏度，防止了毛刺产生（图 5-25）。

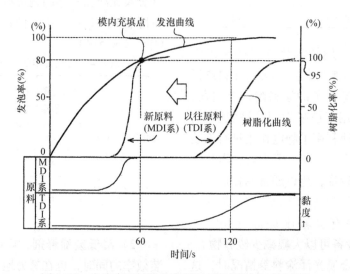

图 5-25　发泡率和树脂化率以及原料黏度的时间变化

另外，导入的另一项技术是模具的夹具技术。以往使用的紧固模具的夹具是铰链式夹具，使用这种夹具时，由于原料的发泡压力大约是0.5MPa，模具之间会产生0.3～0.5mm的间隙。即使使用了上述的MDI系异氰酸盐化合物，这种方式也不能完全防止毛刺的产生。因此，作为既能够使模具的接合面均匀，又具有发泡压力大的夹紧方法，导入了空气气囊式夹具（图5-26）。

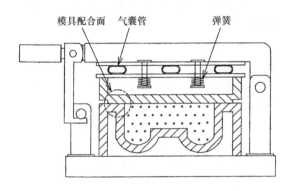

图5-26 气囊夹紧方式

通过这两项技术的导入，使无毛刺（成品率99.98%）成为可能。

今后随着轻量化需求的进一步提升，为了推进低密度化，需要提高原料的流动性，所以模具内填充时的原料黏度在不断向低黏度方向发展。作为低黏度原料的无毛刺技术，开发那种只将模具内的气体排出而不产生毛刺的通风孔非常必要。

2）仪表板的废弃物再利用技术：仪表板由聚氯乙烯表皮、氨基甲酸乙酯发泡剂、ASG基材的复合材料构成，在生产过程中产生的剪切废料的资源再利用被认为是很困难的。

另外，对包含聚氯乙烯在内的废弃物进行焚烧处理时产生的氯气的处理等有非常大的问题。聚氯乙烯本身是非常有用的树脂，可以用在汽车的各个部位，将其从复合废弃物中分离再利用的技术得到开发，已经实用化了。仪表板废弃物被破碎后，再被送入大型粉碎机，通过机械性剪切力和内部摩擦热产生的热剪切力的作用，将氨基甲酸乙酯和聚氯乙烯进行分离。粉碎时，氨基甲酸乙酯被粉碎成微粒状，而聚氯乙烯还保持着原来的形状。因此，在后续的滚筒筛进行分级后，就可以分别对这些资源进行回收了。

回收的这些聚氯乙烯可以应用在座椅加工、车辆用隔音材料等方面。这项技术使97%的废弃物得到资源再利用（图5-27）。

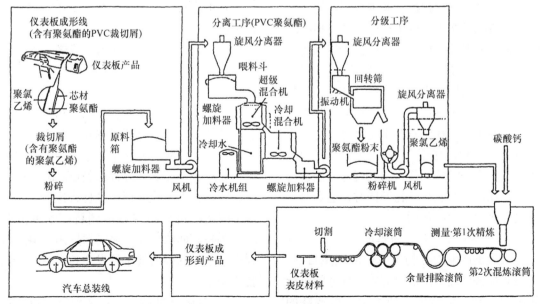

图5-27 仪表板废材的再利用工艺

今后预计这样的复合物会不断增加，随着塑料使用量增加，我们期待能够开发出更加复杂有效的分离技术。

5.2.2 今后的社会要求和降低工厂废弃物及资源再利用技术的课题

日本国内产生的废弃物，一大半都是产业废弃物，约占到整体的90%，剩余的部分是一般家庭等产生的一般废弃物（统称城市垃圾）。关于城市垃圾的产生抑制以及分类回收的贯彻等，在地方自治政府的指导和居民的配合下，也在一点一点地呈现出变好的效果。然而产业废弃物却还是一直在增加。因此降低产业废弃物、再利用是现代企业经营方针的一项，应进行努力改善。

同时，从资源角度来看，日本是资源输入国，只有依靠海外的各种资源，我们的产业才能发展。也就是说，减少废弃物与资源节约相关联，往大的说也就是为地球环境的保护做贡献。在此，对社会所要求的降低废弃物、再利用的课题进行说明。

a. LCA思想的导入

LCA（Life Cycle Asessment）是将产品在生产到使用、废弃的整个生命周期内对环境的影响进行事前把握，并进行评价的一种方法。特别是在工厂的生产中，需要那种既使用最少的资源、能源，也能够减轻其他环境负荷的生产技术。也就是说，不能从降低废弃物、再利用的末端进行技术开发，而是要探讨如何以材料、资源为起点的生产技术，以使生产过程中不产生废弃物才是理想的方式。同时，利用LCA可以对消费者使用和废弃产品时的评价，及其废弃方法进行探讨，在降低产业废弃物的同时，也会对一般废弃物的减少有帮助。

b. 正确处理、处置的推进

虽然不产生废弃物是我们的理想目标，但是对那些已经产生的废弃物怎样才能进行正确的处理，也是生产技术中不可或缺的课题。

环境基本法设定了新的环境标准，随之清扫和处理废弃物的相关法律也被修改了，对废弃物的管理也会越来越严格。特别是对那些有害物、危险物、感染性废弃物等需要进行特别管理的产业废弃物，已经规定必须通过公约文件进行公布。同时，随着与之相应的再生资源利用促进法的实施，资源再循环也成为企业应该遵守的义务。

作为生产技术的课题，有以下几个项目。

1）导入产品事前研讨制度：对生产过程中使用的原材料、辅材等被废弃以及生产的产品被废弃时，是否会对环境造成非常大的不良影响，有没有正确的处理方法，还有没有可以使用更加安全的资源代替物质等，进行事前评价。这套制度特别是在减少有害物质使用量，预防环境恶化方面会起到一定的作用。

既能够在产品制造方面，又能够在地球环境保护方面有优势的生产技术将会很快成为迫切的需求。

2）开发正确的处理技术：所谓的有害物质，从某种意义上来看也是有用物质，不然也就不会在生产过程中被导入和利用。有害物质导致环境恶化的原因，是由于它的排放超出了地球的自净化能力，或者是以地球上不存在的形态和量被排放而导致了问题的发生。

因此，为了解决这些问题，和产品生产工艺计划一样，需要开发和导入合适的处理技术。例如，对于在镀铬工艺中产生的铬废液，通过排水处理将铬以污泥形式进行固定、回收、无害化处理。并且将这些技术进行了改进，可以将铬浓缩到更高浓度的状态，再将其回收后作为铬的精炼用原料进行利用。今后这样的技术开发会越来越受到社会的关注。

3）国际标准的应对：从地球环境的角

度来考虑，资源是有限的，而且是循环的。因此，在废弃物的处理、资源再利用时，需要对国际上的环境标准进行充分理解，对国内标准进行加强，对海外工厂的生产也应该积极应对。

作为国际条约，有规定了禁止有害废弃物越境的巴塞尔公约，这就要求通过开发导入上述的技术在本国内对废弃物进行妥善的处理。

另外，在伦敦条约中，确定了禁止将废弃物投入海洋的规定，在废弃物掩埋场地越来越困难的形势下，要求我们进一步减少废弃物、再利用。

5.2.3 降低工厂废弃物及资源再利用技术的将来动向和新技术

除前面提到的 Reduce、Reuse、Recycle 方法之外，还有以下这些方法。

① 材料循环：作为物质资源的再利用方法，是一种一直被使用的方法。

② 热循环：是将可燃性废弃物进行焚烧，将其作为能源进行利用的一种方法。

③ 化学循环：是一种利用化学反应的资源再利用方法，是最近受到广泛关注的方法。

今后和进一步开发降低工厂废弃物技术一样，利用这些废弃物的再利用方法进行新技术开发的要求也会越来越多。特别在 PL 法和 LCA 等社会导入后，可以预测到今后必须在考虑了产品的资源再利用基础上，再进行产品开发和生产技术开发。

a. 材料循环

在生产工艺中，最大限度的自工程完结型的生产系统是理想的。废弃物也同样，一个小的循环也就是工程完结型的技术开发非常必要。

因此，首先要在原材料的选定，在产品设计的阶段就应该以降低废弃物、资源再利用是否容易实施出发，来讨论产品的设计制造，导入同步工程，需要尽可能在初期阶段进行技术导入。

例如，以前的保险杠等部件都是使用了资源再利用很困难的氨基甲酸乙酯作为原料制成了产品，然而通过开发了和氨基甲酸乙酯具有相当水平的刚性、稳定性好而且重量轻、容易再利用的热可塑性树脂，使生产过程中的废弃物减少、资源再利用变得更加容易，也使产品废弃时的再循环成为可能。

b. 热循环

热循环是对已经产生的废弃物进行有效利用的方法。它不是简单地将废弃物扔掉（埋藏、焚烧），而是将废弃物当作一种能源资源进行利用的方法。为了抑制导致地球温暖化的二氧化碳气体的产生，和太阳能等一样作为未利用能源，以地方自治政府的都市垃圾焚烧炉为中心，热循环会不断地得到普及。

这种系统通过将燃烧废弃物得到的热转化成电力等有效的能源，进行再利用，它和汽轮机等配套构成的超级垃圾发电系统具有大约 20% 的发电效率，因此已讨论将其作为继原子能发电之后的第四种发电系统进行导入。

在产业界，废弃物处理的自责任化也已经明确，随着电力事业法的修订等社会环境的变化，进一步促进企业对垃圾焚烧等自有处理设施的导入、建设。

在开发这些发电设施的同时，废弃物燃料化技术的开发也在进行。

比较大的有以下几项。

① 固体燃料化：是将废弃物进行粉碎、分类后，在固形化装置中加工成粉末状进行燃料化的方法。

② 气体化：是将有机物等进行发酵，使之产生甲烷等气体的方法，以及树脂的炭化等方法。

③ 油化：是将树脂分解后产生的油进行回收、利用的方法。

④ 浆液化：是将树脂进行微粒化处理，再搅拌于液体中，以得到和液体燃料具有同等性能的燃料的方法。

c. 化学再循环

是一种利用化学反应的方法对废弃物进行再利用的方式，在20世纪70年代后半期的石油危机之后，开始了这方面的研究。例如，对原油进行精炼之后，再通过合成得到各种各样的树脂。然而化学再循环是通过促进这个反应的逆反应，使废弃物向石油化学原料或者燃料还原的技术。现在这种油化还原技术已经有一些得到实际应用，向石油化学原料（石脑油）还原还是处于研究阶段的技术。特别是向石脑油等还原的技术，由于是跨产业界的再循环，现在还没有一种低成本的稳定性资源再利用技术。另外，就像有机污泥那样，从包含有机物质的物质里制造油的研究也在开展，期待今后的研究成果。